广东省普通高校人文社科重点研究基地：珠三角产业生态研究中心（项目编号：2016WZJD005）
广东省社会科学研究基地：东莞理工学院质量与品牌发展研究中心（项目编号：GB200101）

区/域/经/济/学/术/文/库

从不平衡走向协调：
广西区域经济发展研究

FROM IMBALANCE TO COORDINATION:
RESEARCH ON REGIONAL ECONOMIC DEVELOPMENT IN GUANGXI

陈 田◎著

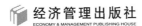

经济管理出版社
ECONOMY & MANAGEMENT PUBLISHING HOUSE

图书在版编目（CIP）数据

从不平衡走向协调：广西区域经济发展研究/陈田著 . —北京：经济管理出版社，2021.7
ISBN 978 - 7 - 5096 - 8170 - 1

Ⅰ.①从…　Ⅱ.①陈…　Ⅲ.①地区经济—经济发展—研究—广西　Ⅳ.①F127.67

中国版本图书馆 CIP 数据核字（2021）第 145592 号

组稿编辑：魏晨红
责任编辑：魏晨红
责任印制：黄章平
责任校对：董杉珊

出版发行：经济管理出版社
　　　　　（北京市海淀区北蜂窝 8 号中雅大厦 A 座 11 层　100038）
网　　址：www. E - mp. com. cn
电　　话：(010) 51915602
印　　刷：唐山玺诚印务有限公司
经　　销：新华书店
开　　本：720mm × 1000mm/16
印　　张：14
字　　数：259 千字
版　　次：2021 年 10 月第 1 版　　2021 年 10 月第 1 次印刷
书　　号：ISBN 978 - 7 - 5096 - 8170 - 1
定　　价：78. 00 元

序

在各个国家之间、国家内部、省份内部乃至更小的地域范围内，区域经济发展的时空不平衡性是一种普遍存在的现象，因此，经济活动的地理分布以及各区域之间经济活动的相互关系就成为区域经济学研究的核心问题。当前，中国特色社会主义进入了新时期，我国社会的主要矛盾转变为人民日益增长的美好生活需要和不平衡不充分的发展之间的矛盾。促进区域经济协调发展，是新时代解决发展不平衡不充分问题、推动经济高质量发展的有效途径。

陈田博士的这部专著《从不平衡走向协调：广西区域经济发展研究》，正是在我国推进区域协调发展战略、着力解决发展不平衡不充分问题、推动经济高质量发展的背景下应运而生的。该书研究的是区域经济协调发展问题，以广西为对象：首先，从广西经济发展起始条件谈起，并按连续性地理和非连续性地理构建区域经济发展差距综合分析框架，分析了广西区域经济发展的不平衡状况；其次，采用 Dagum 基尼系数等多种指数，探讨了广西区域经济发展的多维差距；再次，在全面把握区域经济协调发展内涵的基础上，构建了区域经济协调发展水平评价指标体系，评估了广西区域经济协调发展水平；最后，在详细阐述广西区域经济协调发展的影响因素与发展机遇的基础上，结合国家相关发展战略，提出了广西区域经济协调发展的长效机制和保障措施。

综合来看，该书有以下几个特点：

（1）选题具有较大的理论和现实意义。区域经济发展差异和区域经济协调发展理论与对策是学术界和各级政府决策者十分关注的议题。广西既是少数民族地区也是边疆地区，内部经济发展差距问题突出，缩小区域经济发展差距是广西高质量发展和实现现代化的必然要求，研究广西区域经济协调发展实践以及促进广西区域经济协调发展的理论和对策，对于实现广西区域经济协调发展有重要的现实指导意义，可以为政府完善"促进广西区域经济协调发展"的政策体系提供重要的理论支撑和实证分析的数据支持，进而助力缩小广西区域经济发展差异，促进广西区域经济空间更加协调；凝练的广西区域经济协调发展的经验可为其他地区的区域经济协调发展提供借鉴。

（2）学术思想具有特色。首先，该书能够辩证地看待地区发展差距，以客观存在为前提，既尊重和承认客观事实，又强调对不合理的现象进行规范并力求改变。经济增长在空间上的不平衡性是客观存在的，但不平衡的经济增长和和谐性发展是可以并行的。该书认为广西的区域经济发展差距是历史等客观因素造成的，但发展不平衡的现状是可以进行干预和扭转的，因而在全面建成小康社会、努力实现现代化的背景下，广西区域经济发展差距是可控的，力求缩小广西区域经济发展差距、推动广西区域经济协调发展的目标也是能够实现的。其次，坚持比较静态分析和动态演化探究相结合的原则，将比较均衡时的静态和轨迹变化时的动态纳入一个动态系统中，进而研究广西区域经济差距和协调状况的静态状态和动态演化轨迹。

（3）采用多学科交叉的分析方法。在方法论上，该书以马克思主义的空间发展思想为指导，坚持理论与实践相结合的原则，运用多学科综合的研究方法，如 Dagum 基尼系数及其按子群分解法、熵值法、GIS 空间分析法、田野调查法等。尤其是该书运用 GIS 空间分析法，使广西区域经济协调发展水平在地图上可视化；另外，采用田野调查的方法掌握了调查村的第一手数据，使本书的资料和内容更为翔实。

（4）研究视角新颖。首先，该书在分析广西区域经济不平衡时，按连续性地理和非连续性地理构建了一个较为系统的地区区域经济协调发展差距综合性分析框架，探讨了广西区域板块间、城市间、县域间、城乡间、乡镇间、农村间的经济发展差距，将经济发展差距纳入一个综合性的分析框架。其次，本书构建了由经济、人民生活、基础设施、基本公共服务 4 个子系统共计 39 个指标组成的区域经济协调发展水平评价指标体系，将基础设施、基本公共服务纳入区域经济协调发展水平评价之中，这样的评价体系更全面、更贴近实际。

（5）研究观点可靠。该书指出了广西区域经济发展存在较大的不平衡，这种不平衡存在于区域板块间、城市间、县域间、城乡间，表现在经济总体水平、产业发展、人民生活、基本公共服务等多个层面，是多维的不平衡。因此，缩小区域经济发展差距，是促进广西区域经济协调发展的重要内容；而形成区域经济发展不平衡的机理或原因是极其复杂的，往往是多种因素长期、综合作用的结果。当前，广西区域经济协调发展面临边地和边缘区发展不充分、少数民族发展滞后、地理禀赋差异大、科教水平不平衡、民族语言与方言土语复杂多样、经济对外开放程度差距大等因素的制约，但也面临中国—东盟自贸区建设、广西沿边金融综合改革等众多机遇。要缩小区域经济发展差距，推动广西区域经济由不平衡走向协调，就需要破除障碍、抓住机遇，构建和完善区域经济协调发展的长效机制，并采取有效措施促进广西区域经济协调发展。广西区域经济协调发展机制的核心内容是政策的融合、空间的互动、市场的一体化；推进广西区域经济协调发展要以缩小区域间差距和区域内差距为导向，以交通基础设施建设为依托，以开放发展为支撑。所有这些都具有独到的见解，给人以启迪。

　　总之，该书是陈田博士近几年来在研究区域经济领域不断探索的结晶，该书理论研究与实证研究相结合，视角新颖、立意鲜明、观点独特，对今后我国民族地区制定区域经济协调发展政策和规划提供了理论和实证参考。当然，该书也存在一些不足之处，个别章节的一些内容研究不够深入，有待作者在今后的研究中加以完善。在此，也希望他继续关注区域经济发展，不断求索，做出更为突出的研究成绩。

郑长德

2021 年 4 月 15 日于成都

目　　录

1 导论

1.1 问题的提出与研究意义

1.1.1 问题的提出

自 1978 年改革开放以来，中国经济快速增长，经济建设取得了重大成就，但也带来了区域间发展不平衡的问题。2017 年 10 月 18 日，习近平在中国共产党第十九次全国代表大会上的报告指出：中国特色社会主义进入新时代，我国社会的主要矛盾已经转化为人民日益增长的美好生活需要和不平衡不充分的发展之间的矛盾。区域协调发展是解决人民日益增长的美好生活需要和不平衡不充分的发展之间的矛盾的重要途径。因此，在新时代，要"实施区域协调发展战略"。然而，要实现区域协调发展，就必须让欠发达地区发展起来，所以要"加大力度支持民族地区、边疆地区、贫困地区加快发展"①。但是，欠发达地区也存在发展不平衡不充分的问题，要让欠发达地区发展起来，只靠欠发达地区内部的经济核心区的发展来实现显然远远不够，还需要推动欠发达地区的经济边缘区的发展。这意味着：欠发达地区内部区域的协调是中国实现区域协调发展的关键点，因为欠发达地区是中国区域协调发展的最短板，而欠发达地区内部的协调发展所形成的合力是欠发达地区加快发展的重要推动力。

广西壮族自治区属中国西部地区，是民族地区、边疆地区，是促进中国区域协调发展所要重点支持的对象，也是在欠发达地区中需要努力实现内部协调发展的关键主体。

从中国四大经济板块看，西部地区是欠发达地区，2018 年人均 GDP、居民人均可支配收入均低于东部、东北部和中部地区，尤其是远低于东部地区（见

---

① 习近平. 决胜全面建成小康社会　夺取新时代中国特色社会主义伟大胜利——中国共产党第十九次全国代表大会上的报告［N］. 人民日报，2017 – 10 – 18.

表1-1），是我国经济的薄弱区。因此，促进西部地区加快发展是推进中国区域协调发展的必然要求，且尤为迫切。

表1-1 2018年中国四大板块经济发展状况

单位：元

指标	西部地区	东部地区	东北地区	中部地区	全国
人均GDP	49371.25	96331.8	52297.67	51698.50	64644.00
居民人均可支配收入	21598.51	39566.88	25075.22	23845.37	28228.05

资料来源：笔者根据国家统计局网站的统计数据计算得到。

从西部地区经济发展情况看，2018年广西壮族自治区人均GDP在西部十二省（直辖市、自治区）中排名第九位，人均可支配收入排名第七位，由此可见，广西是西部地区的经济薄弱环节。因此，促进广西壮族自治区经济加快发展是推动西部地区加快发展的重要一环，具有重大意义（见表1-2）。

表1-2 2018年广西壮族自治区在西部地区的经济地位

地区	人均GDP（元）	人均GDP在西部地区排名	居民人均可支配收入（元）	居民人均可支配收入在西部地区排名
广西	41489	9	21485.03	7
内蒙古	68302	1	28375.65	1
重庆	65933	2	26385.84	2
四川	48883	6	22460.55	4
贵州	41244	10	18430.18	10
云南	37136	11	20084.19	9
西藏	43397	8	17286.06	12
陕西	63477	3	22528.26	3
甘肃	31336	12	20757.26	11
青海	47689	7	22400.42	8
宁夏	54094	4	21500.24	5
新疆	49475	5	17488.39	6

资料来源：国家统计局官网。

从广西壮族自治区区域经济来看，各区域经济发展差距较大，公共服务发展不平衡。一个地区的经济发展的质量高低，不仅取决于经济腹地的发展状况，还取决于经济边缘区的发展状况；一个地区经济发展极不平衡，其经济发展质量将难以保障。因此，促进广西壮族自治区区域经济协调发展，是广西经济加快发展、高质量发展的必然要求。

当前广西壮族自治区区域经济存在较大的不平衡，2018年北部湾经济区（4市）人均GDP为43223元，而桂西资源富集区为23939元、珠江—西江经济带广西七市为36208元。如表1-3所示。

表 1-3 2018 年广西壮族自治区区域经济状况

地区	人均 GDP（元）
北部湾经济区（4 市）	43223
北部湾经济区（6 市）	36639
桂西资源富集区	23939
珠江—西江经济带广西七市	36208

资料来源：笔者根据《广西统计年鉴（2019）》相关数据计算得到。

综合来看，广西壮族自治区区域经济协调发展，是促进广西经济加快发展和高质量发展的重要举措，对推动西部地区经济跨越发展、实现我国区域协调发展具有重要作用。新中国成立 70 多年来，在中国共产党的领导下，广西经济建设取得了世人瞩目的成就，在促进各区域经济发展、人民生活水平提升、公共服务均等化上做出了重要努力，但是发展不平衡不充分问题依然严峻。在地理位置上，广西壮族自治区既有沿边区域又有沿海区域，还有沿江区域，东临我国东部省份广东，西北接我国西部省份云南和贵州，东北与我国中部地区的湖南省相接，广西各区域的禀赋异质性较大。那么，广西壮族自治区区域经济发展不平衡的表现是怎样的？区域经济协调发展水平如何？影响区域经济协调发展的因素是什么？在"十四五"时期乃至更长的时期内，如何缩小广西区域经济差距？怎样促进广西区域经济由不平衡走向协调？

1.1.2 研究意义

1.1.2.1 理论意义

第一，本书在全面把握新时代国家关于区域协调发展战略和民族地区加快发展的理念和政策的基础上，构建了广西壮族自治区区域经济协调发展理论框架，有助于丰富中国少数民族经济学关于促进民族地区区域经济协调发展的理论与对策的研究。

第二，按连续性地理和非连续性地理所构建的区域经济发展差距综合分析框架，为分析省域的区域经济发展差距提供了范式。

第三，基于经济、人民生活、基础设施、基本公共服务四个子系统而构建的广西区域经济协调发展状况综合评价指标体系，有助于丰富民族地区区域经济协调发展水平评价指标体系的研究。

1.1.2.2 实践意义

第一，区域经济发展差距、区域经济协调发展理论与对策是学术界和各级政府决策者十分关注的议题。本书对广西壮族自治区区域经济发展不平衡以及区域经济协调发展理论与对策的研究，将为政府完善"促进广西区域经济协调发展"的政策体系提供重要的理论支撑和实证分析的数据支持。有利于缩小广西区域经济发展差距，促进广西区域经济由不平衡走向协调。

第二，对广西的民族自治（待遇）县、陆地边境县、民族乡的经济发展状况的剖析，可为相关部门针对发展不充分地区制定发展规划和对策提供数据支撑。

第三，研究探明的广西壮族自治区区域经济协调发展的制约因素和机遇，将为相关部门完善机制设计和相关政策提供决策参考。

第四，广西区域经济协调发展的长效机制，修正后可指导其他区域内部经济协调发展（如中国其他省份），也可以适用于指导更小的区域内部（如区域内的某一板块内部，某一个城市内部，甚至是一个县或者更小的单位），也可为更大的区域内部（如东部地区、中部地区、东北地区、西部地区）提供借鉴。

1.2 相关概念界定

1.2.1 区域与经济区域

区域首先应该是一种地理概念，包含一定的地理范围，基于这个最本质的层面，引申出区域的多种概念，不同的学科领域对区域有不一样的定义，即使是在相同的学科领域，不同的学者对这一概念也有争论。从政治学角度来看，一些政治学学者认为区域是一种行政单元（江孝君，2019）；从经济学角度来看，经济学学者把区域看作一种地理与人的经济社会活动相结合的综合体（聂华林和王成勇，2006）；从社会学角度来看，社会学者认为区域是由有共同语言、信仰、文化、民族特征的群体所组成的社会群落（林矗，2003）；从区域经济学角度来看，区域通常与国家战略、政策等紧密结合，可以是一种由发展战略所引申出的带有较强地域特色的片区，也可以是由经济水平所划分的不同等级的片区。

基于以上对区域的理解，考虑到本书研究对象的具体情况以及所涉及的学科领域，笔者将政治学、经济学、社会学以及区域经济学对区域的认知相综合，将区域的概念界定为：以行政单元为地理范围所构成的"经济·社会·生态"综合体。根据该概念，区域有三个基本特征：地理空间范围由行政单元所构成；具有可分性，按照行政的等级可进行区域的再划分或者组合，区域再划分和组合在地理上可以是连续的也可以是非连续的；具有经济和社会属性，可以按照一定的发展战略和政策目标组成片区。

按照区域的概念界定，那么本书所指的经济区域，是指以行政单元为地理构成要素、由人的经济活动所造就的经济社会综合体。行政单元有上限和下限，因此经济区域是不可无限分割的；另外，行政区域会有经济社会发展目标，就可以按照经济社会发展目标进行经济区域组合。

1.2.2　区域经济

本书对区域的地理范围是用行政单元（或者组合单元）衡量的，那么区域的范围就有大、中、小之别。国家及以上的区域有世界、洲、国等，一个国家内部有区域板块、省等，省域内部也有各类型的区域。本书主要研究省域内部的区域，那么省域内部又可分为区域板块经济、地级市经济、县域经济、城乡经济，统称为省域内的区域经济。因此，区域经济是国民经济的缩影，区域经济可界定为分布于各行政区域的那部分国民经济。区域经济具有综合性和区域性的特点（萧浩辉，1995）。综合性是指区域经济是与经济活动有关的各事务相互作用的有机综合，具有系统性、层次性、交互性；区域性是指行政单元有大小，区域经济也有大小。

1.2.3　经济发展与区域经济发展

经济发展不是单纯的国民经济总量的扩大化，经济发展是一个复杂的系统，它与社会的发展密不可分，经济发展与社会发展在内涵上有较高的耦合性，综合来看，经济发展应该包含三层含义：一是国民经济在总量上的增长，包含产品和劳务的增加；二是经济结构的优化，经济结构含产业结构、收入结构、消费结构等多个方面；三是经济质量的提升，经济质量的提高包含生产效率的提高、人民生活水平的改善、公共服务水平的提升、文化的发展、"经济—社会—环境"的和谐等方面的内容。

因此，本书认为区域经济发展也应该包括行政区域的经济增长、经济结构的优化、经济质量的提升三个方面，而不是单纯地指区域经济增长。

1.2.4　区域经济发展差距

区域经济差距是客观存在的，但是学术界目前对区域经济差距的理解存在较大的不同。覃成林（1997）在《中国区域经济差异研究》一书中指出，区域经济差异是经济发展总体水平在人均意义上的不平等，因为经济发展的一个非常重要的目的是提高人的生活水平，如果单纯地比较经济总量、增长速度上的差异，就偏离了以人为本的理念。然而，从人本理念出发，单纯地看待经济差异是总体水平的人均不平等似乎存在一定的缺陷，还很难反映出人民生活的真实状况，而经济发展涉及的内容更为广泛，尤其是经济发展质量的提高能有效地反映人民的生活水平。因此，探讨区域经济发展差异而不是区域经济差异可以更细致地反映区域经济发展不平衡的真实状况。那么区域经济发展差异包含哪些内容？沈玉芳和罗余红（2000）认为，区域经济发展差异应包含经济综合实力的差异、产业结构的差异、资源与生产力的差异、居民生活水平的差异、基础设施和科技水平的发展差异。另外，区域生产发展水平与规模、市场容量与发育程度、生产成本与生产效率等方面的差异也应纳入区域经济发展差异之中（韦伟，1995）。

本书综合考虑区域经济发展的内涵，认为区域经济发展差距应重点包含综合经济实力差距、产业发展差距、人民生活水平差距、基础设施差距、基本公共服务差距五个方面，因为这五个方面涉及经济发展中的增长、结构和质量三个维度，能较全面地反映区域经济发展差距状况。

1.2.5　区域经济协调发展

现有研究中关于区域经济协调发展的概念，不同的学者有不同的理解，但也存在诸多的相通性。彭荣胜（2009）认为，区域经济协调发展是区域之间的互补、互促的良性过程，在这个过程中区域之间的经济发展差距在合理范围之内，并且差距是逐渐趋于收敛的，在良性互动的过程中区域总体经济得以高效增长。颜世辉和白国强（2009）认为，区域经济协调发展的内涵应当涵盖三个重要方面：一是经济、资源、环境、社会四个方面的融洽，即经济的发展应具有可持续性；二是产业结构趋于合理；三是区域功能充分发挥。第一、第二个方面是从经济发展的角度来看的，第三个方面是就区域之间的关系而言的。国务院发展研究中心课题组（1994）在《中国区域协调发展战略》一书中指出，区域经济协调发展包含四个方面的内容：一是先富带后富、共同富裕；二是竞争的公平，尤其是发展机会的公平；三是承认发展不平衡，强调对欠发达区域的扶持；四是推进空间一体化。

从上述对区域经济协调发展的理解可知，区域经济协调发展应包含区域之间的互动以及经济与社会、生态等的协调发展。本书认为区域经济协调发展包含三个方面的内容：①经济逐渐趋于集聚，但区域之间的经济发展差距处于合理区间，基本公共服务均等化、基础设施通达程度比较均衡、人民生活水平大体相当；②各区域之间开放包容、互补互促，推动总体高效发展；③经济与社会、生态的融合发展。

1.3　研究思路与研究内容

1.3.1　研究思路

按照提出问题、分析问题和解决问题的基本思路对广西壮族自治区区域经济协调发展进行研究。

提出问题：广西区域经济发展不平衡，表现在哪些方面？广西区域经济协调发展水平如何？如何缩小区域经济发展差距、促进广西区域经济协调发展？

分析问题：分析广西禀赋、经济演进与区域经济发展状况；测算广西区域经济发展差距和区域经济协调发展水平；剖析广西区域经济协调发展的影响因素。

解决问题：在全面把握新时代国家关于区域发展战略和民族地区发展的理念和政策的基础上，构建广西区域经济协调发展长效机制，提出保障广西区域经济协调发展的措施，以助推广西壮族自治区区域经济协调发展、跨越发展。

1.3.2 研究内容

本书共分为 8 章：

第 1 章导论。提出问题，介绍研究意义，确定研究思路，归纳文章的创新点，总结不足之处。

第 2 章文献述评与理论基础。对区域经济协调发展的文献进行梳理，归纳前人成就、挖掘文献留白、借鉴基础理论、构建分析框架。

第 3 章广西的地区禀赋、经济演进与区域经济发展特征。介绍广西的禀赋，动态分析中华人民共和国成立 70 年来广西总体的经济演进，静态解剖广西区域经济发展现状。

第 4 章广西区域经济发展不平衡：多维差距。基于所划分的区域，结合区域经济发展的内涵，从多维视角探讨广西区域经济发展差距，剖析区域板块间经济发展差距态势，探明区域板块经济发展差距来源。同时，分析了广西的民族自治（待遇）县之间，陆地边境县之间以及民族乡之间的发展差距。此外，利用田野调查的数据，对四个调查村的经济发展情况进行了对比分析。

第 5 章广西区域经济协调发展水平评估。全面把握区域经济协调发展的内容，从经济、人民生活、基础设施、基本公共服务四个方面构建综合性的区域经济协调发展水平评价指标体系，利用熵值法确定指标权重，采用耦合协调度评估广西区域经济协调发展水平。

第 6 章广西区域经济协调发展的制约因素与机遇。侧重分析边地和边缘区发展不充分、少数民族地区发展滞后、民族语言和方言土语复杂多样以及对外开放水平区域差距大等因素对广西区域经济协调发展的影响。并探讨了中国—东盟自贸区建设、沿边金融综合改革、"一带一路"倡议对广西区域经济协调发展的作用。

第 7 章广西区域经济协调发展的长效机制与保障措施。基于广西区域经济协调发展的现状、制约因素与机遇，结合国家关于区域协调发展的相关文件，探讨广西区域经济协调发展的长效机制，提出推进广西区域经济协调发展的具体措施。

第8章研究结论与展望。对全书进行总结，归纳研究的不足，展望未来关于广西区域经济协调发展的研究方向。

在方法论上，以马克思主义的唯物辩证法、认识论为指导，坚持理论与实践相结合的原则，综合运用文献法、实证法、田野调查法、比较分析法和案例研究法。

技术路线如图1-1所示。

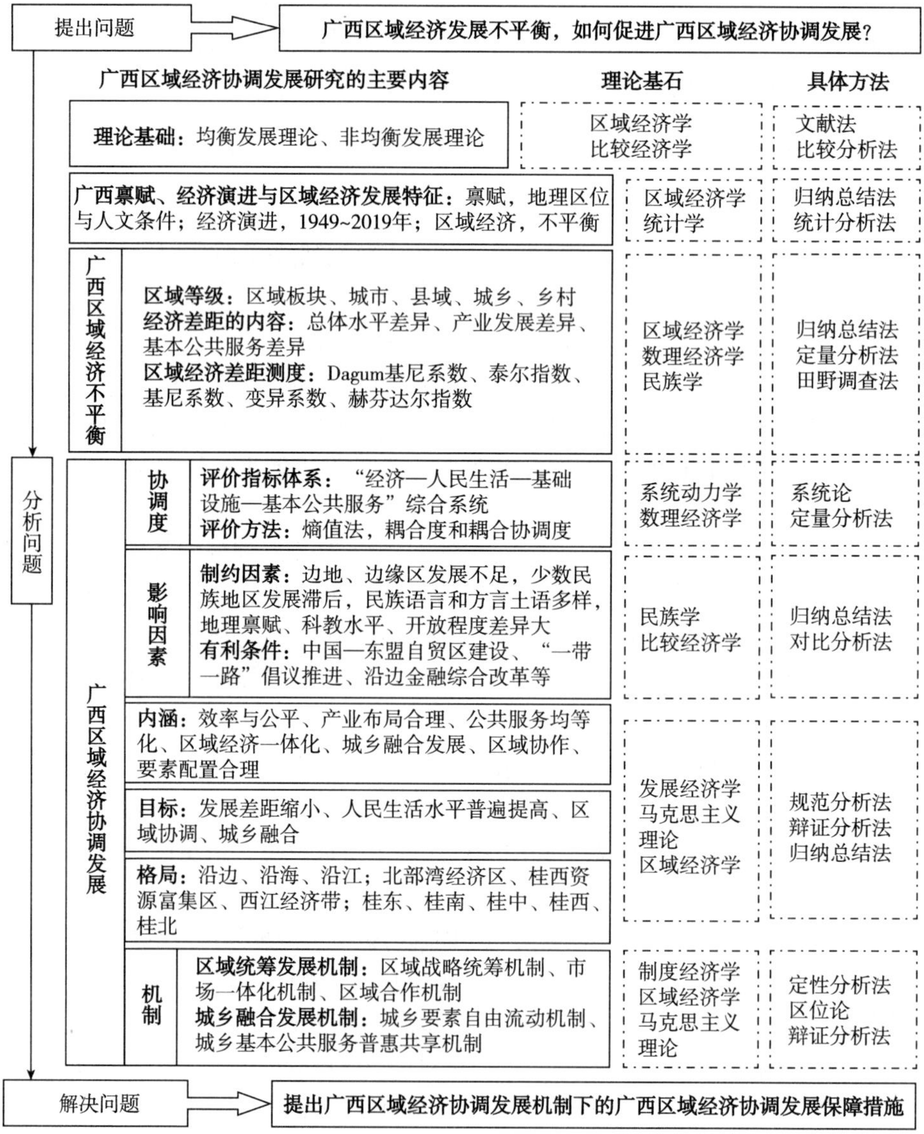

		理论基石	具体方法
提出问题 →	**广西区域经济发展不平衡，如何促进广西区域经济协调发展？**		
广西区域经济协调发展研究的主要内容		理论基石	具体方法
理论基础：均衡发展理论、非均衡发展理论		区域经济学 比较经济学	文献法 比较分析法
广西禀赋、经济演进与区域经济发展特征：禀赋，地理区位与人文条件；经济演进，1949~2019年；区域经济，不平衡		区域经济学 统计学	归纳总结法 统计分析法

广西区域经济不平衡

区域等级：区域板块、城市、县域、城乡、乡村 **经济差距的内容**：总体水平差异、产业发展差异、基本公共服务差异 **区域经济差距测度**：Dagum基尼系数、泰尔指数、基尼系数、变异系数、赫芬达尔指数	区域经济学 数理经济学 民族学	归纳总结法 定量分析法 田野调查法

分析问题

广西区域经济协调发展

协调度	**评价指标体系**："经济—人民生活—基础设施—基本公共服务"综合系统 **评价方法**：熵值法，耦合度和耦合协调度	系统动力学 数理经济学	系统论 定量分析法
影响因素	**制约因素**：边地、边缘区发展不足，少数民族地区发展滞后，民族语言和方言土语多样，地理禀赋、科教水平、开放程度差异大 **有利条件**：中国—东盟自贸区建设、"一带一路"倡议推进、沿边金融综合改革等	民族学 比较经济学	归纳总结法 对比分析法
	内涵：效率与公平、产业布局合理、公共服务均等化、区域经济一体化、城乡融合发展、区域协作、要素配置合理 **目标**：发展差距缩小、人民生活水平普遍提高、区域协调、城乡融合 **格局**：沿边、沿海、沿江；北部湾经济区、桂西资源富集区、西江经济带；桂东、桂南、桂中、桂西、桂北	发展经济学 马克思主义理论 区域经济学	规范分析法 辩证分析法 归纳总结法
机制	**区域统筹发展机制**：区域战略统筹机制、市场一体化机制、区域合作机制 **城乡融合发展机制**：城乡要素自由流动机制、城乡基本公共服务普惠共享机制	制度经济学 区域经济学 马克思主义理论	定性分析法 区位论 辩证分析法

解决问题 →	**提出广西区域经济协调发展机制下的广西区域经济协调发展保障措施**

图1-1 技术路线

1.4　可能的创新与不足之处

1.4.1　可能的创新

1.4.1.1　研究视角的创新

（1）构建了一个较为系统的省域区域经济协调发展差距综合性分析框架，按照连续性地理和非连续性地理进行划分，与以往的划分方式相比，所划分的区域经济更为系统和全面。

（2）从经济学的角度分析广西壮族自治区区域经济发展状况，从民族学的角度探讨少数民族发展、民族语言复杂多样等因素对广西区域经济发展的影响。

（3）通过田野调查获得了四个样本村的经济发展数据，并从农村的角度，对广西壮族自治区农村经济发展差距进行了案例分析。

（4）基于多维的视角，即从经济总体水平、产业发展水平、基本公共服务水平三个层次的多种维度，全面剖析广西区域经济发展的不平衡性。

（5）基于"经济—人民生活—基础设施—基本公共服务"四个子系统构建区域经济协调发展水平评价指标体系，来探讨广西区域经济协调发展水平。

1.4.1.2　研究内容的创新

（1）在分析区域经济协调发展的同时，将广西的民族自治（待遇）县、陆地边境县、民族乡分别作为单独的区域系统，探讨了它们的经济发展状况和经济发展差异。

（2）在分析广西壮族自治区区域经济协调发展的制约因素时，研究了边地和边缘区经济发展不充分、少数民族地区发展滞后、民族语言和方言土语复杂多样对广西区域经济协调发展的影响。

1.4.1.3　观点的创新

（1）本书认为，区域经济协调发展和城乡协调发展二者具有内在逻辑关系，区域经济协调发展和城乡协调可以实现有效统一。认为：乡村是城市的组成部分，包含于城市中，是城市的边缘区，城市和乡村构成一个区域；该区域又被包含于大的区域中，大的区域又有多个小区域的城乡。因此，分析区域间的差距、城市间的差距、县域间的差距、城乡间的差距，最后到农村间的差异，研究的范围逐渐缩小，逐渐聚焦到乡村（一个微型的城市）；根据不同等级的区域之间的经济发展差距的变化趋势可以捕捉到各区域经济发展的轨迹；而区域经济协调发展，离不开城市对农村的反馈，即大密度位置点对小密度位置点的反哺，同时，通过政策干预资源分配，可以有效实现大小密度区域的人民生活水平差距的缩小，以及基本公共服务均等化、基础设施一体化的目标。

（2）本书认为，经济活动逐渐向发展条件较好的地区集聚，因此，协调发展的首要措施是协调集聚，即通过政策等手段形成多个经济实力大体相当的集聚点，这些集聚点形成聚合力，可以覆盖到整个区域。在这样的规划下，有助于区域经济协调发展，区域内城乡人民可以共享发展的成果。

1.4.1.4　研究结论的创新

通过田野调查获得桂林市荔浦县荔城镇金雷村、柳州市融安县长安镇大洲村、柳州市融安县长安镇大巷村、柳州市融安县浮石镇六寮村四个村共 405 个家庭的经济状况。分析发现：在样本数据中，农产品主要用于销售的家庭的人均收入 > 农产品主要用于自用的家庭的人均收入 > 农产品留一半卖一半的家庭的人均收入。其原因是：农产品商品化有助于提升收入；农产品用于自用的家庭，会寻求其他的增收渠道，如务工，但除去一些相关成本后，收入水平要略低于农产品主要用于销售的家庭；农产品留一半卖一半的家庭，销售一半农产品获得的收入是其主要的收入来源，这些收入与剩余农产品保障了家庭生活，因而没有寻求更多的收入，致使收入水平较低。

1.4.2　不足之处

（1）通过调研所获得的农村经济发展数据较少，难以对广西所有农村发展差距的总体状况和各区域农村发展状况进行评价。

（2）由于数据限制，对县级及县级以下区域的经济发展差距的考察采用的是静态分析，即使用截面数据，而没有使用时间序列数据观察差距的动态变化。

（3）构建综合性区域经济协调发展指标会存在主观选择的倾向，四个子系统是按照 1/4 的方法对子系统的系数进行赋值的，也没有将生态系统纳入区域经济协调发展系统之中。

（4）对广西壮族自治区区域协调发展的影响因素进行了理论探讨，但没有做实证分析。

2 文献述评与理论基础

研究区域经济协调发展的相关文献，可以探明以下四个问题：第一，能否实现区域经济协调发展；第二，区域经济发展协调或是不协调，影响因素是什么；第三，要促进区域经济协调发展，机制是什么；第四，采取什么样的措施可以促进区域经济协调发展。因此，将文献评述的内容分为以下几个关键点：①关于地区经济发展差距的演变，这是判断能否实现协调发展的基础；②区域经济差距的影响因素；③区域经济协调发展水平的评价指标；④关于区域经济协调发展的长效机制与保障措施；⑤关于广西区域经济协调发展的相关研究。

2.1 文献述评

2.1.1 国外研究述评

地区经济发展差距是国际上普遍存在的现象，国外对地区发展差距的研究较为丰富，地区经济差距的变化和地区差距的影响因素是备受关注的两个热点。

2.1.1.1 关于地区经济发展差距的变化趋势

对不同地区经济发展差距变化趋势的研究可追溯到 Kuznets（1955）提出的倒 "U" 形假说，Kuznets 通过实证研究指出，在经济发展初期，以农业生产为主，收入差距较小；经济发展过程中，劳动力会从低收入的农业部门转移到高收入部门，工业化进程导致收入差距扩大；经济发展水平达到一定程度时，收入差距开始缩小，工业化国家由于农业在生产（和创收）中的比重较小，使得地区收入差距回归到较低水平。同时，Kuznets 还认为发展中国家与发达国家的收入差距会呈现出先扩大后缩小的态势。Williamson（1965）利用 24 个国家的截面数据和 10 个国家的时间序列数据实证分析地区间的不平等和国家发展进程，也得到了与 Kuznets 相似的结论，指出随着经济的演进，地区间的收入差距先是呈扩大趋势，之后逐渐收敛。

许多学者分析了经济发展差距的变化，主要围绕经济发展的趋同或收敛、趋异或发散等开展研究。

在经济发展趋同或收敛方面，Baumol（1986）采用 Maddison 提供的 1870 ~ 1979 年的十几个工业化国家的数据实证收敛性问题，结果显示这些样本国家存在经济收敛，但收敛速度较慢。Barro 和 Sala – I – Martin（1991）利用日本 47 个县和美国 48 个州的两个区域数据集分析贫穷经济体的增长速度是否快于富裕经济体（即是否存在 β 趋同），发现这两个国家有明显的趋同迹象，即贫困地区和各州增长更快，存在区域内和区域间的趋同；此外，他们分析了各州和地区的横截面标准差，发现两个国家中都存在 σ 趋同现象。N. R. Vasudeva Murthy 和 Victor Ukpolo（1999）研究发现，1960 ~ 1985 年非洲国家的经济发展存在条件趋同，但趋同速度较慢。Jon R. Miller 和 Ismail Genc（2005）将绝对 β 收敛技术应用于横截面人均收入数据分析，以检测美国地区增长率是否在相对较近的时间段内收敛，还探讨了经济和政治区域之间的趋同估计是否不同，研究发现，1969 ~ 1997 年，美国各地区的增长率都在不断趋同，在经济和政治区域之间的收敛速度存在一些差异，然而不同经济区域的收敛系数非常相似。新古典增长模型预测，随着时间的推移，人均收入差距将缩小，收入差距水平将长期趋同。Vassilis Tselios（2009）使用 1995 ~ 2000 年欧盟国家的地区相关数据来检验新古典增长模型的预测是否适用于欧盟，结果表明，在控制了教育程度、失业、部门构成、人均收入的空间滞后增长以及区域固定效应之后，人均收入存在有条件收敛，而收入不平等无条件收敛。

但是，一些学者的研究结论与上述学者的研究结论有很大的不同，Mauro L. 和 Podrecca E.（1994）在研究意大利区域经济增长时，没有发现意大利区域经济之间的趋同现象。Costas Siriopoulos 和 Dimitrios Asteriou（1998）根据新古典经济增长模型的理论基础，研究了希腊各地区的经济趋同问题，实证结果表明希腊南部和北部地区的经济是二元现象，他们没有找到希腊地区之间经济趋同的证据。Tsionas E. G.（2000）研究了美国区域趋同问题，β – 收敛和 σ – 收敛检验表明，1977 ~ 1996 年美国区域收入不收敛，但分布的核密度估计显示分布的尾部特征有一些变化，而这种很小的时间变化还不足以构成区域经济趋同的证据。Diego Puga（2002）研究发现，尽管有大量的区域政策支持，但欧洲的区域不平等在过去 20 年中并没有大幅度缩小，而且通过一些措施甚至扩大了；各州之间的收入差距有所下降，但各州的各地区之间的不平等程度有所上升；欧洲国家发展了越来越不同的生产结构，欧洲地区的失业率也越来越两极分化。Ajit Bhalla 等（2003）基于 Markov 链和广义熵指数，采用中国 1952 ~ 1997 年的 GDP 数据分析中国各省之间的趋同性，但是没有发现区域之间趋同的证据。

也有一些学者发现地区经济发散和收敛有时候是并存的，会存在于一个时间段内的不同时期、同一时期的不同地区。Masahisa Fujita 和 Dapeng Hu（2001）运用中国国内生产总值和工业产出数据，从收入分配和生产集聚两个方面考察了1985～1994年地区差距的变化趋势，结果表明：内地与沿海地区的收入差距不断扩大，工业生产向沿海地区呈现出较强的集聚趋势，而沿海省份内部则呈现趋同趋势。Petrakos 等（2005）研究指出，区域差距遵循一种顺周期模式，因为充满活力的发达地区在扩张期增长较快，在衰退期增长较慢。Ferhan Gezici 和 Geoffrey J. D（2007）实证发现1980～1997年土耳其区域之间的经济差异呈增大趋势，但是区域内部的经济差异逐渐缩小。Sergio J. Rey（2001）在分析1929～1994年美国区域收入差距的演变时指出，差距是随时间和空间的演变而变化的，不同等级范围的区域间差距的表现也不一样。Yamamoto Daisaku（2008）从多个维度分析了1955～2003年美国地区人均收入差距。对不同等级的区域差异进行了比较，发现在过去几十年中，在等级较小的区域尺度上，区域收入差距逐渐凸显。

实际上，这些研究结论的不同，源于学者们所采用的时间段不同、所研究的地区不同以及方法上的差异。将这些研究综合起来看，差距扩大和缩小的现象是存在的，只是分布在不同的时间、不同的地区，差距扩大或缩小，即经济发展差距的演变态势与地区经济发展的水平有很大的关系。

2.1.1.2 关于地区经济发展差距的影响因素

地区经济发展差距是客观存在的，在静态上是差距大小的问题，在动态上是扩大和缩小的问题。那么，地区经济发展差距的形成原因是什么？这就涉及多方面的内容，因为地区经济发展的尺度是多维的。

在制度与政策因素上，Doucouliagos（2004）实证了区域性制度差异会带来各国生产效率的不平衡，以及经济增长态势差异。Scott Rozelle（1994）研究发现，1984～1989年中国东部沿海省份的县域之间的不平等在统计上显著增加；分解分析表明，不平等格局的变化与农村经济结构的变化密切相关；特别是，提高农业在经济中重要性的政策导致了不平等现象的减少，刺激农村工业扩张的政策导致了更大的不平等现象，一种解释是，壁垒阻碍了产出、投入和信息在地区之间的流动，导致更高的不平等。Christian Lessmann（2009）利用1982～2000年经合组织23个成员国的截面数据和面板数据，实证研究了财政分权对地区差距的影响，研究发现，权力下放程度越高，地区差距越小。一些国外文献也分析了中国区域差距致因，Derek C. Jones 等（2003）指出区域政策的差异是中国区域经济发展差距的形成原因。Yehua Wei（1998）研究发现自1978年以来，中国东部、中部和西部地区之间的不平等逐步加剧，有利的国家政策、地方举措以及外国投资和贸易刺激了沿海省份的经济增长。Yiping Wu 和 Jiangnan Zhu（2011）

对中国反腐败与县际收入差距进行了研究，发现反腐程度较高的县，收入水平往往较高；反腐在解释中国县际收入差距中起着很大的作用。Jane Golley（2002）指出，循环和累积性因果关系是推动中国产业发展不平衡的根本机制，一些特定的过渡因素和政策选择加剧了中国工业化经济中区域不平等的自然趋势。

在社会因素上，J. A. Mirrlees（1971）指出资本市场不完善会导致经济不平衡性加剧。John F. Helliwell 和 Robert D. Putnam（1995）研究发现，在社会资本较多的地区，趋同速度更快，均衡收入水平更高。Kang H. Park（1996）使用涵盖 59 个国家的横截面数据，检验教育变量对收入分配的影响，实证结果表明：劳动力受教育程度越高，收入分配的均衡性越强，而劳动力受教育水平离散越大，收入分配的不平等程度就越大。David de la Croix 和 Matthias Doepke（2003）研究指出，人力资本投资的差距会加剧地区之间的经济差异。Robert Leonardi（1995）的研究表明人力资本的不同、社会文化的差异会使地区经济发展不平衡。

在投资因素方面，Yukio Ikemoto 和 Mine Uehara（2003）研究指出：20 世纪 80 年代后半期泰国经济快速增长，但外国直接投资（FDI）建立的出口导向型制造业的出现，使收入不平等迅速加剧。Belton M. Fleisher 和 Jian Chen（1997）研究指出，中国沿海省份与非沿海省份的全要素生产率存在很大的差异，非沿海省份低水平的全要素生产率是其经济增长率较低的一个主要原因，而高等教育投资和外国直接投资的差距会导致生产率差距，进而造成区域经济发展不平衡。Rassekh F. 等（2001）研究发现，1950～1990 年 24 个经合组织国家的经济增长存在条件趋同，投资对经济趋同发挥了重要作用。

在基础设施方面，Chiara Del Bo 等（2009）对 1995～2006 年欧洲地区的追赶过程进行了分析，重点讨论了绝对和条件 β 收敛，指出基础设施建设有利于区域融合发展。Sylvie Démurger（2001）利用中国 1985～1998 年的省份数据，分析了地区经济增长差异，结果表明：地理位置和基础设施禀赋显著地解释了不同省份增长绩效的差异。Li 和 DaCosta（2013）在研究中国的交通与收入不平等关系时指出，交通基础设施和服务水平对收入具有重要影响。Prem Narain 等（2011）研究指出，基础设施建设与经济社会发展有着积极联系，基础设施发展有利于缩小经济差距、实现区域一体化发展。

从收入因素来看，收入的平等化有助于区域间经济的平衡（Kevin M.，1989），而收入分配、投资以及就业机会的不平等则是区域经济差距的形成因素（Philippe Aghion et al.，1999）。Ravallion M.（2014）指出，发展中国家内部的平均不平等程度一直在缓慢上升，较高的平均收入增长率并没有给各国内部的不平等带来上升压力，增长通常有助于减少绝对贫困的发生率，但在更不平等的国家，这种情况就更少了，高度不平等还可能削弱增长前景，从而阻碍未来消除贫穷的进展。

从天气因素来看，在持续的经济冲击背景下，极端天气会加剧地区不平等和两极分化（J. A. Silva et al.，2015）。

从产业结构、行业发展方面来看，Huaqun Li 和 Kingsley E. Haynes（2011）对中国经济结构与地区差距进行了研究，指出在中国经济增长的同时，国家和地区的就业结构也发生了巨大变化；省级的变化是由国家的趋势、产业结构的变化以及区域特点所驱动的；产业结构和区域竞争优势的重要性因行业而异，对就业和产出的影响也不同；第二、第三产业的差异化，导致沿海地区与全国其他地区不平等程度扩大。Md. SamsulAlam 和 Sudharshan Reddy Paramati（2016）利用 1991～2012 年全球 49 个发展中经济体的面板数据集，研究了旅游业对发展中经济体收入不平等的影响，研究显示，如果旅游水平提高一倍，那么它将大大减少发展中经济体的收入不平等。

此外，George Petrakos 等（2011）指出，集聚经济、地理、经济一体化和经济结构等因素为落后地区（可能还有欠发达地区）创造了总体不利的经济环境。Candelaria、Daly 和 Hale（2009）在研究中国区域经济发展不平等时，指出在过去 20 年里，中国的地区不平等似乎持续存在，甚至还在加剧，他们研究了潜在的抵消因素和省际迁移，以揭示这种持续性的根源，研究发现一些不平等现象可以归因于劳动力质量、产业构成和省份地理位置的差异，跨省移民虽然在一定程度上受到跨省工资差异的推动，但并不能抵消这些差异。

2.1.2 国内研究综述

2.1.2.1 关于我国区域经济差异现状

改革开放以来，我国宏观经济运行良好，保持长达 30 多年的高速增长，但区域经济发展不平衡问题却非常突出，具体表现为东西部经济发展差距（王晓鸿等，2008；杨锦英等，2012），以及西部地区内部差异，如西部地区的基本公共服务差异（张彬，2007）、农村基础设施建设水平的地区差距（叶文辉和张琰，2010）、收入差距（温雪和赵曦，2015）等。中国地区间发展的不平衡已成为中国政府和学术界的焦点，因为地区差距，尤其是西部民族地区的差距，不仅影响着西部民族地区的协调发展，还影响着中国整体经济的繁荣和社会稳定。近年来，东部沿海发达地区的城乡差距已经明显缩小，城乡一体化发展格局基本形成；但是中西部地区城乡差距依然较大，有些省份的城乡差距仍然在扩大（高国力，2017）。

我国学者普遍赞同全球、一个国家或一个地区经济收敛与发散有时候是并存的，但也有不少学者认为地区间的差距从长远来看呈收敛趋势。陈晓玲和李国平

（2006）采用空间面板数据模型分析了我国 1978～2004 年的区域经济增长收敛状况，指出 1978～1997 年区域经济增长呈收敛的态势，但是 1997～2004 年的地区差距却在扩大，综合来看，1978～2004 年地区经济存在 β 收敛。林光平、龙志和吴梅（2006）利用 1978～2002 年的省际数据研究了中国地区经济的 σ - 收敛状况，指出：在不同的时间段，地区之间的收敛状况存在差异，但总趋势是收敛的。张晨峰（2014）利用我国 1990～2011 年的省际数据建立空间回归模型和地理加权回归模型，分别探讨了地区经济的全局收敛性和局部收敛性，其结论显示：我国地区经济存在全局绝对 β 收敛，但局部收敛的情况却存在较大差异，局部地区的收敛系数表现出较大的不同。史学贵和施洁（2015）基于技术溢出的空间动态面板数据模型对我国区域经济的收敛性进行估计，研究表明：1952～2011 年、1952～1978 年、1979～2011 年三个阶段，我国的区域经济都表现出收敛态势。在对某一地区内部经济收敛性的研究中，吴蒙（2015）对京津冀经济协同发展的收敛性进行了测算，指出 1995～2013 年总体上呈经济发散趋势，经历了"收敛—发散—再收敛"的演进轨迹。张文爱（2015）基于产出、收入两个维度和多时段的 SPDM 模型对我国西部地区经济增长的收敛性进行实证研究，研究结果表明：1992～2013 年，西部地区内部经济差距持续扩大。

2.1.2.2　关于我国区域经济发展差距的成因

区域经济发展的内容涉及宏观经济、产业、人民生活等方方面面，区域经济发展的差距也是多方面的。因此，造成区域经济发展差距、影响区域经济协调发展的因素也是多种多样的。

从要素流动上看，朱汉清（2010）通过分析要素流动与产业转移对经济增长的影响，指出要素流动对流出地和流入地有不同的影响，进而可以造成地区间经济差距。楚尔鸣和曹策（2019）分析了我国人才流动和技术转移对区域经济差距的影响，发现人才向东部地区流动造成的人才分布不均扩大了区域经济差距，技术创新的中介效应进一步扩大了区域经济差距。陈燕儿和白俊红（2019）实证指出，中国的要素流动呈现"资本向西，劳动力向东"的特点，资本要素流动能显著促进区域经济收敛，劳动力要素流动导致了区域经济发散。

从基础设施上看，罗能生和孙利杰（2019）基于空间杜宾模型考察了交通发展对区域经济差距的影响，结果显示：交通发展缩小了我国区域间的经济差距，促进了区域间的经济平衡，而交通的落后则会加剧不平衡。卞元超等（2018）实证了高铁开通、要素流动与区域经济差距之间的关系，指出高铁开通能够拉大区域经济差距，产生极化效应。

除此之外，制度创新、社会资本在各地区的差距，会造成区域经济差距生成（肖功为等，2019）。城乡收入水平是地区经济差异的决定因素，教育经费支出对区域经济差距具有显著影响（于洋，2019）。对于民族地区，我国民族自治区域经济发展差距根源是客观要素欠缺、思想观念滞后、机制失调（谢朝阳，2014）。

2.1.2.3 关于区域经济协调发展水平评价指标

区域经济发展不平衡，那么其评价指标是什么？建立评价指标体系评价区域经济协调发展水平，已成为研究区域经济协调发展的热点。

目前，对区域经济协调发展指标体系的研究主要集中在经济系统、社会系统和生态系统等几个方面。韩兆洲（2004）从经济、社会、人民生活、环境四个系统进行了评价。王欣菲（2004）基于经济、人口、资源、环境四个系统构建了指标体系。在经济系统上，具体的经济指标包含GDP、人均GDP、人口等。刘靖宇和张宪平（2007）利用泰尔指数对中国区域经济差距进行测算与分解时，采用的是人均GDP、GDP和人口的数据。与此类似的还有牟芳华（2006）对山东省区域经济差距的测度。王健（2007）也采用人均GDP测算了青海省区域经济差距。郑海燕和崔春山（2019）从经济、社会、生态三个方面构建区域经济协调发展评价指标体系。有文献指出在对区域协调发展水平进行衡量时，不能单纯地看GDP、人均GDP，还应包含公共产品以及公共服务的人均享用水平、人均的收入水平以及地区的社会保障条件（国家发展和改革委员会宏观经济研究院，2003）。陈栋生（2005）、杨伟民（2009）也认为区域经济发展的协调性应包含人均地区经济发展水平、人均收入水平和人均公共产品享用水平。陈秀山和杨艳（2010）建议从地区优势比较偏离度、经济增长与收入差距、公共服务均等化程度以及市场一体化程度等方面来评价区域协调发展水平。

2.1.2.4 关于区域经济协调发展的长效机制与保障措施

我国区域经济发展不平衡问题突出，因此，建立和完善区域经济协调发展机制势在必行（杨荫凯，2004）。事实上，促进区域经济协调发展的机制已成为当前我国学术界的重要关注点。刘志彪（2013）引入国际贸易因素，对我国区域经济协调发展的基本路径与长效机制进行了研究，指出区域经济协调发展的长效机制是创新体制机制，塑造"强政府＋强市场"的调节机制。韩建雨（2013）从利益分配的视角指出，区域协调发展的一个重要内容是要协调好地方政府之间的利益分歧，因为地方政府是区域经济协调发展的核心参与者，同时，区域的企业和居民也是利益相关者，因此要建立完整的利益分享机制，保障地方政府、企业和居民在区域间的利益协调；区域协调发展机制应该包含利益分享核心机制和利益分享纠错机制，其中，核心机制应包含利益分成机制、利益补偿机制和利益帮扶机制，纠错机制主要包括利益磋商机制和利益仲裁机制。财政分配的不合理会导致区域经济差距的扩大，因此要建立健全财政体制机制，通过规范事权划分、推进财政扁平化改革、建立横向转移支付制度等深化财政体制改革（郭少康，

2013)，并完善政府均衡区域经济发展的宏观财政政策、深化财政管理体制改革、优化和调整转移支付结构、加大政府投资力度（刘琦和黄天华，2014），以缩小区域经济发展差距，促进中国区域经济协调发展。仲伟周和益炜（2016）从我国的实际出发，指出我国区域协调发展的机制设计应该包含三个方面的内容：一是激励与约束机制；二是运行与协调机制；三是保障与补偿机制。

改革开放以来，我国经济快速发展，但地区发展差距也越来越大，尤其是城乡收入差距，为了有效地缓解城乡差距快速扩大的局面，我国从城镇和乡村两个方面采取了一系列政策（魏后凯，2009）。从城镇角度来看，着力开展新型城镇化建设，不断增强城镇带动乡村发展的作用；从农村角度来看，推进新农村、美丽乡村、特色小镇等建设，不断提升乡村的基本公共服务水平（高国力，2018）。但是，当前我国农村区域经济发展也存在较大的不平衡，应进一步繁荣农村经济，推动农业产业化和现代化建设，因地制宜制定发展战略（王海峰，2018）。

有学者认为促进物流业发展是促进区域经济协调发展的重要举措。吴薇（2017）基于共生理论探讨了物流业对区域经济协调发展的影响，指出应通过完善物流供应链来推动区域经济升级，加强物流产业的区域合作促进区域经济一体化发展。区域物流的发展有助于加强区域间经济交往，进而缩小区域经济发展差距，因此要积极促进区域物流的发展，以区域物流发展推动区域经济协调发展（刘珊，2016）。农村物流的发展对区域经济的发展有着重要的影响，因此要加强农村物流建设，推动农村区域发展（张玉玲，2019）。

随着我国高铁的快速发展，不少学者研究发现，高铁对促进区域经济协调发展也具有重要作用，他们主张通过加强高铁建设来推动区域经济协调发展。张恒龙和陈方圆（2018）通过建立计量模型，实证了高铁对区域协调发展的影响，研究表明，高铁有助于提高可达性和经济潜力，能够在一定程度上缩小发达地区与欠发达地区之间的差距，长期看有助于促进区域协调发展，因此要积极建设高速铁路网。王华星等（2019）实证发现，高铁开通存在较大的扩散效应，扩散效应促进了区域经济的协调发展，因此，可以通过放大高铁开通所带来的扩散效应、增强高铁周边城市与高铁开通城市的经济交往来促进区域经济协调发展。

当前，城市群备受学术界的关注，有学者指出城市群空间网络水平的提升对其经济协调发展有直接促进作用，因此要强化城市间网络联系、优化城市群的空间结构，以此促进区域经济协调发展（刘梅和赵曦，2019）。

此外，还有学者指出，国土空间规划管制影响区域经济协调发展，作用机制在于保护型区域生产的生态产品可贸易性较差，使其落入比较优势陷阱，因此要采取土地发展权漂移、税费调节和地役权保护等措施促进区域经济协调发展（余亮亮和蔡银莺，2017）。也有学者从区域经济协调发展的利益相关者出发进行探讨，认为在长期效应下，区域市场集聚的扩散效应对区域经济协调发展具有正向影响，而地方政府是区域经济协调发展的核心参与者，适度、适时调控有利于区域经济的协调发展，因此要构建"市场机制主导、政府调控引导"的区域经济发展模式（罗富政和罗能生，2019）。

2.1.2.5　关于广西区域经济差距与区域经济协调发展

目前，关于广西区域经济协调发展的研究，主要聚焦在三个方面：一是针对广西的区域经济发展差距进行分析；二是探讨广西区域经济协调发展的对策；三是研究广西区域经济与社会、生态的协调发展状况。

在对广西区域经济发展差距分析方面，张协奎和黄跃（2014）测算了2004～2012年广西的市域经济发展差距，指出各地级市的经济差距在时间序列上的波动较为明显，总体来看区域差距是逐渐扩大的。王瑛（2017）将广西划分为三个区域，分别是北部湾经济区、西江经济带和桂西资源富集区，探讨了这三大区域之间的经济发展差距，指出西江经济带和桂西资源富集区发展相对滞后。黄馨娴和胡宝清（2017）利用广西2004～2014年的经济发展数据，采用差异系数和极化指数，测算了广西的区域经济差异和极化程度，结果显示广西区域经济发展差异大、整体的极化程度在加剧。戴其文（2017）从全球化、地方化的角度研究了广西经济发展协调性，指出中心区域与边缘区域发展差异很大，地级市经济发展层级明显，整个广西区的区域经济发展非常不平衡。广西经济发展的不平衡表现出较强的地理特性，且县域之间的差异要比城市之间的差异更大，从县域、城市与区域板块三类区域来看，区域板块之间差异要比县域之间、城市之间的差异小（戴其文等，2015）。而广西的区域经济发展不平衡不是近代才出现的现象，是自古以来就存在的，在秦汉时期，广西东部与西部的发展差距已经开始显现，特别是宋代设立广南西路后，广西东部和西部的经济社会发展差异更加明显（朱其现，2008）。

在探讨促进广西区域经济协调发展的对策方面，韦正委（2008）认为区域产业协调发展是区域经济协调发展的核心，两者具有一定程度的同一性，承接产业转移有助于广西区域经济协调发展。但是，承接我国东部地区产业转移时广西要处理好产业承接与环境保护之间的协调关系（唐贤秋，2010）。此外，还可以通过产业集群来推进广西北部湾经济区的经济协调发展（李卫东，2009）。也有学者认为，研究生教育与产业经济协调发展存在相互作用的关系，因此要加强广西研究生教育的学科建设水平（王现彬，2016）。另外，税收作为调控宏观经济的重要手段，税收政策对缩小区域经济发展差距、促进区域经济协调发展有正向的作用，因此要针对广西不同区域进行适当的税收政策安排，尤其是加大对广西欠发达区域的税收优惠力度（陈光，2015；苏畅和刘石敏，2015）。由于区域之间发展不平衡，所以促进广西区域经济协调发展，就需要对区域经济进行合理布局（汪宇明，1996），而当前广西区域不平衡的一个主要表现是北部湾经济区、西江经济带和桂西资源富集区经济发展的不平衡，因此在坚持北部湾优先发展的同时也要加快桂西资源富集区和西江经济带的发展（张家寿，2013）。城乡经济发展不平衡是区域经济不平衡的另一个突出表现，在城乡协调发展上，汪宇明（1997）认为，在推进城镇化进程过程中要加强乡村社区建设，不断提升乡村环境质量。改革开放后，虽然广西城乡经济取得较快发展，但是城乡居民收入、社会保障差距不断扩大，城乡经济协调发展面临重大挑战，因此要加强农村扶贫开发、缩小城乡差距、统筹城乡发展（郭丽英等，2006），要注重提高农民收入、加快农村企业发展、加大农业投入力度、建立城乡统一的社会保障制度（宋志生，2005）。铁路建设将有助于将区域资源优势转化为经济优势，要增强区域之间互动、互补性，进而推动区域之间经济的协调发展（杨晓莉和牛建玲，2011）。

在研究广西区域经济与社会、生态的协调发展状况方面，林光祥等（2017）研究广西基本公共服务和区域经济协调关系时指出，提升基本公共服务与区域经济的协调发展水平是区域经济协调发展的应有之义，要注重经济与社会的协调发展。同时，也要正确认识资源环境与经济发展的内在关系（官锡强，2009）。不少学者对广西经济与社会、生态之间的协调发展进行了探讨。余娟和吴玉鸣（2007）对广西人口、资源环境与经济的协调发展水平进行了评估，结果显示：1990～2005年，虽然广西经济综合水平明显提升，但付出了较大的环境代价，资源环境与经济发展、人口发展协调性较差。黎树式和陆来仙（2008）对广西海岸带生态经济系统协调发展进行分析，认为资源、环境、经济、社会的协调发展才是可持续的发展道路。张燕等（2008）测度了1991～2005年广西桂林市"旅游—经济—生态"三个系统的协调发展水平，结果表明这三个系统的协调程度还处于中低水平。贺争平等（2009）对广西1996～2016年的"经济—教育—科技"三个子系统的协调发展水平进行了仿真分析，结论显示，2010年后广西的教育和科技与经济发展步伐已不匹配。陆汝成（2012）测算了广西边境崇左市1996～2009年土地利用与经济社会发展的协调水平，结果显示土地利用与经济社会协调发展水平由不协调转向协调。邓晓军等（2013）对广西水资源及其利用、社会经济发展、生态环境三个方面的协调水平进行评价，结果显示三个系统之间的协调程度在区域之间呈现较大差异。杨兴（2015）对广西2004～2013年的新型城镇化、新型工业化、农业现代化之间的协调性进行测算，结论显示三者之间的协调水平逐步提高。韦福巍等（2015）从市域的角度对2000～2012年广西"区域城市旅游产业、社会经济、生态环境"耦合协调发展水平进行定量分析，结果显示这三者之间的协调类型由轻度失调逐步转向优质协调。张文菊和吕观盛（2017）对广西2004～2014年14个地级市的旅游业与城市化耦合协调发展水平进行了评估，发现各地级市的旅游业与城市化协调发展水平在不断提高，但地区差异比较显著；王威峰（2019）对广西2010～2017年14个地级市旅游产业与城镇化建设耦合协调发展的研究，也得到了较为类似的结论。熊小菊等（2019）采用2006～2016年的数据对广西西江流域经济、社会、生态三个系统协调发展状况进行了研究，结果表明，西江流域各城市经济、社会、生态三者的协调发展水平大多为中低度协调。

2.1.3 综合评价

国外关于区域经济协调发展的研究较早，主要的切入点有经济收敛性、发展差距、差距的成因等，相关研究表明地区经济发展差距缩小的情形是存在的，地区差距的影响因素是多维的，有效把握地区差距的影响因素，采取相应对策有助于缩小地区经济发展差距。

国内关于区域经济协调发展的研究主要是在改革开放以后，目前关于区域经济协调发展的研究成果较为丰硕，研究的领域较广，研究领域主要集中在经济收敛性、经济发展差距、经济发展差距的影响因素、协调发展的机制与对策等几个方面，既有理论研究也有实证研究。

但是，在对区域经济不平衡测算时，从单一方面测度发展差距的研究较多、分析某一变量与区域经济协调发展的研究较多，而构建指标体系进行区域经济发展差距或协调性程度的研究相对较少；在对区域划分时，从区域板块、城市群、经济带、单个省份研究的较多，且经济指标较为宏观，而对县域、乡村的差距的研究较少；在对地域的研究上，对中国四大板块进行综合分析，以及对东部、中部地区研究的相对较多，对西部地区特别是针对民族省份的研究相对较少；在对区域经济协调发展长效机制和保障措施的研究上，针对单一机制和单一措施的研究较多，针对某一特定区域的区域统筹机制及综合发展措施的研究相对较少。

关于广西区域经济协调发展的研究，主要涉及三个方面：一是广西区域经济差距；二是促进广西区域经济协调发展的对策；三是分析广西区域经济与社会、生态的融合协调发展。这些研究在一定程度上明确了广西区域经济发展的基本现状，那就是在空间上严重不平衡；同时，指出广西区域经济协调发展需要打造一个经济高地，那就是北部湾经济区；而且认为依托北部湾经济区推动广西各区域经济发展是一个重要的举措。这些文献还传递了一个重要的信息，即广西的发展需要更高层次的开放。但是，综合来看，对广西区域经济协调发展的研究还较少，相关研究的视角较为单一，大多侧重于特定产业与区域经济的协调发展；在对广西的区域经济发展不平衡进行测度时，主要是基于宏观经济指标，对中观经济指标和微观经济指标的差异分析较少；同时，对广西区域的划分，主要是将广西划分为几个区域板块，而对县域、乡镇以及城乡区域的分析不足，尤其是缺乏对民族自治（待遇）县之间、民族乡之间经济发展差距的分析；在评估广西区域经济协调发展水平时，所构建的指标体系的层次还不够精细。这些不足之处，正是本书进行深入研究的方向。

2.2 理论基础

2.2.1 均衡发展理论

（1）赖宾斯坦（1957）的临界最小努力命题论。"临界最小努力"理论主张欠发达经济体要取得经济持续稳定增长，就要努力使经济达到一定水平，冲破低水平均衡状态。当冲破低水平临界点后，欠发达经济体容易摆脱落后陷阱，从而推动经济由落后状态向比较发达状态转变。

（2）纳尔逊（1956）的低水平陷阱理论。该理论认为发展中国家存在低水平收入陷阱，因为经济发展水平相对较低的国家，居民的收入水平通常也相对较低，由于收入水平较低，居民会将其收入用于保障基本生活，那么国家的储蓄和投资水平也会处在一个较低的水平，而发展中国家人口增长的速度通常要比人均收入增长的速度快得多，从而使发展中国家的人均收入长期处于低水平状态。要冲破这个陷阱，就必须使人均收入的增长速度快于人口增长的速度，即较大幅度地提高人均收入水平。

（3）罗森斯坦·罗丹（1943）的大推进理论。欠发达地区往往存在三类不可分性：一是社会分摊资本的不可分性；二是需求的不可分性；三是储蓄供给的不可分性。这三类不可分性严重制约着欠发达地区的经济发展。大推进理论主张欠发达地区采取持续大规模投资促进产业发展，以克服需求、供给等的不可分性，进而冲破经济发展瓶颈，实现经济的快速发展。

（4）纳克斯（1953）的贫困恶性循环理论和平衡增长战略。贫困恶性循环理论认为，欠发达地区投资不足、储蓄水平低，导致资本缺乏，而资本的缺乏又致使资本投资和需求存在恶性循环。而平衡增长可以摆脱贫困恶性循环，即在各部门和产业中同时进行大规模投资，使经济各部门和各产业按同一比率或不同比率全面发展，以此来彻底摆脱贫穷落后面貌，实现经济发展。

（5）Solow 模型。在经典的 Solow 模型中，储蓄率是外生而固定不变的，因此增长也是外生而不可阻挡的。假设生产函数为 Y = AF（K，L），即总产出是技术水平、资本和劳动力的函数。那么人均产出由且仅由外生的技术水平和人均资本决定，因而人均资本的变化率也就决定了人均产出的变化率。当人均资本变化率为 0 时，经济处于均衡增长路径之上，此时人均产出率等于技术进步率。即 Solow 模型预言所有经济体，无论初始人均资本如何，它们都会趋向一条使人均资本变化率等于 0 的均衡增长路径，而在均衡增长路径上所有经济体的增长率都等于技术进步率，这是一种增长率上的收敛（姚洋，2013）。同样地，索罗模型也预言了收入水平上的收敛。索罗和斯旺（Solow. R and Swan. T）在生产要素自由流动与开放区域经济的假设下，认为随着区域经济增长，各国或一国内不同区域之间的差距会缩小，区域经济增长在地域空间上趋同，呈收敛之势。

均衡发展理论的出发点是为了缩小发展差距。但结合现实看，均衡发展理论面临以下困境：①欠发达地区经济基础条件较差，难以依靠自身力量冲破经济瓶颈，使得均衡发展的理论应用受限；②均衡发展理论通常易忽略集聚效应，在市场化下，人口、资金、技术等向发达地区集聚，促使发达地区经济发展越来越好，而欠发达地区发展更加困难；③虽然考虑到了科技进步对经济的促进作用，但是技术条件不同也会造成地区间发展程度的不同，发达地区由于技术成熟，会吸引更多的经济资源集聚，而造成技术落后的欠发达地区发展更加困难；④均衡发展论较多地采用静态的分析方法，而一个地区的发展往往与其他地区具有紧密联系，地区的发展通常是一个静态与动态相结合的过程，在动态上，均衡发展论的实际可操作性较差。因此，非均衡发展的理论需加以考虑。

2.2.2 非均衡发展理论

（1）缪尔达尔（1957）的循环积累因果理论。该理论认为，一些地区由于初始条件优越，从而具有先发优势，在原有优势的基础上，这些地区会不断地积累有利条件，并且走在发展前沿，进而拉大与初始条件欠佳的地区的经济发展差距。发展相对较好的区域与发展相对滞后的区域，在相互作用过程中会形成两种效应：一种是回流效应，另一种是扩散效应。回流效应使发展要素逐渐向相对发达地区集聚，从而造成要素流出地与要素流入地之间的经济发展差距的扩大；扩散效应则是表现为相对发达地区的生产要素流向欠发达地区，带动欠发达地区经济发展，进而缩小区域之间的经济发展差距。但是，在市场机制下，扩散效应通常小于回流效应，这就使优先发展起来的地区有利因素越来越多、欠发达地区不利因素增多。因此，缪尔达尔提出，在经济发展初期，应推动发展条件较好的地区优先发展，以寻求经济发展速度和效益，再通过扩散效应带动欠发达地区发展，以缩小地区经济发展差距。

（2）阿尔伯特·赫希曼（1958）的不平衡增长理论。该理论认为，经济发展并不是所有地区都是同步的，而是围绕起始点集中，形成中心区域，中心区域得到优先发展，中心区域的扩大和增长，不可避免地伴随着不平等的增长。赫希曼提出了"极化效应"和"涓滴效应"，认为在经济发展初期，由于极化效应，会使发展差距扩大；但长远来看，涓滴效应将有利于地区差距缩小。

（3）弗朗索瓦·佩鲁（1950）的增长极理论。该理论认为，经济的发展要依靠条件较好的地区和一些创新能力强、规模大、居支配地位的推进型和主导型产业部门的带动，所以要将条件较好的地区和优势产业打造成经济增长极。

（4）中心—外围理论。阿根廷著名经济学家劳尔·普雷维什（Raul Prebisch）最早提出中心—外围理论，20世纪60年代，弗里德曼将中心—外围理论的概念引入区域经济学，并进行了完善。中心—外围理论认为，任何国家和地区都由中心和外围两个空间系统组成（余军华，2007）。空间集聚是区域经济中心形成的关键。中心处于主导地位，外围依附于中心。政府可以通过政策导向促进要素的流向，推动区域空间经济一体化的形成和发展。在这样的情况下，中心和外围会逐步模糊最终消失。该理论在区域发展战略中具有重要作用，既强调市场的基础性作用，又注重政府的宏观调控。

（5）区域经济梯度转移理论。该理论认为，每个国家或地区都处在一定的经济发展梯度上，高梯度区域通常是创新性较强的区域，行业、新产品、新技术都会随时间推移由高梯度区向低梯度区传递（江孝君，2019）。这种梯度转移过程主要是通过多层次的城市系统扩展开来的。

（6）威廉姆逊（1965）的倒"U"形理论。威廉姆逊把库兹涅茨的收入分配倒"U"形假说应用到区域经济领域，提出了区域经济差距的倒"U"形理论。指出无论是在时间上还是在截面上地区差距都呈先扩大后缩小的趋势。威廉姆逊的倒"U"形理论得到许多学者研究成果的支持，并被世界银行用于预测世界不平等与贫困问题。但也有不少学者指出该理论不可靠，不能作为一个普遍的原理，因为一些地区差距存在缩小后又扩大的态势，也有一些地区差距保持着稳定性。

非均衡发展模式在实际应用中可操作性较强，但在经济发展的同时，非均衡模式也面临着一些问题：①过度注重经济中心区域，而通常忽略外围区域，导致差距的扩大；②出现了投资与政策双重倾斜的局面，造成中心与外围更加激烈的矛盾，阻碍统一市场的形成；③存在经济资源过度供应而经济效益低下的现象，而对一些地区或某些产业的供应却不足。

综上所述，无论是采用均衡发展理论还是非均衡发展理论来制定发展战略，不免存在缺陷，地区经济发展差距的形成，其致因是多方面的，仅依靠某一理论来指导发展，不免造成其他问题的产生。分析地区经济发展差距形成的原因，综合地运用相关理论，建立综合的理论体系是缩小地区经济发展差距、促进区域经济协调发展的保障。

2.3　理论分析框架

根据均衡理论与非均衡理论存在的不足，本书强调在广西壮族自治区区域经济协调发展的实践中应将均衡与非均衡思想相结合，既有重点地促进中心区域的发展，又强调中心区域与边缘区域的联动、互补与合作，且注重在要素分配在区域间的均衡、市场一体化构建、区域政策统筹推进、人民生活水平大致相当、基本公共服务均等化、城乡的有机融合发展；既注重对不同地区采取差异化的发展政策又注重采用均衡的思想来统筹区域经济发展；不仅强调区域经济的增长，还倡导经济与社会、生态的耦合协调发展。

根据相关文献对区域经济协调发展不同内容、不同尺度、不同致因的研究，将这些文献的基本观念和研究方向加以综合，认为区域存在地理上的交叉与不交叉，因此区域的划分可以分为交叉区域、非交叉区域，交叉区域在经济统计上存在重合性、非交叉区域在经济统计上不存在重合性，与此同时，我国的省份内部就有行政市、县、乡（镇）、村的划分，因此村可以看作最小的行政区域，那么区域的划分就有区域（含交叉、非交叉两类）、城市、县域、城乡。

关于区域经济系统的现有研究，有文献指出应该包含人均GDP、投资、收入、开放、产业、环境、公共服务等内容，而这些相关内容大多分属于统计上的宏观经济综合指标、产业指标、人民生活指标、基本公共服务指标，因此区域经济协调发展应该包含经济总体水平、产业发展、人民生活、基本公共服务等差距的缩小和耦合协调发展等相关内容。

党的十九大报告指出：要实施乡村振兴战略，要建立健全城乡融合发展体制机制和政策体系，同时还指出，要实施区域协调发展战略，要建立更加有效的区域协调发展新机制。2018年11月18日，《中共中央　国务院关于建立更加有效的区域协调发展新机制的意见》发布，为建立更加有效的区域协调发展机制确定了目标、指明了方向；2019年4月15日，《中共中央　国务院关于建立健全城乡融合发展体制机制和政策体系的意见》出台，为城乡融合发展的体制机制和政策体系的构建，提出了要求、明确了目标、提供了思路。因此，按照这两个文件的要求与思路，结合广西壮族自治区的具体实际，探寻促进广西区域经济协调发展的长效机制和对策。

至此，形成本书的基本理论分析框架：基于广西的区域板块、城市、县域、城乡以及乡村经济发展差异的事实，采取均衡与非均衡相结合的区域经济协调发展思想，探寻广西壮族自治区区域经济协调发展的长效机制，提出推进广西区域经济协调发展的措施，分析框架如图2－1所示。

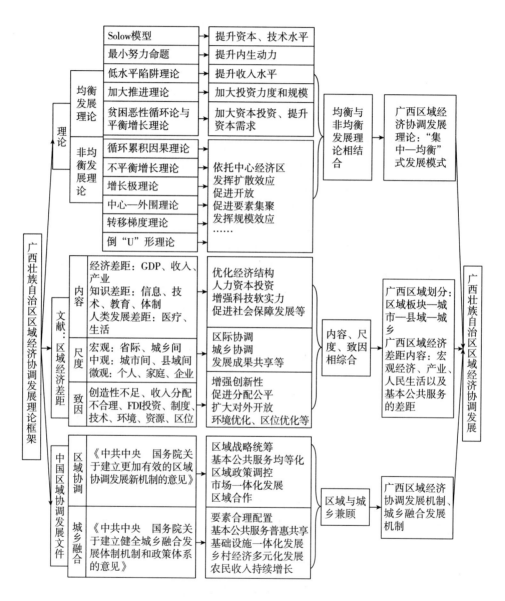

图 2－1　理论分析框架

3 广西的地区禀赋、经济演进与区域经济发展特征

地区禀赋是地区经济发展的基础，探讨一个地区的区域经济发展，首先应该了解该地区的地理区位状况和人文环境，其次要清楚该地区作为一个整体的经济状况。按照这样一个思路，本章从地理区位和人文环境两个方面介绍广西的禀赋，并基于地区禀赋探讨中华人民共和国成立以来广西的经济发展，最后结合地理区位和整体的经济对广西区域进行细分，探讨区域经济发展的状况。

3.1 广西的地区禀赋

3.1.1 地理区位

地理区位指的是一个地区与其他事物的空间关系，包含地理位置关系、区域分工关系、区域经济关系、地缘政治关系、区域交通网络关系、区域信息交流关系、区域环境关系、区域发展战略之间的关系、区域政策或制度关联等。地理位置、交通、信息条件是三大主要区位条件，一个地区的地理位置、交通、信息相互联系共同作用于该地区的经济发展。地理位置优越的地区，其交通发达、信息丰富且传递速度更快；地理位置偏远的地区，交通条件相对较差、信息较为封闭（郑长德等，2018）。

从地理位置关系上看，广西壮族自治区处在中国南疆；位于东经104°28′~112°04′，北纬20°54′~26°24′，北回归线横贯广西的中部；广西壮族自治区东部与广东省相接，南临北部湾且与海南省隔海相望，西南部与越南社会主义共和国接壤，西部与云南省相连，西北部连接贵州省，东北部靠湖南省。行政区域土地面积23.76万平方千米，管辖北部湾海域面积约4万平方千米。

从经济区位关系上看，按照我国四大经济区域（东、中、西、东北）的划分，广西壮族自治区属于我国西部地区，处于东、中、西三大区域的交汇地，是

三个经济圈（华南经济圈、大西南经济圈、东盟经济圈）的接合部；此外，广西壮族自治区是民族地区、边疆地区，是需加大力度支持加快发展的地区；北部湾经济区、珠江—西江经济带、左右江革命老区、桂林国际旅游胜地建设上升为国家战略，促使广西各经济区的区位优势逐渐显现。

从地缘政治关系上看，广西壮族自治区位于我国西南边疆，与越南接壤，面向东盟国家，在我国具有特殊的政治地位，是我国与东盟国家交流合作的窗口，同时，广西的稳定与繁荣事关我国边疆的稳定、民族的团结。

3.1.2 人文环境

3.1.2.1 中华人民共和国成立以来的人口增长

1949 年，广西户籍总人口为 1845 万，1978 年上升至 3402 万，进入 21 世纪时为 4751 万，2018 年为 5659 万。2018 年较 1949 年增加了 3814 万人，以 1949 年为基期，年均增长 1.64%。1949~2018 年，男性人口从 952 万增加到 2980 万，女性人口从 893 万增加到 2679 万，以 1949 年为基期，男性人口年均增长 1.67%、女性人口年均增长 1.61%。户籍总人口变化如图 3-1 所示。

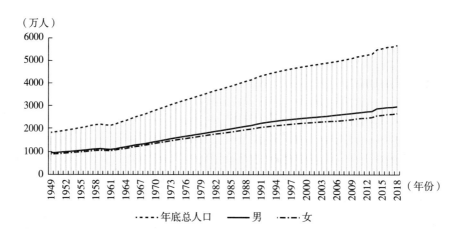

图 3-1　1949~2018 年广西户籍总人口

资料来源：1949~2004 年数据来源于《新中国 60 年统计资料汇编》；2005~2018 年数据来源于《广西统计年鉴 2019》。

1950~2018 年，广西人口出生率、人口死亡率、自然增长率总体呈下降的趋势，1950~1963 年波动较大，1964 年后逐步下降。1950 年人口出生率、人口死亡率、自然增长率分别为 36.23‰、20.10‰、16.13‰，2018 年分别为 14.12‰、5.96‰、8.16‰，变动趋势如图 3-2 所示。

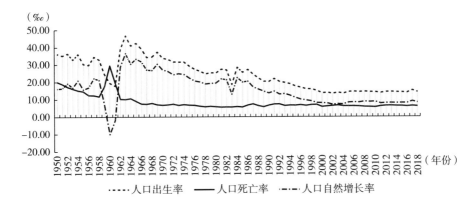

图 3－2　1950～2018 年广西人口自然变动情况

资料来源：1950～2004 年数据来源于《新中国 60 年统计资料汇编》；2005～2018 年数据来源于《广西统计年鉴 2019》。

2019 年，广西壮族自治区常住人口为 4960 万，人口出生率为 13.31‰，人口死亡率为 6.14‰，人口自然增长率为 7.17‰[①]。

3.1.2.2　人口结构及其变化

（1）人口性别结构。1949～2018 年，广西户籍人口中的男性比例大于女性比例。男性比例总体呈上升的态势，但历经了先下降后上升的变化：1949～1968 年大致呈下降趋势，1949 年为 51.60%，1968 年为 51.19%；1969 年后，男性比例逐渐上升，从 1969 年的 51.28% 上升至 2018 年的 52.66%。女性比例总体上呈下降的态势，历经了先上升后下降的变化：1949～1968 年大致呈上升趋势，从 1949 年的 48.40% 上升至 1968 年的 48.81%；1969 年后逐渐下降，从 1969 年的 48.72% 下降至 2018 年的 47.34%。男性与女性比例的变化情况如图 3－3 所示。

（2）人口城乡结构。根据表 3－1 可知，2000～2018 年广西市镇人口不断增加，市镇人口占总人口比重不断上升，乡村人口逐渐减少，乡村人口比重逐年下降。2000 年市镇人口、乡村人口分别为 1337 万、3414 万，到 2018 年，市镇人口增加到 2534 万、乡村人口减少为 2426 万人。2000～2018 年广西市镇人口比重从 28.15% 上升至 51.09%，乡村人口比重从 71.85% 下降至 48.91%。

---

① 广西壮族自治区统计局网站，首页—统计数据—新闻发布—数据发布：2019 年广西经济运行总体平稳，http：//tjj. gxzf. gov. cn/tjsj/xwfb/tjxx_ sjfb/202001/t20200122_ 154524. html。

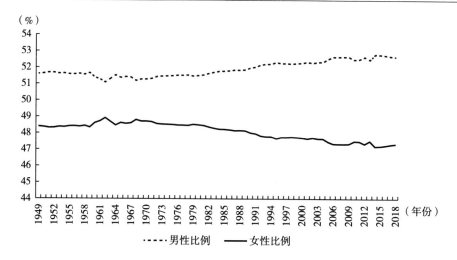

图 3-3 1949~2018 年广西户籍人口性别结构

资料来源：1949~2008 年数据来源于《新中国 60 年统计资料汇编》；2009~2018 年数据来源于《广西统计年鉴 2019》。

表 3-1 2000~2018 年广西人口城乡结构 单位：万人,%

年份	市镇人口	乡村人口	市镇人口比重	乡村人口比重
2000	1337	3414	28.15	71.85
2001	1350	3438	28.20	71.80
2002	1365	3457	28.30	71.70
2003	1411	3446	29.06	70.94
2004	1550	3339	31.70	68.30
2005	1567	3093	33.62	66.38
2006	1635	3084	34.64	65.36
2007	1728	3040	36.24	63.76
2008	1838	2978	38.16	61.84
2009	1904	2952	39.20	60.80
2010	1849	2761	40.11	59.89
2011	1942	2703	41.80	58.20
2012	2038	2644	43.53	56.47
2013	2115	2604	44.81	55.19
2014	2187	2567	46.01	53.99
2015	2257	2539	47.06	52.94
2016	2326	2512	48.08	51.92

年份	市镇人口	乡村人口	市镇人口比重	乡村人口比重
2017	2404	2481	49.21	50.79
2018	2474	2452	50.22	49.78
2019	2534	2426	51.09	48.91

资料来源：2000～2018年数据来源于《广西统计年鉴2019》；2019年数据来源于广西壮族自治区统计局官网：2019年广西经济运行总体平稳，http：//tjj. gxzf. gov. cn/tjsj/xwfb/tjxx＿ sjfb/202001/t20200122＿ 154524. html，数据取四舍五入。

　　（3）人口年龄结构。1990～2018年广西0～14岁人口占总人口的比重呈先下降后上升的态势：1990～2013年呈下降态势，从33.38%下降至21.57%；2014～2018年呈上升态势，从21.58%上升至22.06%。15～64岁人口占总人口的比重先升后降：先从1990年的61.20%上升至2010年的69.05%，之后从2011年的68.37%下降至2018年的67.98%。65岁以上人口占总人口的比重总体呈上升的趋势，1990年为5.42%，2018年达到9.96%。1990～2018年广西人口年龄构成情况如表3-2所示。

表3-2　主要年份广西人口年龄构成　　　　　　　　单位：%

年份	0～14岁占总人口的比重	15～64岁占总人口的比重	65岁及以上占总人口的比重
1990	33.38	61.20	5.42
2000	26.20	66.49	7.31
2005	23.76	66.67	9.57
2007	22.28	68.45	9.27
2008	22.07	68.48	9.45
2009	22.10	68.50	9.40
2010	21.71	69.05	9.24
2011	21.80	68.37	9.83
2012	21.96	68.30	9.74
2013	21.57	68.77	9.66
2014	21.58	68.75	9.67
2015	22.09	67.94	9.97
2016	22.08	67.97	9.95
2017	22.11	67.94	9.95
2018	22.06	67.98	9.96

资料来源：《广西统计年鉴2019》。

（4）人口受教育程度构成。2000～2018 年，广西 6 岁以上人口受教育程度为小学的比重总体呈下降的趋势，受教育程度为初中的比重先上升后下降，高中（含中职）、大专及以上学历的人口比重均稳步上升。2000 年，6 岁以上人口受教育程度为小学、初中、高中（含中职）、大专及以上的比重分别为 45.60%、35.20%、10.40%、2.60%。到 2018 年时，四种受教育程度的比重分别为30.34%、41.05%、15.10%、9.26%，总体来看，6 岁以上人口受教育水平逐渐提高，具体表现为高中（含中职）、大专及以上学历的人口占比明显提升，如表 3 - 3 所示。

表 3 - 3 6 岁及以上人口受教育程度构成　　　　　　　单位：%

年份	小学	初中	高中（含中职）	大专及以上
2000	45.60	35.20	10.40	2.60
2005	39.84	38.19	9.89	3.96
2007	34.64	42.50	12.37	4.64
2008	34.70	43.63	11.39	4.51
2009	33.30	44.42	11.38	5.06
2010	34.85	42.64	12.14	6.58
2011	34.80	42.60	12.20	6.60
2012	33.28	43.97	12.40	6.63
2013	32.57	44.17	12.72	6.92
2014	32.32	44.17	12.79	7.10
2015	31.20	41.10	13.65	9.21
2016	31.12	41.08	13.98	9.21
2017	30.75	41.07	14.50	9.22
2018	30.34	41.05	15.10	9.26

资料来源：《广西统计年鉴 2019》。

3.1.2.3 人口分布

（1）人口城市分布。广西 14 个地级市中，2018 年，南宁市户籍人口占全区户籍人口的比重最大，为 13.62%，其次是玉林市，为 12.95%，户籍人口占比最少是防城港市，为 1.76%。南宁市、玉林市、贵港市男性户籍人口比重（分别为 13.46%、13.17%、10.00%）和女性户籍人口比重（分别为 13.80%、12.70%、9.83%）相对较高，防城港市、北海市所占广西全区的比重相对较小（其中男性户籍人口分布分别为 1.80%、3.13%，女性户籍人口分布分别为1.71%、3.17%）。如表 3 - 4 所示。

表3-4　2018年广西户籍人口分布情况　　　　　单位:%

地级市	户籍人口分布	男性户籍人口分布	女性户籍人口分布
南宁市	13.62	13.46	13.80
柳州市	6.90	6.76	7.06
桂林市	9.51	9.34	9.70
梧州市	6.22	6.28	6.16
北海市	3.15	3.13	3.17
防城港市	1.76	1.80	1.71
钦州市	7.34	7.59	7.06
贵港市	9.92	10.00	9.83
玉林市	12.95	13.17	12.70
百色市	7.44	7.35	7.54
贺州市	4.35	4.35	4.34
河池市	7.65	7.57	7.75
来宾市	4.76	4.75	4.77
崇左市	4.45	4.46	4.44
合计	100	100	100

资料来源:根据《广西统计年鉴2019》相关数据计算得到。

（2）人口城乡分布。2018年,广西城镇人口有18.30%分布在南宁市、11.65%分布在玉林市、10.58%分布在柳州市、10.28%分布在桂林市,分布较少的有防城港市（2.25%）、崇左市（3.33%）。乡村人口有12.10%分布在玉林市、11.13%分布在南宁市、10.37%分布在桂林市,分布较少的有防城港市（1.62%）、北海市（2.84%）。具体城乡人口分布如表3-5所示。

表3-5　2018年广西城乡人口分布　　　　　单位:%

地区	城镇人口分布	乡村人口分布
南宁市	18.30	11.13
柳州市	10.58	5.81
桂林市	10.28	10.37
梧州市	6.51	5.92
北海市	3.98	2.84
防城港市	2.25	1.62
钦州市	5.34	8.09
贵港市	8.93	8.98

续表

地区	城镇人口分布	乡村人口分布
玉林市	11.65	12.10
百色市	5.50	9.42
贺州市	3.87	4.55
河池市	5.47	8.94
来宾市	4.02	5.05
崇左市	3.33	5.20
合计	100.00	100.00

资料来源：根据《广西统计年鉴2019》相关数据计算得到。

3.1.2.4 民族构成

广西壮族自治区境内居住着56个民族，其中有12个是世居民族，分别是壮族、汉族、瑶族、苗族、侗族、仫佬族、毛南族、回族、京族、彝族、水族、仡佬族。2018年，汉族占全区总人口的61%。在少数民族中，壮族人口最多，2018年壮族总人口占全区少数民族总人口的83.45%，占全区总人口的32.5%。

从少数民族人口的增长来看，广西少数民族总人口和常住人口均呈不断增长的态势。根据表3-6可知，1953年广西常住人口中，少数民族人数为741.49万，占常住人口的37.9%，少数民族人口中的壮族人数为650.33万，占常住人口的33.3%、占少数民族人口的87.7%。2018年，在全区总人口中，少数民族人口为2204.51万，占总人口的39.0%，其中壮族人口1839.74万，占全区总人口的32.5%，占少数民族人口的83.5%；在常住人口中，2018年少数民族常住人口1847.38万，占常住人口的37.5%，其中壮族人口1557.15万，占常住人口的31.6%，占少数民族人口的84.3%。1982～2018年，在广西总人口中，少数民族人口、壮族人口数量呈不断增加的态势，2018年较1982年分别增加了799.1万人、596.6万人。1953～2018年，广西常住人口中，少数民族人口、壮族人口数量也呈不断增长的态势，2018年较1953年分别增加了1105.89万人、906.82万人，如表3-6所示。

表3-6 主要年份广西少数民族人口数量 单位：万人，%

年份	总人口				常住人口			
	少数民族人口数量	占总人口比重	壮族人口数量	占总人口比重	少数民族人口数量	占常住人口比重	壮族人口数量	占常住人口比重
1953	—	—	—	—	741.49	37.9	650.33	33.3
1964	—	—	—	—	874.27	37.7	770.70	33.2

续表

年份	总人口				常住人口			
	少数民族人口数量	占总人口比重	壮族人口数量	占总人口比重	少数民族人口数量	占常住人口比重	壮族人口数量	占常住人口比重
1982	1405.41	38.2	1243.14	33.7	1393.59	38.3	1232.40	33.8
1990	1649.86	38.9	1423.62	33.6	1657.69	39.2	1421.54	33.7
2000	1809.97	38.3	1553.11	32.9	1722.26	38.4	1454.54	32.4
2010	1957.56	37.9	1658.72	32.2	1711.05	37.2	1444.84	31.4
2011	1972.50	37.9	1671.48	32.2	1727.01	37.2	1458.07	31.4
2012	1988.00	37.9	1684.66	32.2	1740.77	37.2	1469.68	31.4
2013	2004.00	37.9	1698.16	32.2	1754.52	37.2	1481.29	31.4
2014	2077.21	37.9	1760.21	32.2	1777.05	37.4	1497.03	31.5
2015	2140.87	38.8	1795.96	32.6	1781.03	37.1	1508.82	31.5
2016	2185.32	39.2	1809.36	32.4	1807.48	37.4	1521.55	31.5
2017	2179.48	38.9	1821.11	32.5	1828.94	37.4	1540.73	31.5
2018	2204.51	39.0	1839.74	32.5	1847.38	37.5	1557.15	31.6

资料来源：笔者根据《广西统计年鉴2019》整理。

从民族的构成来看，根据第六次全国人口普查，2010 年广西 11 个世居少数民族——壮族、瑶族、苗族、侗族、仫佬族、毛南族、回族、京族、彝族、水族、仡佬族占全区少数民族的比重分别为 84.46%、8.73%、2.78%、1.79%、1.01%、0.38%、0.19%、0.14%、0.06%、0.08%、0.02%。

从民族的地区分布来看，少数民族人口主要分布在南宁市、百色市、河池市、柳州市、崇左市、来宾市，分别占全区少数民族人口的 20.66%、17.23%、16.52%、11.22%、10.27%、9.43%。壮族主要分布在南宁市、钦州市、梧州市、北海市、玉林市、百色市，分别占全区壮族人口的 23.45%、18.47%、15.49%、12.09%、10.58%、9.14%。瑶族主要分布在梧州市、防城港市、贺州市、河池市、南宁市，分别占全区瑶族人口的 24.77%、23.91%、16.08%、9.12%、6.56%。苗族主要分布在柳州市、百色市、桂林市，分别占全区苗族人口的比例为 50.47%、26.89%、12.21%。侗族主要分布在柳州市和桂林市，分别占全区侗族人口比例为 77.39%、15.80%。仫佬族主要分布在河池市、柳州市，分别占全区仫佬族人口的 73.00%、17.28%。毛南族主要分布在河池市，占全区毛南族人口的 89.17%。回族主要分布在桂林市、柳州市和南宁市，分别占全区回族人口的 54.16%、17.62%、15.25%。京族主要聚居在防城港市，占全区京族人口的 89.53%。彝族主要分布在百色市和南宁市，分别占全区彝族人口的 60.99%、10.59%。水族主要分布在河池市、柳州市和南宁市，分别占全区水族人口的 47.30%、33.14%、9.41%。仫佬族主要聚居在百色市，占全区仫佬族人口的 75.80%，如表 3-7 所示。

表 3-7　第六次全国人口普查广西壮族自治区少数民族分布情况　　单位：%

地区	少数民族人口		少数民族占全区比例											
	占当地人口比例	占全区少数民族人口比例	壮族	瑶族	苗族	侗族	仫佬族	毛南族	回族	京族	彝族	水族	仡佬族	其他少数民族
全区	37.17	100	100	100	100	100	100	100	100	100	100	100	100	100
南宁市	53.07	20.66	23.45	6.56	1.93	2.09	3.67	3.93	15.25	4.17	10.59	9.41	6.28	23.89
柳州市	51.08	11.22	9.14	4.80	50.47	77.39	17.28	3.36	17.62	0.70	4.32	33.14	3.09	12.42
桂林市	15.47	4.29	1.58	24.77	12.21	15.80	1.07	0.96	54.16	0.70	5.55	2.93	2.73	13.95
梧州市	2.24	0.38	0.19	2.09	0.34	0.77	0.19	0.15	0.72	0.08	0.75	1.01	0.69	1.86
北海市	1.94	0.17	0.16	0.18	0.18	0.12	0.15	0.22	1.26	0.60	1.41	0.53	2.34	3.24
防城港市	44.00	2.23	2.19	2.71	0.22	0.33	0.10	0.14	0.29	89.53	1.57	0.31	0.57	1.93
钦州市	10.56	1.90	2.18	0.29	0.48	0.22	0.14	0.79	2.25	3.07	0.37	5.02	2.53
贵港市	14.76	3.55	3.73	4.28	0.24	0.14	0.35	1.01	0.08	1.02	0.99	0.54	4.38
玉林市	0.77	0.25	0.23	0.40	0.37	0.47	1.15	0.23	1.66	1.87	0.75	4.71
百色市	85.05	17.23	18.47	9.12	26.89	0.26	0.31	0.34	1.76	0.34	60.99	0.04	75.80	8.04
贺州市	16.54	1.89	0.55	16.08	0.19	0.16	0.09	0.06	1.84	0.04	1.39	0.28	0.64	1.86
河池市	83.89	16.52	15.49	23.91	4.97	1.56	73.00	89.17	3.26	0.09	5.65	47.30	0.28	17.28
来宾市	76.82	9.43	10.58	4.59	1.22	0.63	3.30	0.45	0.62	0.14	1.25	1.73	0.69	2.12
崇左市	88.11	10.27	12.09	0.43	0.25	0.14	0.21	0.17	0.26	1.04	0.78	0.10	0.57	1.79

资料来源：根据《广西壮族自治区 2010 年人口普查资料 1》计算得到。

从少数民族的性别构成来看，全区少数民族男性多于女性，男女比例分别为 51.25%、48.75%。少数民族男性多于少数民族女性的城市有 12 个，分别是南宁、柳州、桂林、梧州、防城港、钦州、贵港、百色、贺州、河池、来宾、崇左。少数民族女性占比高于男性占比的城市有北海、玉林（见表 3-8）。

表3-8　第六次全国人口普查广西少数民族性别构成与分布情况

地区	按性别分少数民族人口（人）			少数民族男女比例（%）		
	合计	男	女	合计	男	女
全区	17107665	8768080	8339585	100	51.25	48.75
南宁市	3533752	1805009	1728743	100	51.08	48.92
柳州市	1920056	986792	933264	100	51.39	48.61
桂林市	734667	379346	355321	100	51.64	48.36
梧州市	64624	32597	32027	100	50.44	49.56
北海市	29936	14777	15159	100	49.36	50.64
防城港市	381472	208355	173117	100	54.62	45.38
钦州市	325077	173885	151192	100	53.49	46.51
贵港市	607983	307378	300605	100	50.56	49.44
玉林市	42020	13881	28139	100	33.03	66.97
百色市	2948345	1506074	1442271	100	51.08	48.92
贺州市	323206	169793	153413	100	52.53	47.47
河池市	2826443	1441691	1384752	100	51.01	48.99
来宾市	1612912	819877	793035	100	50.83	49.17
崇左市	1757172	908625	848547	100	51.71	48.29

资料来源：《广西壮族自治区2010年人口普查资料1》。

3.2　广西的经济演进（1949～2019年）

3.2.1　经济发展的起始条件

马克思曾说："人们自己创造自己的历史，但是他们并不能随心所欲地创造，并不是在他们自己选定的条件下创造，而是在直接碰到的、既定的、从过去继承下来的条件下创造。"① 一个地区的经济发展的初始条件主要为政治条件、社会条件、经济条件、文化条件和自然条件，这些条件既包含有利条件，也有不利条

① 中共中央马克思恩格斯列宁斯大林著作编译局. 马克思恩格斯选集（第1卷）[M]. 北京：人民出版社，1972：603.

件。广西经济发展的初始条件与中国东中部地区经济发展的初始条件存在较大的差异。与东中部省份经济发展的初期相比，1949 年中华人民共和国成立初期的广西不仅是我国地理位置的边缘区，也是经济的边缘区，工业化条件相对更差，物质和资本更为短缺。但是，广西克服了重重困难和障碍，努力开展工业化和现代化建设，创造了较为辉煌的经济业绩。

3.2.1.1 有利条件

（1）政治条件。1949 年中华人民共和国成立，建立了统一的独立自主的社会主义国家。从此，中国结束了长期遭受帝国主义侵略掠夺、封建主义压迫束缚、军阀割据分裂的政治局面。中国共产党是具有较强工业化和现代化意识的政党，中央政府也具有极强的社会资源整合、动员和利用能力（胡鞍钢，2005）。这不仅给中国经济，而且也给广西经济发展创造了良好的基本政治前提条件。1950 年 2 月，广西省人民政府在南宁成立；在中国共产党的领导下，1951 年 5 月，广西全省匪患消除，社会秩序全面恢复；1952 年底广西国民经济恢复任务完成后，各地普遍开展土改，社会风貌得到了根本改变；1953 年广西开始执行国民经济发展的第一个五年计划，集中力量发展工农业，国民经济快速赶上全国发展步伐；1953 ~ 1956 年，通过三大改造，社会主义基本制度在广西初步建立[1]。这为广西经济发展奠定了强有力的政治基础。

（2）劳动力条件。广西劳动力资源较为丰富。劳动力是经济增长的重要因素（郑国柱，2018），劳动力的数量可直接影响经济增长（李北伟和毕菲，2018）。1949 年，广西人口为 1845 万，其中男性 952 万，女性 893 万。1950 ~ 1957 年，人口增长速度较快，年均人口自然增长率在 15‰以上，1957 年人口达到 2147 万，其中男性 1108 万，女性 1039 万，按城乡分：城镇人口 194 万、乡村人口 1953 万，人口自然增长率为 22.17‰[2]，如表 3 - 9 所示。

表 3 - 9　1950 ~ 1957 年广西人口状况

年份	总人口（万人）	按性别分		按城乡分		人口自然增长率（‰）
		男	女	城镇	乡村	
1950	1875	968	907	158	1717	16.13
1951	1906	985	921	165	1741	16.40
1952	1943	1004	939	173	1770	19.23

---

① 资料来源：广西壮族自治区人民政府门户网站，http://www.gxzf.gov.cn/mlgx/gxrw/lsyg/20150205 - 437666.shtml。

② 资料来源：《新中国六十年统计资料汇编》。

年份	总人口（万人）	按性别分		按城乡分		人口自然增长率（‰）
		男	女	城镇	乡村	
1953	1976	1020	956	180	1796	16.84
1954	2018	1042	976	188	1830	20.94
1955	2053	1059	994	184	1869	15.68
1956	2092	1079	1013	180	1912	16.91
1957	2147	1108	1039	194	1953	22.17

资料来源：《新中国六十年统计资料汇编》。

较为丰富的人口资源为经济发展提供了初始的劳动力条件。但从城乡的角度分析可知，广西经济发展的初期，绝大多数人口分布在乡村，从事农业生产，这在一定程度上促进了农业产业的发展。但在传统的农业里存在经常性的劳动力过剩，随着工业化进程的发展，部分农村剩余劳动力向工业等非农部门转移，实现就业，促进了经济的起步。1950～1957 年，广西总就业人员和城镇就业人员的数量不断增加，1950 年总就业人数为857万，1957年达到1003万；1950年城镇就业人数为54万，1957年增加到76万，如表3-10所示。

表 3-10　1950～1957 年广西就业人员情况　　　　　单位：万人

年份	就业人员	按城乡分	
		城镇	乡村
1950	857	54	803
1951	886	63	823
1952	917	73	844
1953	938	75	863
1954	950	73	877
1955	968	66	902
1956	995	84	911
1957	1003	76	927

资料来源：《新中国六十年统计资料汇编》。

（3）自然地理条件[①]。自然资源较为丰富。广西矿产资源种类多、储量大，尤其是铝、锡等有色金属，是全国重点有色金属产区之一，适宜发展有色金属冶

[①]　广西壮族自治区人民政府门户网站，http://www.gxzf.gov.cn/mlgx/gxrw/zrdl/index.shtml。

炼和加工；广西河流众多，水力资源丰富，境内河流分属珠江水系、长江水系、桂南独流入海水系、百都河水系四大水系，其中以珠江水系为主，有利于发展农业和水电业；广西南临北部湾，海岸线曲折，溺谷多且面积广阔，天然港湾众多，适合发展海产业；广西动植物资源丰富，有利于发展医药业。

气候条件优越。广西地处低纬度，北回归线横贯中部，南临热带海洋，北接南岭山地，西延云贵高原，属亚热带季风气候区。气候温暖，雨水丰沛，光照充足。适合农业产业的发展。

地理条件较为优越。广西南临北部湾，可发展海洋运输业；近海滩涂面积广，适合发展海边种植；境内河流大多随地势从西北流向东南，适宜发展水运。

3.2.1.2 不利条件

（1）经济起点低。起点低会制约经济的发展水平。与我国东部主要地区相比，广西经济总量小，经济发展的起点低，难以形成规模效应，这是制约广西经济发展的重要因素。根据表 3 - 11 可知，广西地区生产总值由 1952 年的 12.81 亿元增长到 1957 年的 21.57 亿元，6 年间只增长了 8.76 亿元。而上海、江苏、广东、浙江分别增长了 32.94 亿元、16.7 亿元、29.12 亿元、12.74 亿元。从起点来看，东部的上海、江苏、广东、浙江的经济总量远比广西要高，由于初始发展起点高，我国东部沿海地区发展的水平不断提高，而起点相对较低的广西发展较为缓慢。根据表 3 - 12 可知，1952 年广西人均 GDP 为 67 元，远低于全国 119 元的平均水平，与上海（430 元）、北京（165 元）、江苏（131 元）、广东（101 元）、浙江（112 元）差距较大。直到 1957 年，广西的人均 GDP 才赶上广东的初始水平，但 1957 年广西的人均 GDP 依然没有达到 1952 年的全国水平，也没超过上海、北京、江苏、浙江 1952 年的人均 GDP 水平。由此可见，经济发展的起点低是制约广西经济发展的重要因素。

表 3 - 11　1952~1957 年广西与我国东部省份 GDP 比较　单位：亿元

年份 地区	1952	1953	1954	1955	1956	1957
广西	12.81	14.24	16.21	17.43	19.51	21.57
上海	36.66	51.71	54.70	53.64	63.61	69.60
江苏	48.41	53.42	53.77	58.96	61.90	65.11
广东	29.52	41.23	46.80	47.59	53.04	58.64
浙江	24.53	27.24	28.65	30.53	33.54	37.27

资料来源：《新中国六十年统计资料汇编》。

表 3 – 12　1952 ~ 1957 年广西与全国、东部省份人均 GDP 比较　单位：元

年份 地区	1952	1953	1954	1955	1956	1957
全国	119	142	144	150	166	168
广西	67	73	81	86	94	102
上海	430	590	589	569	681	713
北京	165	385	395	427	454	525
江苏	131	141	140	150	153	157
广东	101	139	153	152	166	179
浙江	112	122	125	130	139	151

资料来源：《新中国六十年统计资料汇编》。

（2）工业基础薄弱。广西经济发展的初期，经济基础十分薄弱。根据表 3 –
13 可知，1950 年的工业产值仅为 1.39 亿元，1957 年也仅为 4.91 亿元，1950 ~
1957 年仅增长了 3.52 亿元，增长量较少。工业是经济中的重要生产部门，为其
他部门提供机器设备，反映经济发展的面貌。然而，广西的工业产值在地区经济
中所占的比重却较低，1950 年仅为 14.79%，到 1957 年也仅为 22.76%，1950 ~
1957 年增长了不到 10%，增长缓慢。此外，广西现代基础设施的存量也极为不
足，运输业、邮电业较为落后。根据表 3 – 14 可知，1950 年广西铁路营业里程为
573 千米、公路里程为 3622 千米、邮电业务总量为 232 万元、旅客周转量为 39
百万人千米、货物周转量为 263 百万吨千米，虽然 1950 ~ 1957 年得到了一定程
度的发展，但与我国东部沿海地区的差距依然较大。

表 3 – 13　1950 ~ 1957 年广西工业产值及其占 GDP 的比重

年份 地区	1950	1951	1952	1953	1954	1955	1956	1957
工业产值（亿元）	1.39	1.86	2.53	2.99	3.54	4.05	4.4	4.91
工业产值占 GDP 的 比重（%）	14.79	16.91	19.75	21.00	21.84	23.24	22.55	22.76

资料来源：《新中国六十年统计资料汇编》。

表 3 – 14　1950 ~ 1957 年广西基础设施存量、运输邮电事业情况

年份	铁路营业里程 （千米）	公路里程 （千米）	邮电业务总量 （万元）	旅客周转量 （百万人千米）	货物周转量 （百万吨千米）
1950	573	3622	232	39	263
1951	978	4735	324	84	412
1952	978	5068	416	100	554

续表

年份	铁路营业里程（千米）	公路里程（千米）	邮电业务总量（万元）	旅客周转量（百万人千米）	货物周转量（百万吨千米）
1953	978	5207	519	482	1024
1954	978	5293	567	516	1354
1955	1224	5944	721	553	1407
1956	1356	7989	848	931	2034
1957	1358	9634	730	1000	2783

资料来源：《新中国六十年统计资料汇编》。

（3）教育事业落后。教育对产业结构的优化具有重要作用，教育不断为经济建设培养人才，提高一个国家或地区的人力资本水平，能有力地促进经济发展。但是，广西经济发展的初期，教育事业较为落后，成为经济发展的障碍。根据表3－15可知，1950年广西普通高等学校、普通中等学校、小学的专任教师严重不足，尤其是普通高等学校和普通中等学校的专任教师不足，普通高等学校专任教师仅为132人、普通中等学校专任教师仅为2909人；在校学生，尤其是普通高等学校和普通中等学校的在校生较少，其中普通高等学校的在校生仅为0.1万人，普通中等学校的在校生也仅为4.1万人；每万人口在校大学生仅为0.5人。1957年，广西普通高等学校、普通中等学校、小学的专任教师分别增加到628人、8820人、69742人；普通高等学校、普通中等学校、小学在校生分别增加至0.4万人、19.8万人、249.8万人；每万人口在校大学生为1.8人。虽然教育事业有一定程度的发展，但总体来看，1950～1957年广西的教育事业依然较为落后。

表3－15　1950～1957年广西教育事业基本情况

年份	专任教师（人）			在校学生（万人）			每万人口在校大学生（人）
	普通高等学校	普通中等学校	小学	普通高等学校	普通中等学校	小学	
1950	132	2909	33379	0.1	4.1	49.0	0.5
1951	152	3432	47474	0.1	5.5	144.6	0.5
1952	147	4644	63339	0.1	9.3	200.2	0.6
1953	228	4874	60968	0.1	11.0	226.4	0.7
1954	298	5419	60587	0.2	11.9	217.1	0.8
1955	309	5607	60196	0.2	12.0	198.7	0.8
1956	523	6911	63740	0.3	17.7	261.0	1.5
1957	628	8820	69742	0.4	19.8	249.8	1.8

资料来源：《新中国六十年统计资料汇编》。

（4）山多地少。山多地少是广西土地资源的主要特点。广西地势西北高、东南低，呈西北向东南倾斜状。山岭连绵、山体庞大、岭谷相间，四周多被山地、高原环绕①。山多地少一方面限制了农业的生产，另一方面也造成了广西交通条件等的落后和信息闭塞，使原本经济发展起点低、工业基础薄弱、现代化设施存量不足的经济发展更加艰难，造成旅客和货物周转速度慢，直接影响了区域间和区域内的贸易，对广西经济的起步极为不利。

3.2.2　现代经济发展阶段

广西经济随着国家发展历程、广西历史沿革及中央和地方政策实施而发展，在不同阶段呈现出不同的特征。自1949年中华人民共和国成立以来，广西经济的演进大致经历了以下三个阶段：

3.2.2.1　起步阶段（1949~1957年）

该阶段是从中华人民共和国成立至广西壮族自治区成立。中华人民共和国成立之初，全国经济百废待兴，广西经济也面临发展的难题，如经济总量小、基础设施不完善、社会事业发展落后等，使广西经济起步艰难。1950年，在中国共产党的领导下，全国开始实施大规模的土地改革，在此背景下，广西的土地改革如火如荼地开展，土地改革使农民有了自己的土地，极大地激发了广大农村居民生产的动力，有力地促进了农村生产力的提高和农业经济的发展，从此，广西农村经济开始发生巨大变化，广西农村的文化、卫生、教育事业逐渐起步。1953年，中华人民共和国开始对农业、手工业和资本主义工商业进行社会主义改造，并开始实施第一个五年计划，广西根据中共中央部署和自身实际情况，有步骤地开展对农业、手工业和资本主义工商业的社会主义改造，并且按照广西"一五"计划，集中力量发展工业和农业，1956年广西三大改造完成，保障了农业生产的增长和广西国民经济的发展，到1957年广西第一个五年计划末期，广西经济基础和工业基础十分薄弱的局面得到改善，经济发展的基础得以奠定。1957年，广西地区生产总值为21.57亿元，其中第一产业产值11.45亿元、第二产业产值5.54亿元、第三产业产值4.58亿元，第一、第二、第三产业比重分别是53.1%、25.7%、21.2%。②

总体来看，这一阶段由于经济发展初始条件较差，广西经济建设取得的成就有限，经济水平并未获得大幅度的提升，但通过自上而下的推动，广西经济发展的政治基础、经济基础和社会基础得以奠定。

---

① 广西壮族自治区人民政府门户网站，http：//www.gxzf.gov.cn/mlgx/gxrw/zrdl/20160331 - 486079.shtml.

② 数据来源于《新中国六十年统计资料汇编》，比重根据数据计算得出。

3.2.2.2 波动阶段（1958～1977年）

该阶段始于广西壮族自治区成立，结束于1977年即改革开放之前。这一阶段呈现不稳定发展和衰退两个特征。不稳定发展表现为经济大起大落，从GDP的角度看，1958年广西GDP同比增长率为13.68%，1961年却为－9.02%，1965年增至15.71%，1968年又跌至－8.72%，1969年突增至23.75%，1958～1969年经历了"W"形的发展态势，1969～1977年增长趋势逐渐放缓，1977年广西GPD同比增长率为2.12%。从人均GDP的角度看，同样经历了"W"形的增长态势。GDP的衰退期有两个时段：一是1960～1961年，1960年、1961年GDP同比增长率分别为－2.24%、－9.02%；二是1967～1968年，1976年和1968年GDP同比增长率分别为－1.58%、－8.72%。[①] 人均GDP的衰退期有三个：一是1960～1963年；二是1966～1968年；三是1976年。

总体来看，这一阶段由于国情和区情的特殊性，广西经济呈现不稳定发展与衰退并存的特征，经历大起大落的发展态势后，1969年GDP同比增长率、人均GDP增长率达到该阶段最高点，之后增长速度逐渐放缓。该阶段的发展趋势如图3－4所示。

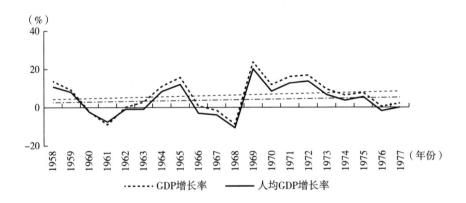

图3－4 1958～1977年广西GDP、人均GDP同比增长情况

资料来源：笔者绘制，数据来源于《新中国六十年统计资料汇编》。

3.2.2.3 快速发展阶段（1978年至今）

1978年中国实行改革开放，广西加强了与国内外市场的联系，1978～2019年，广西经济获得了较大的发展。1978年人均GDP为225元，2019年已达到

---

① 同比增长速度由笔者计算。1958～1977年的数据来源于《新中国六十年统计资料汇编》。

42817 元；广西 GDP 也从 1978 年的 75.85 亿元增加至 2019 年的 21237.14 亿元①。1978～1996 年 GDP 和人均 GDP 的增速较快，1997～1999 年受亚洲金融危机影响，增速放缓，2000 年后增长速度又逐渐加快，但 2009 年 GDP 和人均 GDP 突然下降至 8.6%、7.6%，可能是因为受 2008 年全球金融危机的影响，继 2010年和 2011 年 GDP 和人均 GDP 突然增至 20% 以上后，2012～2019 年经济增速放缓。1978～2019 年经济增长趋势如图 3-5 所示。

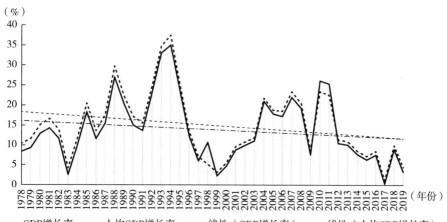

图 3-5　1978～2019 年广西 GDP、人均 GDP 增长情况

资料来源：增长率由笔者计算。以 1977 年为基期，1977～2008 年的数据来源于《新中国六十年统计资料汇编》；2009～2018 年的数据来源于《广西统计年鉴 2019》；2019 年人均 GDP = 2019 年 GDP ÷ 2019 年常住人口，GDP 和常住人口数据来源于广西统计局官网，《2019 年广西经济运行总体平稳》，http：//tjj. gxzf. gov. cn/tjsj/xwfb/tjxx_ sjfb/202001/t20200122_ 154524. html。

3.2.3　经济增长与产业结构变迁

1950～2019 年广西 GDP 和人均 GDP 呈不断增长的态势（见图 3-6、图 3-7）。从 GDP 上看，1950 年为 9.40 亿元，2019 年达到 21237.14 亿元，2019 年较 1950 年增加了 21227.74 亿元，是 1950 年的 2259.27 倍；从人均 GDP 上看，1950年为 51 元，2019 年达到 42817 元，2019 年较 1950 年增加了 42766 元，是 1950年的 838.55 倍。

---

　①　2019 年人均 GDP = 2019 年 GDP ÷ 2019 年常住人口，GDP 和常住人口数据来源于广西统计局官网，《2019 年广西经济运行总体平稳》，http：//tjj. gxzf. gov. cn/tjsj/xwfb/tjxx_ sjfb/202001/t20200122_ 154524. html。

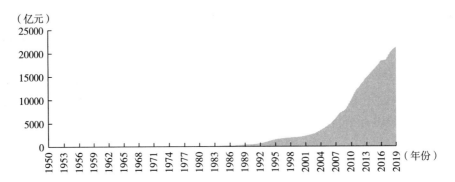

图 3 - 6   1950~2019 年广西 GDP 变化情况

资料来源：1950~2008 年数据来源于《新中国六十年统计资料汇编》；2009~2018 年数据来源于《广西统计年鉴 2019》；2019 年数据来源于广西统计局网站，《2019 年广西经济运行总体平稳》，http：//tjj. gxzf. gov. cn/tjsj/xwfb/tjxx_ sjfb/202001/t20200122_ 154524. html。

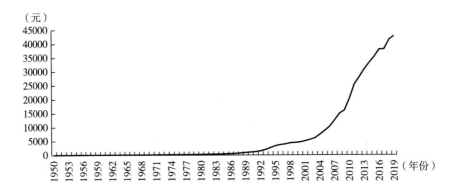

图 3 - 7   1950~2019 年广西人均 GDP 变化情况

资料来源：1950~2008 年的数据来源于《新中国六十年统计资料汇编》；2009~2018 年的数据来源于《广西统计年鉴 2019》；2019 年人均 GDP = 2019 年 GDP ÷ 2019 年常住人口，GDP 和常住人口数据来源于广西统计局网站，《2019 年广西经济运行总体平稳》，http：//tjj. gxzf. gov. cn/tjsj/xwfb/tjxx_ sjfb/202001/t20200122_ 154524. html。

地区生产总值增长率反映一个地区 GDP 总值的增长速度。以 1950 年为基期计算 1951~2019 年的广西 GDP 和人均 GDP 增长率，增长率变动情况如图 3 - 8 所示。20 世纪 60 年代，GDP 有两个阶段出现了负增长，分别是 1960~1961 年、1967~1968 年，1969~2019 年一直保持正的增长态势。20 世纪 60~70 年代，人均 GDP 有三个阶段出现负增长，分别是 1960~1963 年、1966~1968 年、1976 年，1977 年后一直保持正的增长态势。

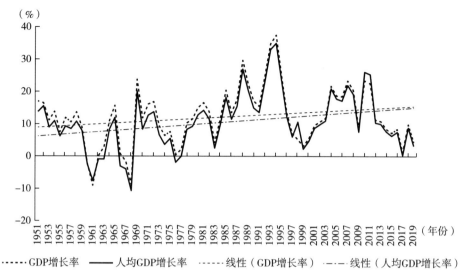

········GDP增长率　　——人均GDP增长率　　·······线性（GDP增长率）　　—·—线性（人均GDP增长率）

图 3 – 8　1951～2019 年广西 GDP、人均 GDP 增长率变动情况

资料来源：增长率由笔者计算，以 1950 年为基期，1950～2008 年的数据来源于《新中国六十年统计资料汇编》；2009～2018 年的数据来源于《广西统计年鉴 2019》；2019 年的数据来源于广西统计局网站，2019 年 广 西 经 济 运 行 总 体 平 稳，http：//tjj. gxzf. gov. cn/tjsj/xwfb/tjxx ＿ sjfb/202001/t20200122 ＿ 154524. html。

从产业结构上看，1950～2019 年，广西第一产业产值占 GDP 的比重不断下降，从 72.34% 下降至 15.95%。第二、第三产业的产值占 GDP 的比重总体呈增长态势，第二产业产值占 GDP 的比重 1950 年为 16.49%，2019 年为 33.33%；第二产业占 GDP 的比重 1950 年为 11.17%，2019 年为 50.72%，但 2012～2019 年第二产业产值占 GDP 的比重逐渐下降。1950 年，二三产业产值占 GDP 的比重为27.66%，2019 年达到 84.05%。1950 年，三次产业结构为 72.34∶16.49∶11.17，2019 年变为 15.95∶33.33∶50.72，第三产业占 GDP 的比重已超过 50%，如图 3 – 9所示。

3.2.4　对外经济贸易发展

对外经济贸易是促进经济发展的重要推动力，从 1950 年开始，广西贸易总额持续增长，但 1950～2000 年增长较为缓慢，2001 年以后，贸易总额呈大幅增长的趋势。1950～1964 年，广西只有出口没有进口，出口额即贸易总额，1965年以后，广西开始有进口。1950 年，广西进出口总额为 428 万美元，其中出口总额为 428 万美元；1965 年，广西进出口总额为 5134 万美元，其中出口额为 4739万美元，进口额为 395 万美元；到 2018 年广西进出口总额已达 6233834 万美元。1950～2018 年进出口额变化趋势如图 3 – 10 所示。2019 年，广西进出口总额达 4694.7

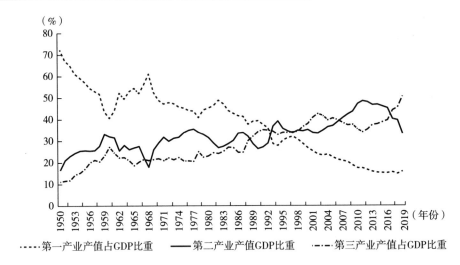

图 3 - 9　1950 ~ 2019 年广西三大产业产值占 GDP 的比重

资料来源：笔者计算。1950 ~ 2008 年的数据来源于《新中国六十年统计资料汇编》；2009 ~ 2018 年的数据来源于《广西统计年鉴 2019》；2019 年的数据来源于广西统计局网站，2019 年广西经济运行总体平稳，http：//tjj. gxzf. gov. cn/tjsj/xwfb/tjxx＿ sjfb/202001/t20200122＿ 154524. html。

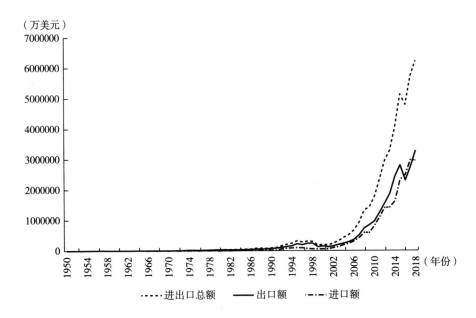

图 3 - 10　1950 ~ 2018 年广西进出口额变化趋势

资料来源：1950 ~ 2008 年的数据源自《新中国六十年统计资料汇编》；2009 ~ 2018 年的数据源自《广西统计年鉴 2019》。

亿元，比 2018 年增长了 14.4%。其中，出口额为 2597.1 亿元，增长了 19.4%；进口额为 2097.6 亿元，增长了 8.7%[①]。

一个地区进出口贸易总额与其地区生产总值之比，可以反映该地区经济依赖于对外贸易的程度以及该地区参与国际经济的程度。1978～2019 年，广西进出口总额、出口额、进口额占 GDP 的比重总体呈上升的趋势，历经"上升—下降—上升"的变化，如图 3-11 所示，总体来看，广西对外贸易对经济发展的作用逐渐增大，广西参与国际经济的程度在不断提高。改革开放至 20 世纪 90 年代中期，广西对外贸易总额占 GDP 的比重总体呈上升的趋势，1978 年、1995 年进出口总额占 GDP 的比重分别为 6.04%、17.96%；90 年代中期至 21 世纪初期总体呈下降的趋势，1996 年、2001 年进出口总额占 GDP 的比重分别为 13.84%、6.53%；2002 年后逐渐上升，2002～2019 年，进出口总额占 GDP 的比重从 7.97% 增加至 22.11%。

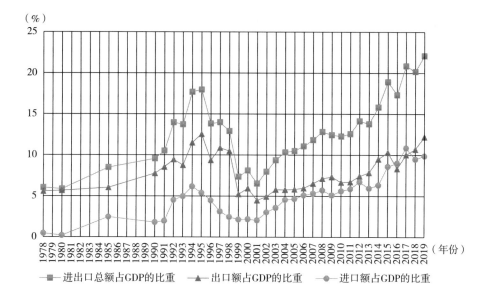

图 3-11　1978～2019 年广西进出口总额、出口额、进口额占 GDP 的比重

资料来源：比重由笔者计算。1978～2018 年进出口额、GDP 数据来源于《广西统计年鉴 2019》，2019 年的数据来源于广西壮族自治区统计局网站，《2019 年广西经济运行总体平稳》，http://tjj. gxzf. gov. cn/tjsj/xwfb/tjxx_ sjfb/202001/t20200122_ 154524. html。

---

① 2019 年的数据来源于广西壮族自治区统计局网站，《2019 年广西经济运行总体平稳》，http://tjj. gxzf. gov. cn/tjsj/xwfb/tjxx_ sjfb/202001/t20200122_ 154524. html。

1984～2018 年广西外商直接投资存在较大的波动，大致经历"上升—下降—上升—下降"的变化：1984～1993 年呈上升趋势（其中 1992～1993 年增长幅度较大），1994～2004 年总体呈下降趋势，2005～2015 年呈波动上升的趋势，2016～2018 年呈下降趋势，如图 3－12 所示。1984 年外商直接投资额为 385 万美元，2015 年为 172208 万美元，2018 年为 50590 万美元。

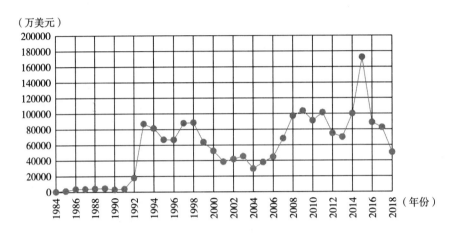

图 3－12　1984～2018 年广西外商直接投资额变化趋势

资料来源：1984～2008 年的数据来源于《新中国六十年统计资料汇编》；2009～2017 年的数据来源于《广西统计年鉴 2019》。

3.2.5　人民生活的变化

改革开放以来，广西人民生活水平显著提升，人民收入水平不断提高，居民恩格尔系数逐渐下降。从收入上看，1980 年广西城镇居民人均可支配收入仅为455 元，到 2019 年增加至 34745 元，2019 年是 1980 年的 76.36 倍，1980～2019年，以 1980 年为基期，年均增长 12.22%；1980 年农村居民人均可支配收入为173 元，2019 年增加至 13676 元，2019 年是 1980 年的 79.05 倍，1980～2019 年，以 1980 年为基期，年均增长 10.98%。如表 3－16 所示。

表 3－16　1981～2017 年广西城乡居民收入绝对额情况　　　　　单位：元

年份	城镇居民人均可支配收入	农村居民人均可支配收入	年份	城镇居民人均可支配收入	农村居民人均可支配收入
1980	455	173	1982	427	235
1981	429	204	1983	444	262

续表

年份	城镇居民人均可支配收入	农村居民人均可支配收入	年份	城镇居民人均可支配收入	农村居民人均可支配收入
1984	563	267	2002	7315	2013
1985	683	303	2003	7785	2095
1986	784	316	2004	8177	2305
1987	899	354	2005	8917	2495
1988	1159	424	2006	9899	2771
1989	1304	483	2007	12200	3224
1990	1448	639	2008	14146	3690
1991	1614	658	2009	15451	3980
1992	2104	732	2010	17064	4543
1993	2895	885	2011	18854	5231
1994	3981	1107	2012	21243	6008
1995	4792	1446	2013	23305	6791
1996	5033	1703	2014	24669	8683
1997	5110	1875	2015	26416	9467
1998	5412	1972	2016	28324	10359
1999	5620	2048	2017	30502	11325
2000	5834	1865	2018	32436	12435
2001	6666	1944	2019	34745	13676

资料来源：1980~2018 年的数据来源于《广西统计年鉴 2019》表 6－1。2019 年的数据来源于广西统计局官网，http：//tjj. gxzf. gov. cn/tjsj/xwfb/tjxx_ sjfb/202001/t20200122_ 154524. html。

从消费上看，2019 年居民人均消费支出为 16418 元，其中，城镇居民人均消费支出为 21591 元、农村居民人均消费支出为 12045 元，分别比 2018 年增长了 7.1%、13.5%[①]。改革开放以来，随着经济的发展、人民收入水平的提高，城乡居民家庭食品支出总额占消费支出总额的比重不断下降，如图 3－13 所示，1980 年城镇、农村居民家庭恩格尔系数分别为 57.3%、63.5%，2018 年分别下降至 30.7%、30.1%。

---

① 2019 年的数据来源于广西壮族自治区统计局网站，http：//tjj. gxzf. gov. cn/tjsj/xwfb/tjxx_ sjfb/202001/t20200122_ 154524. html。

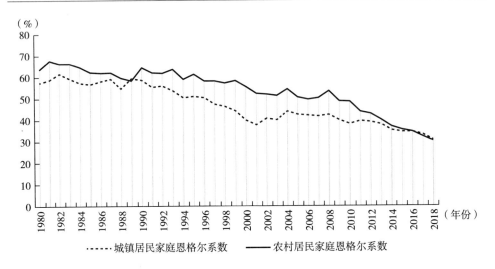

图 3－13　1980～2018 年广西城镇、农村居民家庭恩格尔系数

资料来源：《广西统计年鉴 2019》。

从减贫上看，1978～2019 年，我国先后采用过不同的农村贫困衡量标准。根据 1978 年标准，当年广西农村贫困人口数为 2100 万，贫困发生率为 70%，占广西农村人口数的 69.06%，约占全国贫困人口的 8.4%[①]。党的十八大以来，广西坚持以习近平扶贫思想为引领，深入贯彻习近平总书记视察广西重要讲话精神，按照中央脱贫攻坚重大决策部署，大力推进精准扶贫、精准脱贫。截至 2019 年底，广西全区贫困发生率降至 1% 以下[②]。

3.3　广西经济区域划分及区域经济发展现状

3.3.1　广西行政区划

2018 年，广西壮族自治区由 14 个地级市构成；14 个地级市共 111 个县级单位，其中市辖区 40 个、县级市 8 个、县 51 个、自治县 12 个；共有 1251 个乡镇级单位，其中镇 806 个、乡 312 个（其中民族乡 59 个）、街道办事处 133 个；有居民委员会 2055 个，村民委员会 14229 个，如表 3－17 所示。

---

① 广西壮族自治区统计局：《八桂大地万里歌　壮乡人民奔小康——改革开放 40 周年和自治区成立 60 周年经济社会发展成就系列报告之三》。

② 政府工作报告，http：//news.gxnews.com.cn/staticpages/20200113/newgx5e1ba69e‐19180308.shtml。

表 3-17　2018 年广西行政区划　　　　　单位：个

地区	市级单位合计	县级单位					乡镇级单位					居民委员会	村民委员会
		合计	市辖区	县级市	县	自治县	合计	镇	乡		街道办事处		
									合计	其中，民族乡			
合计	14	111	40	8	51	12	1251	806	312	59	133	2055	14229
南宁市	1	12	7		5		127	89	13	3	25	397	1385
柳州市	1	10	5		3	2	117	53	33	6	31	279	935
桂林市	1	17	6	1	8	2	147	88	46	15	13	240	1654
梧州市	1	7	3	1	3		67	53	5	2	9	142	861
北海市	1	4	3		1		30	22	1		7	86	342
防城港市	1	4	2	1	1		30	17	6	2	7	58	280
钦州市	1	4	2		2		66	54			12	120	916
贵港市	1	5	3	1	1		74	55	12	2	7	99	1066
玉林市	1	7	2	1	4		110	102			8	166	1331
百色市	1	12	1		9		135	75	58	13	2	77	1796
贺州市	1	5	2		2	1	61	47	10	5	4	48	707
河池市	1	11	2		4	5	139	65	73	11	1	158	1489
来宾市	1	6	1		3	2	70	45	21		4	91	713
崇左市	1	7	1	1	5		78	41	34		3	94	754

资料来源：《广西统计年鉴2019》。

2018 年，广西县级及以上行政区划中，南宁市有 12 个、柳州市有 10 个、桂林市有 17 个、梧州市有 7 个、北海市有 4 个、防城港市有 4 个、钦州市有 4 个、贵港市有 5 个、玉林市有 7 个、百色市有 12 个、贺州市有 5 个、河池市有 11 个、来宾市有 6 个、崇左市有 7 个，合计 111 个县，如表 3-18 所示。

表 3-18　2018 年广西县级及以上行政区划

城市	县（市、区）名称
南宁市	兴宁区 青秀区 江南区 西乡塘区 良庆区 邕宁区 武鸣区 横县 宾阳县 上林县 隆安县 马山县
柳州市	城中区 鱼峰区 柳南区 柳北区 柳城县 柳江区 鹿寨县 融安县 融水苗族自治县 三江侗族自治县
桂林市	秀峰区 叠彩区 象山区 七星区 雁山区 临桂区 阳朔县 灵川县 全州县 兴安县 永福县 灌阳县 龙胜各族自治县 资源县 平乐县 恭城瑶族自治县 荔浦市

城市	县（市、区）名称
梧州市	万秀区 长洲区 龙圩区 苍梧县 藤县 蒙山县 岑溪市
北海市	海城区 银海区 铁山港区 合浦县
防城港市	港口区 防城区 上思县 东兴市
钦州市	钦南区 钦北区 灵山县 浦北县
贵港市	港北区 港南区 覃塘区 平南县 桂平市
玉林市	玉州区 福绵区 容县 陆川县 博白县 兴业县 北流市
百色市	右江区 田阳县 田东县 平果县 德保县 那坡县 凌云县 乐业县 田林县 西林县 隆林各族自治县 靖西市
贺州市	八步区 平桂区 昭平县 钟山县 富川瑶族自治县
河池市	金城江区 宜州区 南丹县 天峨县 凤山县 东兰县 罗城仫佬族自治县 环江毛南族自治县 巴马瑶族自治县 都安瑶族自治县 大化瑶族自治县
来宾市	兴宾区 忻城县 象州县 武宣县 金秀瑶族自治县 合山市
崇左市	江州区 扶绥县 大新县 天等县 宁明县 龙州县 凭祥市

资料来源：《广西统计年鉴2019》。

广西壮族自治区设有 12 个少数民族自治县、3 个享受少数民族自治待遇县、59 个民族乡，如表 3 - 19、表 3 - 20 所示。

表 3 - 19　广西的民族自治（待遇）县

少数民族自治县（12 个）	融水苗族自治县、三江侗族自治县、龙胜各族自治县、恭城瑶族自治县、隆林各族自治县、富川瑶族自治县、罗城仫佬族自治县、环江毛南族自治县、巴马瑶族自治县、都安瑶族自治县、大化瑶族自治县、金秀瑶族自治县
享受自治待遇县（3 个）	西林县、凌云县、资源县
合计	15 个民族自治（待遇）县

资料来源：广西壮族自治区人民政府门户网站，http://www.gxzf.gov.cn/mlgx/gxrw/ftrq/20150205 - 437671.shtml。

表 3 - 20　广西的 59 个民族乡

地级市	县	民族乡
梧州市	蒙山县	长坪瑶族乡、夏宜瑶族乡
贺州市	八步区	黄洞瑶族乡
	平桂管理区	大平瑶族乡
	昭平县	仙回瑶族乡
	钟山县	两安瑶族乡、花山瑶族乡

续表

地级市	县	民族乡
贵港市	平南县	马练瑶族乡、国安瑶族乡
防城港市	上思县	南屏瑶族乡
	防城区	十万山瑶族乡
南宁市	马山县	古寨瑶族乡、里当瑶族乡
	上林县	上林县镇圩瑶族乡
柳州市	三江侗族自治县	同乐苗族乡、福禄苗族乡、高基瑶族乡
	融水苗族自治县	滚贝侗族乡、同练瑶族乡
	柳城县	古砦仫佬族乡
桂林市	临桂县	宛田瑶族乡、黄沙瑶族乡
	灵川县	大境瑶族乡、兰田瑶族乡
	全州县	蕉江瑶族乡、东山瑶族乡
	兴安县	华江瑶族乡
	灌阳县	洞井瑶族乡、西山瑶族乡
	资源县	车田苗族乡、两水苗族乡、河口瑶族乡
	平乐县	大发瑶族乡
	荔浦县	蒲芦瑶族乡
	雁山区	草坪回族乡
百色市	右江区	汪甸瑶族乡
	田东县	作登瑶族乡
	田林县	潞城瑶族乡、利周瑶族乡、八桂瑶族乡、八渡瑶族乡
	凌云县	伶站瑶族乡、朝里瑶族乡、沙里瑶族乡、玉洪瑶族乡
	西林县	足别瑶族苗族乡、普合苗族乡、那佐苗族乡
河池市	南丹县	八圩瑶族乡、里湖瑶族乡、中堡苗族乡
	天峨县	八腊瑶族乡
	凤山县	平乐瑶族乡、江洲瑶族乡、金牙瑶族乡
	东兰县	三弄瑶族乡
	环江毛南族自治县	驯乐苗族乡
	宜州市（县级市）	北牙瑶族乡、福龙瑶族乡

资料来源：《中国民族统计年鉴2017》。

3.3.2 广西经济区域划分

区域在地理上存在连续性和非连续性：连续性地理是指一个总体区域所划分

出来的两个区域在地域上存在完全包含与被包含的关系，即两个区域中，大的区域包含小的区域，因为地域上的完全包含与被包含，两个区域经济上也是完全包含与被包含的关系；非连续性地理是指总体区域所划分出来的两个或多个区域之间在地域上不存在完全包含与被包含的关系，区域间在地域上可能是不包含或部分包含，那么区域间的经济也就具备不包含或部分包含的特征。

一个国家或地区在划分经济区域的时候：所划分的区域在地理上不连续、区域间不存在交叉且所有区域的集合能构成完整的国家或地区时，各区域在经济统计上是不重合或不存在包含关系的；当所划分的区域在地理上不连续，但区域间存在交叉时，区域经济在统计上存在包含性，各区域经济的加总与国家或地区的经济总指标不相等；当所划分的区域在地理上连续，意味着区域间存在交叉，区域间在地域上和经济上会存在完全包含与被包含的关系。因此，首先按照地理的非连续性和连续性，将经济区域分为两类：一是非连续性经济区域，二是连续性经济区域。非连续性经济区域是指总体区域内部划分的各经济区域之间在地理上不包含或不完全包含，在经济统计上不重合或不完全重合，各经济区域构成或不完全构成总体区域。非连续性经济区域，按照地理上的包含与不包含，又可分为非连续性的经济不完全交叉区域和非连续性的经济不交叉区域。非连续性的经济不完全交叉区域是指总体区域划分的各区域不完全交叉，区域间的经济统计不完全重合且加总后的经济指标值不构成总体区域的经济指标值。非连续性的经济不交叉区域是指总体区域划分的各区域不交叉，经济统计不重合，各区域经济指标值加总构成总体区域的经济指标值。连续性经济区域是指总体区域内部划分成两类经济区域，这两类经济区域之间是在地域上、经济上是完全包含与被包含的关系，大的经济区域完全包含小的经济区域。所以，非连续性的经济不完全交叉区域就可分为不完全交叉的区域板块，非连续性的经济不交叉区域可分为不交叉的区域板块、城市、县域三类，连续性经济区域分为城乡区域（其中又可分为城市与乡村、乡镇与农村两类）。

根据上述，结合广西壮族自治区的具体情况，划分非连续性的经济不完全交叉区域板块：北部湾经济区（4市）、北部湾经济区（6市）、桂西资源富集区（3市）、珠江—西江经济带广西七市。划分非连续性的经济不交叉区域：一是不交叉的区域板块：①北部湾经济区（4市）、桂西资源富集区（3市）、西江经济带（7市），②桂东经济区、桂南沿海经济区、桂西经济区、桂北经济区、桂中经济区；二是广西14个地级市；三是广西111个行政县（区、市）。划分连续性经济区域：①城市与乡村（省级层面的城市与乡村、地市级层面的城市与乡村、县级层面的城镇与乡村）；②乡镇与农村。如表3-21所示。

表3－21　广西经济区域划分

名称	划分依据	一级划分	特征	二级划分	划分类型	具体划分	
经济区域	①地理上是否连续 ②区域是否交叉 ③经济统计是否相互包含或包含的程度	非连续性经济区域	区域间经济统计上不包含或不完全包含；地理上不连续	非连续性的经济不完全交叉区域（指经济在统计上相互不完全包含且加总不构成总体经济总量；区域上存在交叉性）	区域板块（不完全交叉）	北部湾经济区（4市）、北部湾经济区（6市）、桂西资源富集区（3市）、珠江—西江经济带广西七市	
				非连续性经济不交叉区域（指经济在统计上相互不包含且加总构成总体经济总量；区域上不存在交叉性）	区域板块（不交叉）	北部湾经济区（4市）、桂西资源富集区（3市）、西江经济带（7市）	
						桂东经济区、桂南沿海经济区、桂西经济区、桂北经济区、桂中经济区	
					城市	14个地级市	
					县域	111个行政县（区、市）	
		连续性经济区域	区域间经济统计上存在完全包含和被包含；地理上连续	—	城乡	城市与乡村	省级层面的城市与乡村、地市级层面的城市与乡村、县级层面的城镇与乡村
						乡镇与农村	乡镇、农村

资料来源：笔者整理。

在区域划分中，北部湾经济区指南宁、北海、防城港、钦州4市，北部湾经济区指南宁、北海、防城港、钦州、玉林、崇左6市，桂西资源富集区指百色、河池、崇左3市，珠江—西江经济带广西七市指南宁、柳州、梧州、贵港、百色、来宾、崇左。桂东经济区指梧州、贵港、玉林、贺州4市，桂南沿海经济区指南宁、北海、防城港、钦州4市，桂西经济区指百色、河池、崇左3市，桂北经济区指桂林市，桂中经济区指柳州、来宾2市。西江经济带是指柳州、桂林、梧州、贵港、玉林、贺州、来宾7市。

根据上述三种板块的划分方法：不完全交叉的板块划分存在一定的缺陷，即不完全交叉类型的区域板块在统计上难以构成整体；按照北部湾经济区（4市）、桂西资源富集区（3市）、西江经济带（7市）这类板块划分方法又过于笼统，难以观察到细微的区域；按照五大经济区进行划分，在定量分析上，桂北经济区的地市级只有桂林，缺乏可比性。因此，为了更细致地观察区域经济发展的状况，本书对这三种区域板块划分方法进行综合运用。

3.3.3 广西区域经济发展现状

3.3.3.1 城市与区域板块经济发展现状

从 14 个地级市来看，根据图 3-14 和图 3-15 可知，2018 年地区生产总值最高的是南宁市，其 GDP 为 4026.91 亿元；其次是柳州市和桂林市，GDP 分别为 3053.65 亿元和 2003.61 亿元，玉林市、钦州市和北海市分别为第四、第五、第六位。GDP 最小的是贺州市，为 602.63 亿元，来宾市（为 692.41 亿元）略高于贺州市，南宁市是贺州市的 6.68 倍，是来宾市的 5.82 倍。虽然南宁市的 GDP 最高，但人均 GDP 并不是最高的，人均 GDP 最高的是柳州市，其次是防城港市，再次是北海市，三个地级市人均 GDP 依次是 75945 元、73601 元、72581 元，南宁市人均 GDP 为第四位，为 55901 元。河池市、贵港市和玉林市的人均 GDP 相对较低，其中河池市最小（为 22302 元）。在居民人均收入上，南宁市城镇居民人均可支配收入最高，为 35276 元，玉林市农村居民人均可支配收入最高，为 14984 元。全区城镇居民人均可支配收入为 32436 元，有 8 个市超过全区平均水平，分别是南宁市、柳州市、桂林市、北海市、防城港市、玉林市、钦州市、来宾市；全区农村居民人均可支配收入为 12435 元，有 8 个市超过全区平均水平，分别是玉林市、桂林市、北海市、防城港市、贵港市、南宁市、柳州市、钦州市。

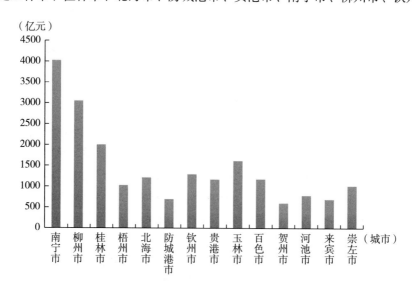

图 3-14　2018 年广西各地级市 GDP

资料来源：《广西统计年鉴 2019》。

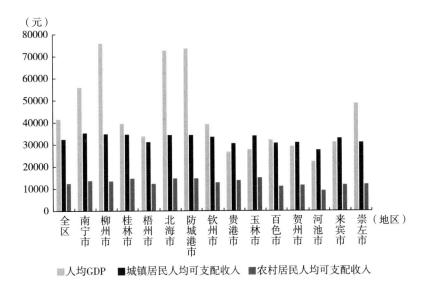

图 3-15　2018 年广西各地级市人均 GDP 与城乡居民收入

资料来源：《广西统计年鉴 2019》。

　　根据表 3-22 和表 3-23 可知，按照区域板块不完全交叉所划分的四大区域板块中，北部湾经济区（4 市）区域面积占全区比重最小，人口占全区的 26.78%，但是其经济密度、人口密度、人均 GDP、人均财政收入、城镇居民人均可支配收入、农村居民可支配收入均是四大区域板块中最高的，经济总量也占到全区的 35.47%。将玉林、崇左纳入北部湾经济区组成北部湾经济区（6 市），区域人口总量、面积、GDP 占全区比例都变大，但人均指标却在变小。桂西资源富集区的区域面积占全省比重达 36.62%，超过了全区行政面积的 1/3，但人口数量在四个区域中是最少的，地区 GDP 占全区比重仅为 14.63%，人均 GDP、人均财政收入、城镇和农村居民的人均可支配收入是四大区域中最低的。珠江—西江经济带广西七市总人口、区域面积占全区的比重分别为 54.34%、55.04%，地区生产总值占到全区的 59.70%，人均 GDP、人均财政收入、农村居民人均可支配收入超过全区平均水平。

　　按照区域板块不交叉方式所划分 3 个区域板块中依然是北部湾经济区（4 市）的经济发展程度相对较高，西江经济带发展仅次于北部湾经济区（4 市），而桂西资源富集区发展较为滞后。西江经济带（7 市）与珠江—西江经济带广西七市相比，地区总人口占全区比重大致相当，区域面积占全区比重比珠江—西江经济带广西七市占全区比重少了近 10%，GDP 总量占全区比重也少了近 10%，人均 GDP、人均财政收入也比珠江—西江经济带广西七市低，但城镇、农村居民的人均可支配收入要高于珠江—西江经济带广西七市。

表3－22　2018年广西各区域板块经济综合情况

区域		地区总人口占全区比重（％）	区域面积占全区比重（％）	GDP占全区比重（％）	经济密度（万元/千米²）	人口密度（人/千米²）
全区		100	100	100	857.56	207
区域板块（不完全交叉）	北部湾经济区（4市）	26.78	18.19	35.47	1672.49	305
	北部湾经济区（6市）	42.92	30.88	48.39	1343.84	288
	桂西资源富集区（3市）	18.91	36.62	14.63	342.67	107
	珠江—西江经济带广西七市	54.34	55.04	59.70	930.23	205
区域板块（不交叉）	北部湾经济区（4市）	26.78	18.19	35.47	1672.49	305
	桂西资源富集区（3市）	18.91	36.62	14.63	342.67	107
	西江经济带（7市）	54.31	45.20	49.89	946.72	249
区域板块（不交叉）	桂东经济区	31.25	20.09	21.68	925.17	322
	桂南沿海经济区	26.78	18.19	35.47	1672.49	305
	桂中经济区	12.74	13.46	18.38	1171.43	196
	桂西经济区	18.91	36.62	14.63	342.67	107
	桂北经济区	10.32	11.64	9.83	724.19	184

资料来源：笔者根据14个地级市数据计算得到。原始数据源自《广西统计年鉴2019》。

表3－23　2018年广西各经济区域主要经济指标

区域		GDP（亿元）	人均GDP（元）	人均财政收入（元）	城镇居民人均可支配收入（元）	农村居民人均可支配收入（元）
广西全区		20378.04	41368	5464	32436	12435
区域板块（不完全交叉）	北部湾经济区（4市）	7228.99	54799	9166	34354	13926
	北部湾经济区（6市）	9860.94	46644	6802	33715	13781
	桂西资源富集区（3市）	2981.56	32010	3017	29665	10754
	珠江—西江经济带广西七市	12165.95	45448	6245	32325	12567
区域板块（不交叉）	北部湾经济区（4市）	7228.99	54799	9166	34354	13926
	桂西资源富集区（3市）	2981.56	32010	3017	29665	10754
	西江经济带（7市）	10167.48	38004	4491	32707	13198

续表

区域		GDP（亿元）	人均GDP（元）	人均财政收入（元）	城镇居民人均可支配收入（元）	农村居民人均可支配收入（元）
区域板块（不交叉）	桂东经济区	4417.82	28701	2974	31635	13139
	桂南沿海经济区	7228.99	54799	9166	34354	13926
	桂中经济区	3746.06	59692	7755	33880	12602
	桂西经济区	2981.56	32010	3017	29665	10754
	桂北经济区	2003.61	39507	5054	34649	14626

资料来源：全区 GDP、全区人均 GDP、全区人均财政收入由 14 个地级市数据计算得出，全区城镇、农村居民人均可支配收入直接取自《广西统计年鉴 2019》。其余数据均由计算得出，原始数据来源于《广西统计年鉴 2019》。

按照区域板块不交叉方式所划分的带有较强地区方位特征的 5 个经济区中，人口总量最多的是桂东经济区，占全区总人口的 31.25%，地域面积最大的是桂西经济区，占全区面积的 36.62%，GDP 最高的是桂南沿海经济区，占全区 GDP 的 35.47%。桂东、桂南沿海、桂中、桂西、桂北 5 个经济区的人均 GDP 分别为 28701 元、54799 元、59692 元、32010 元、39507 元，只有桂南沿海经济区和桂中经济区的人均 GDP 超过了全区平均水平，而桂中经济区比桂东经济区高出 30991 元、比桂西经济区高出 27682 元。人均财政收入也只有桂南沿海经济区和桂中经济区高于平均水平，最高的是桂南沿海经济区为 9166 元，最低的是桂东经济区为 2974 元。在居民收入上，桂北经济区和桂南经济区的城镇、农村居民人均可支配收入相对较高，桂西经济区相对较低，桂中和桂东处于中间水平。

为进一步揭示各区域板块的经济发展情况，剖析各区域的产业结构十分必要，产业结构在一定程度上也可以解释经济差别问题。产业结构的逐步高级化过程应是以第一产业为主转向以第二产业为主，再由以第二产业为主转向以第三产业为主的过程，这个过程表明经济由低水平向高水平发展。从划分的具有交叉性的四个区域板块来看，第三产业占 GDP 比重最高的是北部湾经济区（4 市），在一定程度上表明该地区经济发展水平要高于其他三个区域；而桂西资源富集区第一产业比重在四个区域中最高、第三产业比重最低，表明桂西资源富集区产业结构不合理，经济发展水平还相对较低；在四个区域中，第一产业比重最低的是珠江—西江经济带广西七市，但是其第二产业占比达 41.08%，比北部湾经济区（4 市）高出 3.92 个百分点，第三产业比北部湾经济区（4 市）低 2.97 个百分点，就工业而言，珠江—西江经济带广西七市的工业产值占全区的 63.37%。从划分的不交叉的区域板块来看，依然是北部湾经济区（4 市）发展水平相对较高，其次是西江经济带；就工业来看，西江经济带工业产值占全区的52.36%。从桂东、桂南沿海、桂中、桂西、桂北五个经济区域来看，第三产业比重最高的是桂南沿海经济区，其次是桂北经济区，但是桂北经济区的第一产业比重也最高；第二产业比重最高的是桂中经济区，接近50%，但桂中经济区第一产业比重最低；工业产值占全区比重最高的是桂南沿海经济区，其次是桂中经济区，表明这两个地区工业基础较强，如表3-24所示。

表3-24　广西各经济区域产业结构　　　　　单位：亿元，%

区域		三次产业结构			工业	
		第一产业	第二产业	第三产业	产值	占全区比重
全区		14.73	39.75	45.52	6299.70	100.00
区域板块（不完全交叉）	北部湾经济区（4市）	13.34	37.16	49.50	1981.82	31.46
	北部湾经济区（6市）	14.51	37.45	48.04	2733.54	43.39
	桂西资源富集区（3市）	18.29	42.36	39.35	1019.17	16.18
	珠江—西江经济带广西七市	12.39	41.08	46.53	3991.96	63.37
区域板块（不交叉）	北部湾经济区（4市）	13.34	37.16	49.50	1981.82	31.46
	桂西资源富集区（3市）	18.29	42.36	39.35	1019.17	16.18
	西江经济带（7市）	14.66	40.83	44.51	3298.71	52.36
区域板块（不交叉）	桂东经济区	16.69	38.06	45.24	1255.12	19.92
	桂南沿海经济区	13.34	37.16	49.50	1981.82	31.46
	桂中经济区	9.61	49.33	41.07	1619.74	25.71
	桂西经济区	18.29	42.36	39.35	1019.17	16.18
	桂北经济区	19.64	31.04	49.32	423.84	6.73

资料来源：根据广西14个地级市数据计算得到，14个地级市数据来源于《广西统计年鉴2019》。

　　通过对各种方式划分的经济区域进行比较和综合性分析，可以更具体地了解广西区域经济发展状况，防止观察的片面性。总体而言，广西壮族自治区经济发展呈现出明显的南高西低，由南向北形成带状再向东西两边延伸；北部湾经济区发展水平领先，桂西资源富集区总体发展滞后，其他地区在不同组合的情况下，通常在这两区域发展水平之间。对不同划分方式的各区域的经济发展状况进行对比，发现广西壮族自治区区域经济发展不平衡的问题较为突出，区域经济发展的不平衡已成为广西壮族自治区区域经济协调发展的重大障碍。

　　3.3.3.2　民族自治（待遇）县经济发展现状

　　2018年，广西壮族自治区12个自治县和3个享受自治待遇县的行政总面积为 41795 平方千米，占全区行政区域面积的 17.59%，总人口为 417.89 万，占全区总人口的 8.48%，地区生产总值占全区的 4.34%，如图 3 – 16 所示。根据图 3 – 17，在 15 个县中，地区生产总值居于前三位的是融水苗族自治县、富川瑶族自治县、恭城瑶族自治县，分别为 1134210 万元、809888 万元、785792 万元，而西林县、凌云县、金秀瑶族自治县的 GDP 相对较低，分别为 283968 万元、352757 万元、363589 万元，融水苗族自治县是西林县的 3.99 倍、凌云县的 3.22 倍、金秀瑶族自治县的 3.12 倍。从人均 GDP 来看，广西全区人均 GDP 为 41489 元，15 个民族（待遇）县的人均 GDP 均未超过全区水平。民族（待遇）县人均 GDP 平均值为 21018 元，居于前三位的是西林县、恭城瑶族自治县、大化瑶族自治县，分别为 39297 元、35182 元、30229 元，居于后三位的是都安瑶族自治县、凌云县、隆林各族自治县，分别为 10467 元、16421 元、16468 元，如图 3 – 18 所示；西林县是都安瑶族自治县的 3.75 倍、凌云县的 2.39 倍、隆林各族自治县的 2.39 倍。从居民收入上看，只有 3 个县的城镇居民人均可支配收入高于全区水平，分别是金秀瑶族自治县、龙胜各族自治县、资源县，城镇居民可支配收入最高的是金秀瑶族自治县，为 33339 元，最低的是罗城仫佬族自治县，为 23057 元；只有恭城瑶族自治县和融水苗族自治县的农村居民人均可支配收入高于全区水平，分别为 12985 元、12668 元，罗城仫佬族自治县农村居民人均可支配收入最低，如图 3 – 19 所示。

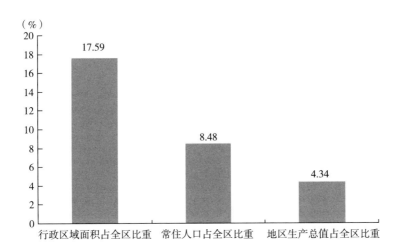

图 3 – 16　2018 年民族自治（待遇）县经济总量占广西区的比重

资料来源：根据《广西统计年鉴 2019》计算得到。

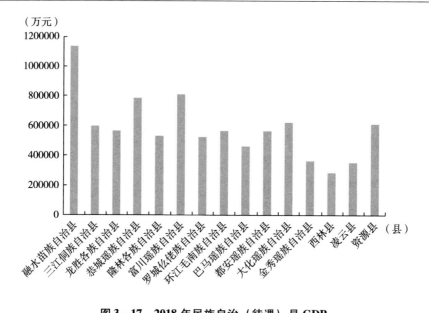

图 3 - 17　2018 年民族自治（待遇）县 GDP

资料来源：《广西统计年鉴 2019》。

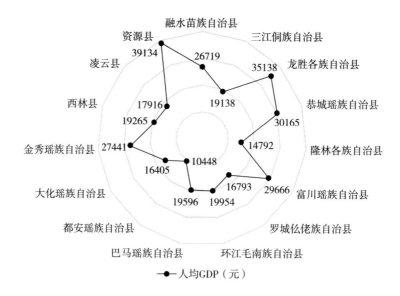

图 3 - 18　2018 年民族自治（待遇）县人均 GDP

资料来源：根据《广西统计年鉴 2019》计算得到。

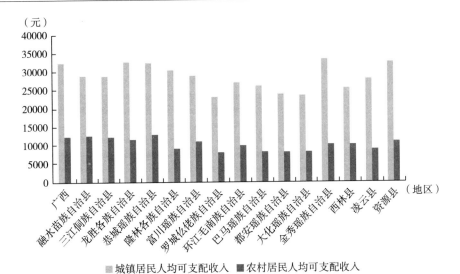

图 3－19　2018 年民族自治（待遇）县城乡居民收入

资料来源：《广西统计年鉴 2019》。

民族自治（待遇）县，总体的三次产业结构为 26.13∶30.58∶43.29。根据图 3－20 可知，第一产业比重最大的是西林县，为 42.13％，最小的是融水苗族自治县，为 14.66％，有 7 个县第一产业比重高于 26.13％，分别是西林县、恭城瑶族自治县、富川瑶族自治县、环江毛南族自治县、罗城仫佬族自治县、三江侗族自治县、金秀瑶族自治县；第二产业比重最大的是融水苗族自治县，为 44.08％，最小的是西林县，为 18.41％，有 7 个县第二产业比重高于 30.58％，分别是融水苗族自治县、大化瑶族自治县、资源县、龙胜各族自治县、凌云县、隆林各族自治县、富川瑶族自治县；第三产业比重最大的是都安瑶族自治县，为 56.18％，最小的是富川瑶族自治县，为 34.26％，有 7 个县第三产业高于 43.29％，分别是都安瑶族自治县、金秀瑶族自治县、巴马瑶族自治县、三江侗族自治县、罗城仫佬族自治县、隆林各族自治县、环江毛南族自治县。

综合来看，民族自治（待遇）县的经济发展总体滞后，且各民族自治（待遇）县之间的经济差异较大，经济发展不平衡问题非常突出。

3.3.3.3　沿边经济区陆地边境县经济发展现状

广西沿边经济区特指广西沿边以县（市）为辖区的边境地区，包括东兴市、防城区、宁明县、凭祥市、龙州县、大新县、靖西市、那坡县 8 个与越南接壤的边境县（市）。广西沿边经济区既是边境地区也是少数民族聚居的地区，2016 年广西沿边经济区年底总人口 267.8 万，其中少数民族人口 219.88 万，少数民族

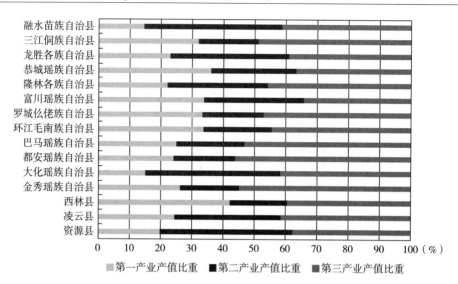

图3-20　2018年民族自治（待遇）县产业结构

资料来源：根据《广西统计年鉴2019》计算得到。

人口占总人口的比重达82.11%。2018年广西沿边经济区行政区域面积17971平方千米，占广西全区的7.56%，常住人口225.86万，占广西区常住人口的4.59%，地区生产总值9086180万元，占广西全区的4.49%，如图3-21所示。

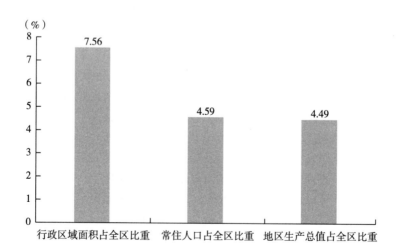

图3-21　2018年广西沿边经济区经济总量占广西全区的比重

资料来源：根据《广西统计年鉴2019》计算得到。

根据表 3 - 25 可知，在 8 个边境县中，GDP 最高的是宁明县，其次是大新县，分别为 1542997 万元、1416004 万元，分别占沿边经济区 GDP 的 16.98%、15.58%，GDP 最少的是那坡县，为 266020 万元，占沿边经济区 GDP 的 2.93%，宁明县比那坡县高出 1276977 万元。从三次产业来看，第一产业增加值最高的是宁明县，为 364741 万元；最少的是凭祥市，为 58825 万元；第二产业增加值最高的是宁明县，第二是靖西市，第三是大新县，分别为 715555 万元、690910 万元、684635 万元，最少的是那坡县，为 50584 万元；第三产业增加值，位于前三的是防城区、凭祥市、龙州县，分别为 591758 万元、580628 万元、481574 万元。从经济密度来看，最大的是东兴市，其次是凭祥市，分别为 1668.80 万元/千米^2、1396.87 万元/千米^2，最小的是那坡县，仅为 119.67 万元/千米^2。从人均 GDP 来看，居前三位的是凭祥市、东兴市、龙州县，分别为 75051 元、61108 元、56797 元，最少的是靖西市，为 14833 元，凭祥市比靖西市高 60218 元，是靖西市的 5.06 倍。从人均一般公共财政预算收入上看，最高的是凭祥市，其次是东兴市，分别为 3510 元、3042 元，最少的是大新县，为 704 元。从居民人均可支配收入上看，居前三位的是东兴市、防城区、凭祥市，分别为 33694 元、26082 元、24435 元，而那坡县、靖西市和宁明县的居民人均可支配收入相对较低，分别为 12629 元、15307 元、16469 元，东兴市比那坡县高 21065 元。

表 3 - 25　2018 年广西沿边经济区 8 县（市）主要经济指标

指标	防城区	东兴市	那坡县	靖西市	宁明县	龙州县	大新县	凭祥市
地区生产总值（万元）	1398101	982922	266020	1285320	1542997	1293834	1416004	900982
第一产业增加值	335622	198381	75343	157558	364741	283971	250402	58825
第二产业增加值	470721	361138	50584	690910	715555	528289	684635	261529
第三产业增加值	591758	423404	140093	436852	462701	481574	480967	580628
经济密度（万元/千米^2）	576.30	1668.80	119.67	386.45	416.58	559.86	515.47	1396.87
人均生产总值（元）	35539	61108	24555	14833	43477	56797	45967	75051
人均一般公共财政预算收入（元）	975.10	3041.97	1491.88	2651.65	962.18	1104.29	704.44	3509.78
居民人均可支配收入（元）	26082	33694	12629	15307	16469	17401	17955	24435

资料来源：《广西统计年鉴 2019》。

总体来看，广西沿边经济区总体发展依然较为滞后，但有些县（市、区）经济发展较好，如东兴市、凭祥市、防城区，与经济发展相对滞后的那坡县、靖西市形成较大的差距，经济发展不平衡问题在沿边经济区较为突出。

3.3.3.4 民族乡经济发展现状

广西壮族自治区有 59 个民族乡，其中，瑶族乡 46 个、苗族乡 9 个、瑶族苗族乡 1 个、侗族乡 1 个、回族乡 1 个、仫佬族乡 1 个，59 个民族乡分布在南宁、柳州、桂林、梧州、防城港、贵港、百色、贺州、河池 9 个市的 33 个县（市、区）。2016 年，59 个民族乡共有 593 个行政村，总人口 1164917 人，占全区总人口的 2.09%，其中有少数民族人口 890699 人，占全区少数民族人口的 4.08%；行政区划总面积 15737 平方千米，占全区的 6.62%（见图 3−22）。

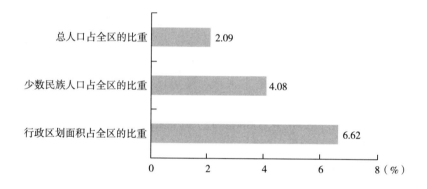

图 3−22　2016 年广西 59 个民族乡总体情况

资料来源：根据《中国民族统计年鉴 2017》民族乡镇表 2−1 "全国各民族乡镇基本情况（2016）"与《广西统计年鉴 2019》计算得到。

从经济发展来看，2016 年 59 个民族乡农林牧渔业产值为 760433 万元，粮食产量 413004 吨，财政收入为 52454 万元，人均纯收入为 6837 元，乡镇企业从业人员为 21123 人，实现乡镇企业总产值为 607240 万元，其中工业企业产值为 486127 万元。农林牧渔业产值达 2 亿元以上的乡有 8 个，如图 3−23 所示；乡镇企业产值达 1 亿元及以上的乡有 8 个，如图 3−24 所示；工业企业产值达 5000 万元及以上的乡镇有 12 个，如图 3−25 所示。

从基础设施建设来看，2016 年全区 59 个民族乡 593 个行政村中，已通公路的村有 590 个，占 99.49%；已通自来水的村有 503 个，占 84.82%；已通电的村有 592 个，占 99.83%；已通电话的村有 590 个，占 99.49%；已通邮的村有 540 个，占 91.06%。如图 3−26 所示。

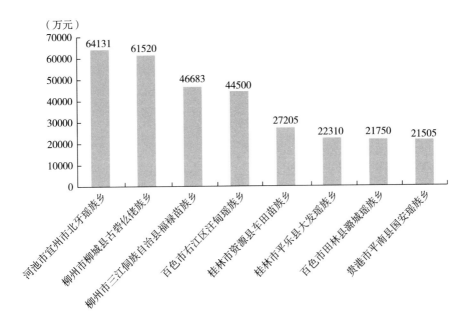

图 3 – 23 2016 年农林牧渔业总产值达 2 亿元以上的民族乡

资料来源：《中国民族统计年鉴 2017》。

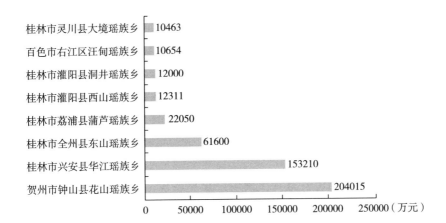

图 3 – 24 2016 年乡镇企业产值达 1 亿元及以上的民族乡

资料来源：《中国民族统计年鉴 2017》。

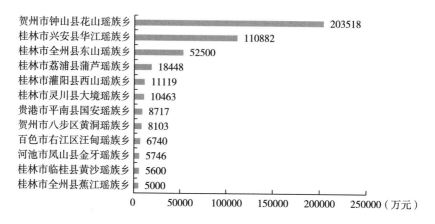

图 3 – 25 2016 年工业企业产值达 5000 万元及以上的民族乡

资料来源：《中国民族统计年鉴 2017》。

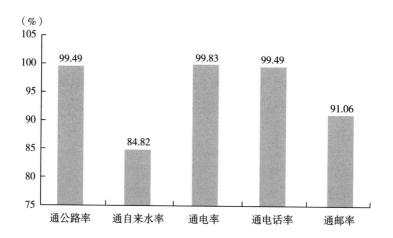

图 3 – 26 2016 年 59 个民族乡 593 个行政村基础设施建设情况

资料来源：《中国民族统计年鉴 2017》。

总体来看，59 个民族乡经济发展水平依然较低，且各民族乡经济分化较为严重，经济发展较好的村偏少，绝大部分民族乡经济发展滞后；在基础设施建设方面，道路、供电、通电话方面已差别不大，但自来水设施、邮政设施的建设水平依然有待提升。

本章小结

从地理区位上看，广西壮族自治区既与我国东部省份广东相接，又与西部省份云南、贵州相连，还与中部的湖南省相靠，既沿边又沿海还沿江，且处于多个经济圈的交会处，可以说广西的区位条件非常优越，但是区内的情况却较为复杂。从人文环境看，广西人口稳步增长，人口受教育程度在不断提升，这是经济发展的两个重要因素。

中华人民共和国成立后，在中国共产党的领导下，广西从艰难中起步，努力开展经济建设，到中华人民共和国成立 70 周年，广西经济已取得了辉煌成就：经济实力显著增强、人民生活水平大幅提升、对外贸易长足发展、经济结构不断优化。但是从全国角度来看，广西经济发展依然滞后，特别是与东部沿海省份差距较大。

从广西内部的区域来看，南部沿海经济区经济发展相对较快，而桂东经济区和桂西经济区发展滞后，这也是广西整体经济发展滞后的一个重要因素。作为少数民族自治区，广西内部又有 15 个民族自治（待遇）县、8 个与越南接壤的陆地边境县、59 个民族乡，但民族自治（待遇）县、陆地边境县、民族乡的经济发展还较为滞后，人民生活水平还有待提高。

就目前区域经济发展的现状来看，广西壮族自治区区域经济发展存在较大的不平衡，这种不平衡存于区域板块间、城市间、县域间、城乡间，表现于经济水平、人民生活水平等多个层面，是多维度的不平衡。

4 广西区域经济发展不平衡： 多维差距

从上文对广西区域经济发展现状的分析可知，广西区域经济发展存在较大的不平衡，而区域经济发展是一个复杂的、多维的系统，为了更科学、更准确地评价广西壮族自治区域经济发展的不平衡性，本章从各个等级的区域出发，从多维的视角探讨广西区域经济发展的不平衡状况。

4.1 区域经济发展不平衡的测度方法

4.1.1 Dagum 基尼系数及其按子群分解法

Dagum 基尼系数及其按子群分解法是逐渐被学术界广泛接受的一种测度和分解不平等的方法。其优势在于不仅能测度地区差距，还能对子样本之间的差距进行分解（Dagum，1997）[1]。有效地弥补了传统方法未考虑子样本之间差异性的不足（刘华军和赵浩，2013）[2]。考虑到 Dagum 基尼系数分解法的优势，本书采用 Dagum 基尼系数及其按子群分解法来对广西经济发展的区域差距进行分析，Dagum 基尼系数用式（4－1）表示。

$$G = \frac{\sum_{j=1}^{k} \sum_{h=1}^{k} \sum_{i=1}^{n_j} \sum_{r=1}^{n_h} |y_{ji} - y_{hr}|}{2n^2 \bar{y}} \tag{4-1}$$

其中，y_{ji}、y_{hr}、n、y 分别代表 j 区域第 i 个子地区的经济变量、h 区域第 r 个子地区的经济变量，n 为样本子地区的数量，y 为变量的平均值；k、n_j、n_h 分

---

① Camilo Dagum. A New Approach to the Decomposition of the Gini Income Inequality Ratio [J]. Empirical Economics, December 1997, 22 (4): 515－531.

② 刘华军，赵浩. 中国高技术产业发展的空间非均衡与极化研究 [J]. 研究与发展管理，2013 (5)：44－53.

别代表划分的区域个数、j 区域内的子地区数量、h 区域内的子地区数量。

对所划分区域的经济变量进行由低到高的排序是计算 Dagum 基尼系数的前提，排序如式（4－2）所示。

$$\overline{Y_1} \leq \overline{Y_h} \leq \cdots \leq \overline{Y_j} \leq \cdots \leq \overline{Y_k} \tag{4-2}$$

Dagum 基尼系数的来源可分解为 G_w、G_{nb}、G_t 三部分，依次表示区域内差距、区域间差距、超变密度（区域之间经济交叉影响的基尼系数余数）对总体差距的贡献，即 $G = G_w + G_{nb} + G_t$。另外，单个区域内、两个区域间的经济差距也是考察重点，用 G_{jj}、G_{jh} 分别表示 j 区域内的基尼系数、j 区域与 h 区域间的基尼系数。G_{jj}、G_{jh}、G_w、G_{nb}、G_t 的表达式如式（4－3）至式（4－7）所示。

$$G_{jj} = \frac{\sum_{i=1}^{n_j} \sum_{r=1}^{n_j} |y_{ji} - y_{jr}|}{2\overline{Y_j} \cdot n_j^2} \tag{4-3}$$

$$G_{jh} = \frac{\sum_{i=1}^{n_j} \sum_{r=1}^{n_h} |y_{ji} - y_{hr}|}{n_j n_h (\overline{Y_j} + \overline{Y_h})} \tag{4-4}$$

$$G_W = \sum_{j=1}^{k} G_{jj} p_j s_j \tag{4-5}$$

$$G_{nb} = \sum_{j=2}^{k} \sum_{j=1}^{j-1} G_{jh} (p_j s_h + p_h s_j) D_{jh} \tag{4-6}$$

$$G_t = \sum_{j=2}^{k} \sum_{h=1}^{j-1} G_{jh} (p_j s_h + p_h s_j) (1 - D_{jh}) \tag{4-7}$$

其中，$p_j = \frac{n_j}{n}$、$p_h = \frac{n_h}{n}$，p_j 表示 j 区域所包含的子地区占全部子地区的份额，p_h 表示 h 区域所包含的子地区占全部子地区的份额；$s_j = \frac{n_j \overline{Y_j}}{n \overline{Y}}$、$s_h = \frac{n_h \overline{Y_h}}{n \overline{Y}}$，$s_j$ 表示 j 区域的经济变量值之和与总量之比；s_h 表示 h 区域的经济变量值之和与总量之比；j＝1，2，…，k，h＝1，2，…，k；D_{jh} 表示 j、h 两地区间经济变量的相对影响，如式（4－8）所示。

$$D_{jh} = \frac{d_{jh} - p_{jh}}{d_{jh} + p_{jh}} \tag{4-8}$$

其中，

$$d_{jh} = \int_0^\infty dF_j(y) \int_0^y (y - x) dF_h(x) \tag{4-9}$$

$$p_{jh} = \int_0^\infty dF_h(y) \int_0^y (y - x) dF_j(x) \tag{4-10}$$

其中，d_{jh} 是 j 地区与 h 地区经济变量的差值，表示 j、h 地区中所有 $y_{ji} - y_{hr}$ >0 的样本值加总的数学期望；p_{jh} 为超变一阶矩，理解为 j、h 地区中所有 $y_{hr} - y_{ji}$ >0 的样本值加总的数学期望；$F_j(y)$、$F_h(y)$ 分别表示 j 地区、h 地区的分布函数。

4.1.2 变异系数、泰尔指数、赫芬达尔 – 赫希曼指数、基尼系数

变异系数、泰尔指数、赫芬达尔 – 赫希曼指数（以下简称"赫芬达尔指数"）以及基尼系数本质上都可以反映数据的差异程度，是衡量不平等程度的常用指数。

（1）变异系数的计算公式为：

$$CV = \frac{sd(y)}{\bar{y}} = \frac{\sqrt{\frac{1}{n}\sum_{i=1}^{n}(y_i - \bar{y})^2}}{\bar{y}} \qquad (4-11)$$

其中，$\bar{y}$ 为数据分布均值，$\bar{y} = \frac{1}{n}\sum_{i=1}^{n}y_i$。$y_i$ 为各个地级市的指标值。变异系数的绝对值越大，数据分布的差距程度也越大。

（2）泰尔指数的计算公式为：

$$TEL = \frac{1}{n}\sum_{i=1}^{n}\frac{y_i}{\bar{y}}\log\left(\frac{y_i}{\bar{y}}\right) \qquad (4-12)$$

其中，$\bar{y}$ 为数据分布均值，$\bar{y} = \frac{1}{n}\sum_{i=1}^{n}y_i$。$y_i$ 为各个地级市的指标值。泰尔指数是在熵指数的基础上提出的，熵指数反映收入分布偏离完全平等的状态，取值为 0~1。当地区的经济发展水平绝对均等时，此时的泰尔指数值为 0；泰尔指数越趋向于 1，地区经济发展差距越大。

（3）赫芬达尔指数的计算公式为：

$$HHI = \sum_{i=1}^{n}s_i^2 \qquad (4-13)$$

其中，$s_i = \frac{y_i}{Y}$，$Y = \sum_{i=1}^{n}y_i$。HHI 取值范围为 [1/n, 1]，HHI 越接近 1，地区经济发展水平越不平衡；HHI 越趋向于 0，地区经济发展水平越平衡。

（4）基尼系数的计算公式为：

$$G = \frac{1}{2n^2\bar{y}}\sum_{i=1}^{n}\sum_{j=1}^{n}|y_i - y_j| \qquad (4-14)$$

其中，$\bar{y}$ 为数据分布均值，$\bar{y} = \frac{1}{n}\sum_{i=1}^{n}y_i$。基尼系数越接近 1，地区经济发展水平越不平衡；基尼系数越趋向于 0，地区经济发展水平越平衡。

4.2 区域经济发展多维差距评价指标体系

经济发展是一个综合性系统，包含经济增长、产业发展、经济结构、高质量发展等内容，具有系统性、复杂性的特点。本书依据经济发展的内涵，构建经济发展评价指标体系，包含经济总体水平、产业发展、基本公共服务三大类。经济水平指标是能反映经济基本状况的宏观指标，产业指标是经济发展的中观指标，基本公共服务指标是关乎经济高质量发展的指标。那么，区域经济发展差距即这些指标值的区域差距，如表4-1所示。

表4-1 广西壮族自治区区域经济发展多维差距评价指标体系

一级维度	二级维度	三级维度	具体指标
经济发展差距	经济总体水平差距	国民经济差距	人均GDP差距
		固定资产投资差距	固定资产投资人均占有量差距
		利用外资差距	外商直接投资占固定资产投资份额的差距
		城镇化差距	城镇化率差距
		人民收入差距	城镇居民人均可支配收入差距
			农村居民人均可支配收入差距
	产业发展差距	农业差距	农林牧渔业产值人均占有量差距
			主要农作物产品人均占有量差距
			农林水利事务支出占GDP的比重差距
		工业差距	规模以上工业企业平均利润差距
			规模以上工业企业平均主营业务收入差距
			规模以上工业企业劳动生产率差距
		建筑业差距	建筑业劳动生产率差距
		旅游业差距	国际旅游外汇收入占GDP的比重差距
			国内旅游收入占GDP的比重差距
		交通、运输业差距	人均公路里程差距
			人均等级公路里程差距
			每百人民用汽车保有量差距
			每百人私人汽车保有量差距
		邮电通信业差距	邮电业务总量占GDP比重差距
			每万人互联网用户数差距
			每万人移动电话用户数差距
		商品贸易业差距	人均进出口总额差距
			社会消费品人均消费额差距

续表

一级维度	二级维度	三级维度	具体指标
经济发展差距	基本公共服务差距	财政与金融差距	财政收入人均上缴额差距
			公共财政预算收入人均上缴额差距
			一般财政预算支出人均占有量差距
			金融机构人民币存款额差距
			金融机构人民币贷款额差距
			住户人均存款差距
		文化差距	人均拥有公共图书馆藏书量差距
		教育差距	小学师生比差距
			中学师生比差距
			教育支出占 GDP 的比重差距
		医疗卫生差距	每万人卫生机构床位数差距
			每万人卫生机构人员数差距
			医疗卫生（与计划生育）支出占 GDP 的比重差距
		环境差距	森林覆盖率差距
			市辖区绿化覆盖率差距
			市辖区人均绿地面积差距
		社会保障差距	社会保障和就业支出占 GDP 的比重差距

资料来源：笔者归纳得到。

4.3 区域板块间经济发展差距

4.3.1 直观分析

从人均 GDP 来看，根据表 4-2，2014~2018 年四大区域的人均 GDP 都呈上升趋势，但每年的人均 GDP 有较大的差距。2014 年，北部湾经济区（4 市）、北部湾经济区（6 市）、桂西资源富集区、珠江—西江经济带广西七市的人均 GDP 分别为 43222.85 元、36639.17 元、23938.60 元、36208.06 元，2018 年分别为 54799.11 元、46643.89 元、32009.93 元、45448.24 元。北部湾经济区（4 市）与桂西资源富集区差距较大，两者 2014 年相差 19284.25 元、2018 年相差 22789.19 元，差距呈扩大的趋势。桂西资源富集区与珠江—西江经济带广西七市 2014 年相差 12269.46 元，2018 年相差 13438.32 元，差距呈扩大的趋势。北部湾经济区（4 市）与珠江—西江经济带的人均 GDP 差距也有所扩大。

表4－2 广西四个区域板块的人均 GDP

单位：元

年份	北部湾经济区（4 市）	北部湾经济区（6 市）	桂西资源富集区	珠江—西江经济带广西七市
2014	43222.85	36639.17	23938.60	36208.06
2015	46054.79	39002.01	24992.00	37924.65
2016	50381.43	42544.81	27618.42	41065.52
2017	56763.21	47802.98	32451.64	46111.43
2018	54799.11	46643.89	32009.93	45448.24

资料来源：《广西统计年鉴2017》《广西统计年鉴2018》《广西统计年鉴2019》。

从人均固定资产投资来看，根据表 4－3 可知，2014 年四个区域的人均固定资产投资都呈上升的趋势，但差距显著。2014～2017 年，桂西资源富集区与北部湾经济区（4 市）依次相差 18432.05 元、21034.13 元、24598.45 元、26363.61 元，差距呈扩大的趋势；珠江—西江经济带广西七市与北部湾经济区（4 市），分别相差 7345.90 元、8362.46 元、9851.48 元、9935.54 元，差距也呈扩大的态势；桂西资源富集区与珠江—西江经济带广西七市分别相差 11086.14 元、12671.68 元、14746.97 元、16428.08 元，差距呈扩大的趋势。

表4－3 广西四个区域板块的人均固定资产投资

单位：元

年份	北部湾经济区（4 市）	北部湾经济区（6 市）	桂西资源富集区	珠江—西江经济带广西七市
2014	38157.09	31923.92	19725.04	30811.18
2015	44142.28	37301.20	23108.15	35779.83
2016	49595.51	41952.03	24997.06	39744.03
2017	54992.41	46951.81	28628.79	45056.87

资料来源：根据《广西统计年鉴2017》《广西统计年鉴2018》《广西统计年鉴2019》计算得到。

从城镇化率来看，根据表 4－4 可知，2014～2018 年四大区域的城镇化率分别为 51.96%、48.52%、33.56%、48.64%，2018 年分别为 56.0%、52.5%、38.0%、52.8%，城镇化率均呈上升的趋势。在区域差距上，桂西资源富集区与北部湾经济区（4 市）2014 年相差 18.40%、2018 年相差 18%，桂西资源富集区与珠江—西江经济带广西七市 2014 年相差 15.08%、2018 年相差 14.8%，桂西资源富集区与北部湾经济区（6 市）2014 年相差 14.96%、2018 年相差 14.5%。由此可见，区域间的差距较为明显。

表4-4　广西四个区域板块的城镇化率　　　　　单位:%

年份	北部湾经济区（4市）	北部湾经济区（6市）	桂西资源富集区	珠江—西江经济带广西七市
2014	51.96	48.52	33.56	48.64
2015	52.89	49.45	34.97	49.66
2016	53.80	50.32	35.98	50.74
2017	54.96	51.42	37.04	51.87
2018	56.0	52.5	38.0	52.8

资料来源:《广西统计年鉴2017》《广西统计年鉴2018》《广西统计年鉴2019》。

从一般公共财政预算支出人均占有量上看，根据表4-5可知，在四个区域中，公共财政预算支出人均占有量较高的是桂西资源富集区，为7051.64元。2014～2018年北部湾经济区（6市）与桂西资源富集区分别相差1179.05元、1145.72元、1446.88元、1869.42元、2028.69元，呈扩大的趋势；珠江—西江经济带广西七市与桂西资源富集区分别相差848.20元、1075.71元、1189.66元、1437.72元、1498.94元，呈扩大的趋势；北部湾经济区（6市）与珠江—西江经济带广西七市分别相差330.85元、70.01元、257.21元、431.70元、529.75元，呈先缩小后扩大的趋势。2018年一般公共财政预算支出人均占有量最高的依然是桂西资源富集区。

表4-5　一般公共财政预算支出人均占有量　　　　　单位：元

年份	北部湾经济区（4市）	北部湾经济区（6市）	桂西资源富集区	珠江—西江经济带广西七市
2014	6417.31	5872.59	7051.64	6203.44
2015	7774.43	7127.79	8273.51	7197.80
2016	8221.09	7627.47	9074.35	7884.69
2017	8682.81	8145.49	10014.91	8577.19
2018	9269.11	8745.34	10774.03	9275.09

资料来源:根据《广西统计年鉴2017》《广西统计年鉴2018》《广西统计年鉴2019》计算得到。

从社会消费品人均消费额上看，2014～2018年，北部湾经济区（4市）要高于桂西资源富集区和珠江—西江经济带广西七市。根据表4-6计算得到桂西资源富集区与北部湾经济区（4市）2014～2018年分别相差11546.96元、12631.55元、13865.72元、15107.22元、14712.46元，差距总体上呈扩大的趋势；桂西资源富集区与珠江—西江经济带广西七市分别相差8091.03元、8853.00元、9686.86元、10612.43元、10721.15元，差距呈现出扩大态势。

表4-6 社会消费品人均消费额情况 单位：元

年份	北部湾经济区（4市）	北部湾经济区（6市）	桂西资源富集区	珠江—西江经济带广西七市
2014	17433.09	14044.01	5886.13	13977.16
2015	19028.95	15335.29	6397.40	15250.40
2016	20897.92	16823.50	7032.20	16719.05
2017	22935.49	18462.48	7828.27	18440.70
2018	23183.77	18960.04	8471.31	19192.46

资料来源：根据《广西统计年鉴2017》《广西统计年鉴2018》《广西统计年鉴2019》计算得到。

从人均进出口额来看，根据表4-7可知，桂西资源富集区的人均进出口额要高于北部湾经济区（4市）或是北部湾经济区（6市）以及珠江—西江经济带广西七市。2018年北部湾经济区（4市）与桂西资源富集区相差3251.85美元，珠江—西江经济带广西七市与桂西资源富集区相差8420.64美元，珠江—西江经济带广西七市与北部湾经济区（4市）相差5168.79美元。

表4-7 人均进出口额 单位：美元

年份	北部湾经济区（4市）	北部湾经济区（6市）	桂西资源富集区	珠江—西江经济带广西七市
2014	1516.49	1689.06	1755.19	936.57
2015	1890.85	2179.00	2428.28	1197.37
2016	11585.70	7335.49	15094.16	7561.20
2017	14934.16	15856.21	16709.85	9044.53
2018	15224.08	16644.89	18475.92	10055.29

资料来源：根据《广西统计年鉴2017》《广西统计年鉴2018》《广西统计年鉴2019》计算得到。

4.3.2 指数分析

4.3.2.1 区域总体经济差距及其分解

为了保障总体经济差距分解的有效性，对经济区域板块的划分需满足四个条件：一是区域板块必须是两个或两个以上；二是各区域板块在经济统计上不重合；三是所划分的各区域板块的内部单元必须是两个或两个以上；四是所有区域板块加总构成总体。广西壮族自治区由14个地级市组成，《广西统计年鉴2011》《广西统计年鉴2012》《广西统计年鉴2013》《广西统计年鉴2014》在区域经济统计上，对北部湾经济区（4市）、桂西资源富集区（3市）、西江经济带（7市）的经济情况进行了统计，其中北部湾经济区4市指南宁、北海、防城港、钦州 4 市，桂西资源富集区指百色、河池、崇左 3 市，西江经济带（7 市）指柳州、桂林、梧州、贵港、玉林、贺州、来宾 7 市。按照此类经济区划分，三个区域板块构成广西壮族自治区，各区域在经济统计不重合，且各区域内部单元数量均大于 2。因此，将广西壮族自治区划分为北部湾经济区（4 市）、桂西资源富集区（3 市）、西江经济带（7 市）三个区域进行差距测算和分解。

（1）宏观层面下的广西区域经济发展总体差距。根据广西宏观经济各指标的总体 Dagum 基尼系数的计算结果（见表 4－8），绘制以宏观经济各个指标衡量的广西区域经济差距演变图（见图 4－1），分析广西宏观经济各指标的区域经济发展差距。

表 4－8　广西宏观经济主要指标的总体区域差距指数（Dagum 基尼系数）

年份	人均 GDP 区域差距	人均固定资产投资区域差距	城镇化率区域差距	城镇居民人均可支配收入区域差距	农村居民人均可支配收入区域差距
2006	0.1889	0.1880	—	0.0451	0.0721
2007	0.1709	0.1902	—	0.0340	0.0697
2008	0.1853	0.2127	0.09830	0.0328	0.0701
2009	0.2004	0.2357	0.09750	0.0351	0.0719
2010	0.1918	0.2357	0.13076	0.0343	0.0722
2011	0.1939	0.2418	0.12544	0.0354	0.0725
2012	0.2118	0.2623	0.12166	0.0370	0.0723
2013	0.2252	0.2508	0.11786	0.0374	0.0736
2014	0.2296	0.2436	0.11301	0.0385	0.0753
2015	0.2285	0.2376	0.10884	0.0403	0.0774
2016	0.2268	0.2510	0.10617	0.0371	0.0695
2017	0.2280	0.2449	0.10359	0.0367	0.0689
2018	0.2254	—	0.10144	0.0370	0.0697

资料来源：笔者计算。原始数据中，区域板块数据由地级市数据计算得到，地级市数据来源于历年《广西统计年鉴》。

从人均 GDP 区域差距角度来看，2006～2018 年，广西人均 GDP 总体呈扩大的态势：在"十一五"规划的开始之初，即 2006 年，广西人均 GDP 的 Dagum 基尼系数为 0.1889；2011 年"十二五"规划开始时，Dagum 基尼系数为 0.1939；2016 年"十三五"规划开始时，Dagum 基尼系数为 0.2268；2018 年为 0.2254。2006～2018 年，以 2006 年为基期，年均增长 1.63%。

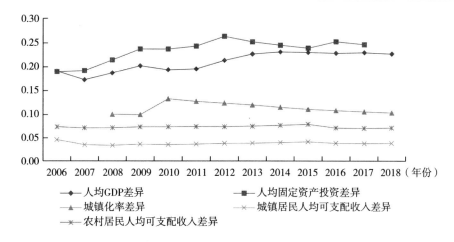

**图 4-1　2006~2018 年以宏观经济各个指标衡量的
广西区域经济差距演变**

从人均固定资产投资区域差距角度来看，2006~2017 年，广西人均固定资产投资的区域差距总体上呈扩大的趋势，历经了"上升—下降—上升—下降"的演变态势。2006~2012 年，Dagum 基尼系数呈逐渐上升的趋势，2006 年为 0.1880，2012 年达到峰值，即 0.2623，2006~2012 年，Dagum 基尼系数增加了 0.0743，以 2006 年为基期，期间年均增长 5.81%；2013~2015 年，Dagum 基尼系数呈下降的趋势，以 2013 年为基期，年均下降 2.67%；2016 年与 2015 年相比，略有上升；2017 年比 2016 年略有下降。2006~2017 年，以 2006 年为基期，Dagum 基尼系数年均增长 2.58%。

从城镇化率的区域差距角度来看，2008~2018 年，历经了先升后降的趋势，2006 年 Dagum 基尼系数为 0.09830，2013 年达到 0.13076，2014 年开始逐渐下降，2018 年为 0.10144。2014~2018 年，以 2014 年为基期，年均下降 2.66%。

从收入的区域差距角度来看，2006~2018 年，城镇居民人均可支配收入、农村居民人均可支配收入的区域差距都呈下降的趋势，但变化幅度不大。2006 年，城镇居民人均可支配收入的 Dagum 基尼系数为 0.0451，2018 年为 0.0370，以 2006 年为基期，期间年均下降 1.27%。农村居民人均可支配收入的 Dagum 基尼系数从 2006 年的 0.0721 下降到 2018 年的 0.0697，以 2006 年为基期，年均下降 0.22%。

综合来看，2006~2018 年，广西壮族自治区区域经济发展差距在扩大，但人民的收入差距呈缩小的趋势。

（2）广西总体区域经济发展差距的来源分解。在人均 GDP 总体差距的来源方面，根据表4-9，2006~2018年，广西人均GDP的Dagum基尼系数均值为0.2082，区域内差距、区域间差距、超变密度的平均贡献分别为0.0626、0.1105、0.0351，平均贡献率分别为30.23%、52.81%、16.96%。人均GDP总体差距的大小来源依次为区域内差距、区域间差距、超变密度，52%以上来源于区域间差距。从演变上看，区域内差距对总体差距的贡献率在下降，区域间差距对总体差距的贡献率在上升，如图4-2所示。

表4-9 人均GDP总体差距来源的分解

年份	成分分解			贡献率（%）		
	G_w	G_{nb}	G_t	G_w	G_{nb}	G_t
2006	0.0618	0.0846	0.0426	32.69	44.77	22.53
2007	0.0559	0.0812	0.0338	32.68	47.53	19.79
2008	0.0573	0.1013	0.0267	30.93	54.67	14.40
2009	0.0639	0.1025	0.0340	31.87	51.15	16.98
2010	0.0612	0.0960	0.0347	31.90	50.04	18.06
2011	0.0602	0.1002	0.0336	31.02	51.67	17.31
2012	0.0647	0.1119	0.0353	30.54	52.81	16.65
2013	0.0682	0.1213	0.0357	30.28	53.86	15.85
2014	0.0679	0.1270	0.0347	29.57	55.31	15.12
2015	0.0659	0.1298	0.0327	28.86	56.81	14.32
2016	0.0637	0.1311	0.0320	28.09	57.82	14.09
2017	0.0621	0.1304	0.0355	27.22	57.20	15.58
2018	0.0616	0.1193	0.0445	27.32	52.93	19.75

资料来源：笔者计算。原始数据中，区域板块数据由地级市数据计算得到，地级市数据来源于历年《广西统计年鉴》。

在人均固定资产投资的总体差距来源方面，根据表4-10可知，2006年区域内、区域间、超变密度的贡献率分别为29.04%、48.04%、22.92%，2017年分别为29.49%、51.11%、19.40%。期间的平均贡献率分别为28.78%、53.99%、17.23%，区域间差距对总体差距的贡献率达到53.99%，表明人均固定资产投资的总体差距主要来自区域间人均固定资产投资的差距。从区域内差距、区域间差距、超变密度的贡献率的演变来看，区域内差距的贡献率历经先降后升的趋势，区域间差距的贡献率历经先升后降的趋势，超变密度的贡献率呈先降后升的趋势，如图4-3所示。

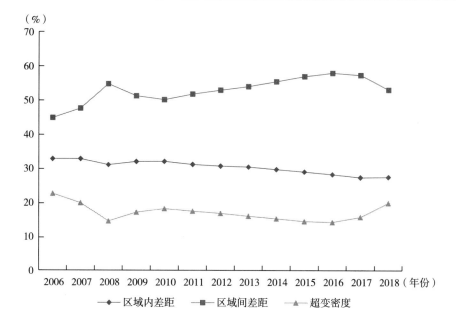

图 4 - 2　区域内差距、区域间差距、超变密度对广西人均 GDP 区域差距的贡献率

表 4 - 10　人均固定资产投资总体差距来源的分解

年份	成分分解			贡献率（%）		
	G_w	G_{nb}	G_t	G_w	G_{nb}	G_t
2006	0.0546	0.0903	0.0431	29.04	48.04	22.92
2007	0.0584	0.0953	0.0365	30.73	50.10	19.18
2008	0.0603	0.1203	0.0321	28.37	56.55	15.08
2009	0.0667	0.1311	0.0379	28.30	55.62	16.07
2010	0.0668	0.1342	0.0347	28.36	56.92	14.72
2011	0.0682	0.1382	0.0354	28.22	57.15	14.63
2012	0.0734	0.1441	0.0448	27.98	54.95	17.07
2013	0.0711	0.1400	0.0396	28.35	55.84	15.81
2014	0.0690	0.1347	0.0400	28.31	55.29	16.40
2015	0.0683	0.1276	0.0417	28.75	53.71	17.53
2016	0.0739	0.1321	0.0450	29.43	52.63	17.94
2017	0.0722	0.1252	0.0475	29.49	51.11	19.40

资料来源：笔者计算。原始数据中，区域板块数据由地级市数据计算得到，地级市数据来源于历年《广西统计年鉴》。

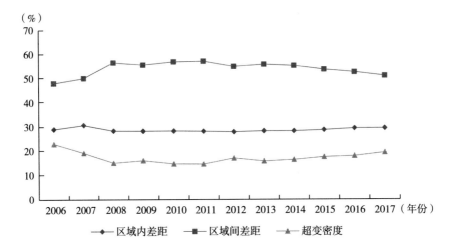

图 4 - 3　区域内差距、区域间差距、超变密度对人均
固定资产投资区域差距的贡献率

在城镇化率的总体差距来源方面，根据表 4 - 11 可知，2008 年区域内差距、区域间差距、超变密度的贡献率分别为 26.10%、64.42%、9.48%，2013 年分别为 23.44%、59.60%、16.96%，2018 年分别为 22.41%、58.78%、18.81%。城镇化率的总体差距大小来源依次为区域间差距、区域内差距、超变密度，以 2018 年为例，区域间的差距的贡献率超过 58%。根据图 4 - 4 所示的各贡献率的演变态势可知，2008~2018 年，区域内差距的贡献率总体呈下降趋势；区域间差距的贡献率总体呈下降趋势，但 2017 年、2018 年有所上升；超变密度贡献率总体呈上升趋势。

表 4 - 11　城镇化率总体差距来源的分解

年份	成分分解			贡献率（%）		
	G_w	G_{nb}	G_t	G_w	G_{nb}	G_t
2008	0.02565	0.06333	0.00932	26.10	64.42	9.48
2009	0.02643	0.06129	0.00979	27.11	62.86	10.04
2010	0.03088	0.07756	0.02231	23.62	59.32	17.07
2011	0.02947	0.07494	0.02103	23.49	59.74	16.76
2012	0.02837	0.07281	0.02048	23.32	59.85	16.83
2013	0.02762	0.07025	0.01999	23.44	59.60	16.96
2014	0.02613	0.06626	0.02063	23.12	58.63	18.25
2015	0.02524	0.06326	0.02035	23.19	58.12	18.69

年份	成分分解			贡献率（%）		
	G_w	G_{nb}	G_t	G_w	G_{nb}	G_t
2016	0.02420	0.06165	0.02033	22.79	58.06	19.14
2017	0.02324	0.06062	0.01973	22.43	58.52	19.05
2018	0.02274	0.05963	0.01908	22.41	58.78	18.81

资料来源：笔者计算。原始数据中，区域板块数据由地级市数据计算得到，地级市数据来源于历年《广西统计年鉴》。

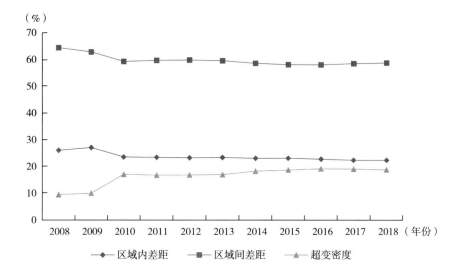

图 4 - 4 区域内差距、区域间差距、超变密度对城镇化率区域差距的贡献率

在城镇人均可支配收入总体差距的来源方面，根据表 4 - 12 可知，2006 年区域内差距、区域间差距、超变密度对城镇人均可支配收入总体差距的贡献率分别为 34.22%、34.66%、31.11%，2018 年分别为 25.01%、70.53%、4.46%，2006～2018 年的平均贡献率分别为 27.40%、61.38%、11.22%。从贡献率的演变态势来看，区域内差距的贡献率呈下降的趋势，区域间差距的贡献率呈上升的趋势，超变密度的贡献率呈下降的态势，如图 4 - 5 所示。

表 4 - 12 城镇人均可支配收入总体差距来源的分解

年份	成分分解			贡献率（%）		
	G_w	G_{nb}	G_t	G_w	G_{nb}	G_t
2006	0.0154	0.0156	0.0140	34.22	34.66	31.11

年份	成分分解			贡献率（%）		
	G_w	G_{nb}	G_t	G_w	G_{nb}	G_t
2007	0.0119	0.0117	0.0104	34.97	34.51	30.52
2008	0.0091	0.0208	0.0029	27.70	63.49	8.81
2009	0.0100	0.0216	0.0035	28.38	61.53	10.09
2010	0.0095	0.0214	0.0034	27.62	62.42	9.96
2011	0.0094	0.0227	0.0032	26.67	64.24	9.09
2012	0.0094	0.0249	0.0027	25.30	67.31	7.39
2013	0.0094	0.0255	0.0025	25.06	68.24	6.70
2014	0.0098	0.0257	0.0030	25.52	66.74	7.74
2015	0.0104	0.0265	0.0034	25.78	65.87	8.36
2016	0.0091	0.0258	0.0022	24.57	69.58	5.85
2017	0.0093	0.0253	0.0021	25.37	68.81	5.82
2018	0.0092	0.0261	0.0016	25.01	70.53	4.46

资料来源：笔者计算。原始数据中，区域板块数据由地级市数据计算得到，地级市数据来源于历年《广西统计年鉴》。

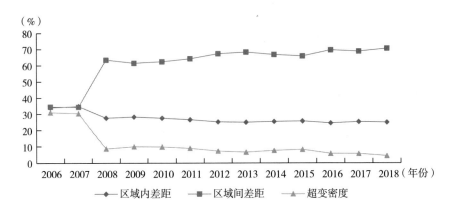

图 4 - 5　区域内差距、区域间差距、超变密度对城镇
人均可支配收入区域差距的贡献率

农村人均可支配收入总体差距的来源方面，根据表 4 - 13 可知，2006 年区域内差距、区域间差距、超变密度对农村人均可支配收入总体差距的贡献率分别为 19.34%、77.41%、3.26%，2018 年分别为 26.84%、62.39%、10.77%，期间的平均贡献率分别为 22.68%、70.80%、6.51%。从贡献率的演变态势来看，

2006～2018 年区域内差距的贡献率呈上升的趋势，区域间差距的贡献率呈下降的趋势，超变密度的贡献率呈上升的趋势（但 2017 年和 2018 年略微下降），如图 4-6 所示。

表 4-13 农村人均可支配收入总体差距来源的分解

年份	成分分解			贡献率（%）		
	G_w	G_{nb}	G_t	G_w	G_{nb}	G_t
2006	0.0139	0.0558	0.0023	19.34	77.41	3.26
2007	0.0146	0.0521	0.0031	20.91	74.67	4.43
2008	0.0148	0.0524	0.0029	21.12	74.74	4.15
2009	0.0149	0.0544	0.0026	20.68	75.64	3.68
2010	0.0156	0.0533	0.0034	21.56	73.79	4.64
2011	0.0159	0.0527	0.0039	21.99	72.60	5.41
2012	0.0157	0.0525	0.0040	21.75	72.66	5.59
2013	0.0162	0.0531	0.0043	22.02	72.18	5.80
2014	0.0170	0.0528	0.0055	22.56	70.10	7.33
2015	0.0175	0.0540	0.0059	22.65	69.76	7.59
2016	0.0185	0.0432	0.0077	26.65	62.21	11.14
2017	0.0185	0.0429	0.0075	26.83	62.28	10.89
2018	0.0187	0.0435	0.0075	26.84	62.39	10.77%

资料来源：笔者计算。原始数据中，区域板块数据由地级市数据计算得到，地级市数据来源于历年《广西统计年鉴》。

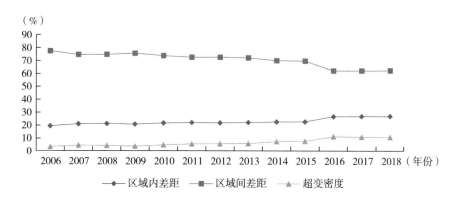

图 4-6 区域内差距、区域间差距、超变密度对农村人均可支配收入区域差距的贡献率

4.3.2.2　区域板块间的经济发展差距

桂西资源富集区与北部湾经济区之间，2006 年人均 GDP 的 Dagum 基尼系数为 0.2456，2015 年为 0.3249，2018 年为 0.2909，平均值为 0.2863；2006 年人均固定资产投资的差距值为 0.1979，2017 年为 0.3274，平均值为 0.3152；2008 年城镇化率的区域差距值为 0.16795，2018 年为 0.17941，平均值为 0.19690；2006 年城镇居民人均可支配收入区域差距值为 0.0533，2018 年为 0.0732，平均值为 0.0652；2006 年农村居民人均可支配收入区域差距值为 0.1607，2018 年为 0.1285，平均值为 0.1509，如表 4 - 14 所示。结合图 4 - 7 来看，人均 GDP 差距总体呈上升的趋势，历经"先升—后降—再升—再降"的变化，以 2006 年为基期，年均上升 1.66%；人均固定资产投资的差距总体呈上升的趋势，历经"先升后降"的变化；城镇化率的差距自 2010 年后呈下降的趋势，以 2010 年为基期，年均下降 3.24%；城镇人均可支配收入的差距总体上呈上升的趋势，以 2006 年为基期，年均上升 4.41%；农村居民人均可支配收入的差距总体呈下降的趋势，以 2006 年为基期，年均下降 1.60%。

表 4 - 14　"桂西资源富集区—北部湾经济区"的经济差距

年份	人均 GDP 区域差距	人均固定资产投资区域差距	城镇化率区域差距	城镇居民人均可支配收入区域差距	农村居民人均可支配收入区域差距
2006	0.2456	0.1979	—	0.0533	0.1607
2007	0.2297	0.1889	—	0.0363	0.1493
2008	0.2657	0.2852	0.16795	0.0587	0.1517
2009	0.2778	0.3093	0.16544	0.0609	0.1583
2010	0.2564	0.3232	0.23502	0.0609	0.1575
2011	0.2655	0.3387	0.22614	0.0648	0.1568
2012	0.2985	0.3967	0.22040	0.0716	0.1575
2013	0.3187	0.3734	0.21208	0.0732	0.1596
2014	0.3240	0.3592	0.20034	0.0738	0.1604
2015	0.3249	0.3404	0.19049	0.0762	0.1645
2016	0.3194	0.3424	0.18595	0.0736	0.1291
2017	0.3044	0.3274	0.18268	0.0715	0.1272
2018	0.2909	—	0.17941	0.0732	0.1285

　　资料来源：笔者计算。原始数据中，区域板块数据由地级市数据计算得到，地级市数据来源于历年《广西统计年鉴》。

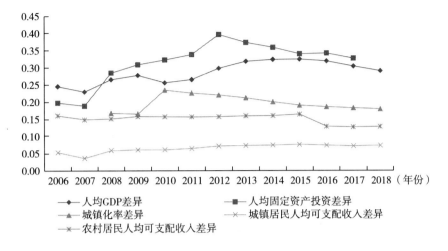

图中图例：
- 人均GDP差异
- 人均固定资产投资差异
- 城镇化率差异
- 城镇居民人均可支配收入差异
- 农村居民人均可支配收入差异

图4-7　"桂西资源富集区—北部湾经济区"的经济差距演变

西江经济带与北部湾经济区之间，2006年人均GDP的区域差距值为0.2098，2018年为0.2766，平均值为0.2397；2006年人均固定资产投资的差距值为0.2364，2011年为0.3030，2017年为0.2643，平均值为0.2738；2008年城镇化率的差距值为0.11934，2018年为0.09798，平均值为0.1095；2006年城镇居民人均可支配收入区域差距值为0.0399，2018年为0.0296，平均值为0.0291；2006年农村居民人均可支配收入区域差距值为0.0549，2012年为0.0412，2018年为0.0499，平均值为0.0471，如表4-15所示。结合图4-8可知，人均GDP差距总体呈上升的趋势，以2006年为基期，年均增长2.49%；人均固定资产投资的差距总体呈"先升后降"的态势，2006~2011年呈上升趋势，2012~2017年呈下降趋势；城镇化率的差距总体呈下降的趋势，以2008年为基期，2009~2018年，年均下降1.87%；城镇人均可支配收入的差距总体呈波动下降的趋势，以2006年为基期，年均下降1.95%，但2016~2018年出现上升的态势，以2016年为基期，年均上升3.75%；农村居民人均可支配收入的差距历经"先降后升"的变化，2006~2012年呈下降态势，以2006年为基期，年均下降4.63%，2013~2018年呈上升趋势，以2013年为基期，年均上升3.65%。

表4-15　"西江经济带—北部湾经济区"的经济差距

年份	人均GDP区域差距	人均固定资产投资区域差距	城镇化率区域差距	城镇居民人均可支配收入区域差距	农村居民人均可支配收入区域差距
2006	0.2098	0.2364	—	0.0399	0.0549
2007	0.1879	0.2436	—	0.0317	0.0532

续表

年份	人均 GDP 区域差距	人均固定资产投资区域差距	城镇化率区域差距	城镇居民人均可支配收入区域差距	农村居民人均可支配收入区域差距
2008	0.2127	0.2666	0.11934	0.0257	0.0499
2009	0.2254	0.2938	0.11133	0.0285	0.0495
2010	0.2192	0.2990	0.12188	0.0271	0.0447
2011	0.2233	0.3030	0.11705	0.0272	0.0435
2012	0.2343	0.2921	0.11201	0.0266	0.0412
2013	0.2517	0.2822	0.10919	0.0270	0.0418
2014	0.2631	0.2727	0.10699	0.0288	0.0425
2015	0.2644	0.2614	0.10503	0.0308	0.0441
2016	0.2672	0.2708	0.10285	0.0275	0.0483
2017	0.2805	0.2643	0.10037	0.0285	0.0488
2018	0.2766	—	0.09798	0.0296	0.0499

资料来源：笔者计算。原始数据中，区域板块数据由地级市数据计算得到，地级市数据来源于历年《广西统计年鉴》。

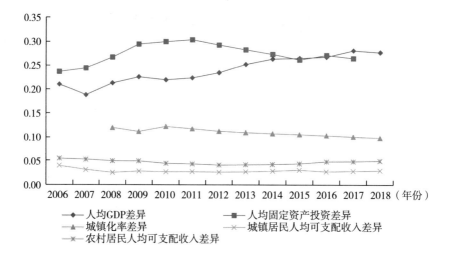

图 4 - 8 "西江经济带—北部湾经济区"的经济差距演变

西江经济带与桂西资源富集区之间，根据表 4 - 16 可知，2006 年人均 GDP 的区域差距值为 0.1696，2018 年为 0.2018，平均值为 0.1802；2006 年人均固定资产投资的差距值为 0.1750，2017 年为 0.2530，平均值为 0.2032；2008 年城镇化率的差距值为 0.08024，2010 年为 0.18677，2018 年为 0.14462，2008 ~ 2018

年的平均值为 0.1486；2006 年城镇居民人均可支配收入区域差距值为 0.0559，2018 年为 0.0496，平均值为 0.0505；2006 年农村居民人均可支配收入区域差距值为 0.1149，2015 年为 0.1409，2018 年为 0.1048。结合图 4 - 9 可知，人均GDP 差距总体呈上升的趋势，以 2006 年为基期，年均增长 1.71%；人均固定资产投资的差距总体呈上升的趋势，2006 ~ 2017 年，以 2006 年为基期，年均增长4.36%；城镇化率的差距呈先升后降态势，2008 ~ 2010 年为上升趋势，以 2008年为基期，2009 ~ 2010 年年均增长 61.39%，2011 ~ 2018 年为下降趋势，以 2011年为基期，2012 ~ 2018 年年均下降 2.96%；城镇人均可支配收入的差距总体呈下降的趋势，历经"下降—上升—下降"的变化，以 2006 年为基期，2007 ~2018 年年均下降 0.46%；农村居民人均可支配收入的差距呈先升后降的态势，2006 ~ 2015 年是上升趋势，以 2006 年为基期，年均上升 2.34%；2016 ~ 2018 年是下降趋势，以 2016 年为基期，年均下降 1.12%。

表 4 - 16　"西江经济带—桂西资源富集区"的经济差距

年份	人均 GDP 区域差距	人均固定资产 投资区域差距	城镇化率 区域差距	城镇居民人均可支配 收入区域差距	农村居民人均可支配 收入区域差距
2006	0.1696	0.1750	—	0.0559	0.1149
2007	0.1521	0.1605	—	0.0404	0.1085
2008	0.1506	0.1583	0.08024	0.0440	0.1135
2009	0.1679	0.1788	0.08726	0.0457	0.1194
2010	0.1600	0.1590	0.18677	0.0461	0.1257
2011	0.1617	0.1673	0.17859	0.0491	0.1281
2012	0.1934	0.2451	0.17606	0.0546	0.1316
2013	0.2001	0.2267	0.16898	0.0548	0.1337
2014	0.1978	0.2268	0.16147	0.0551	0.1374
2015	0.1975	0.2320	0.15272	0.0570	0.1409
2016	0.1965	0.2553	0.15030	0.0536	0.1072
2017	0.1933	0.2530	0.14762	0.0507	0.1045
2018	0.2018	—	0.14462	0.0496	0.1048

资料来源：笔者计算。原始数据中，区域板块数据由地级市数据计算得到，地级市数据来源于历年《广西统计年鉴》。

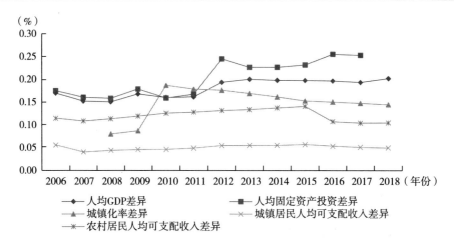

图4-9 "西江经济带—桂西资源富集区"的经济差距演变

4.3.2.3 区域板块内的经济发展差距

北部湾经济区的区域经济发展差距。根据表4-17、图4-10可知，人均GDP差距总体上呈扩大趋势，但历经"上升—下降"的变化，2006~2013年呈扩大趋势，2014~2018年呈缩小趋势；人均固定资产投资差距呈先扩大后缩小的趋势，2006~2017年，以2006年为基期，人均固定资产投资的差距指数年均缩小1.72%，从阶段上看，2006~2011年呈扩大态势，2012~2017年呈缩小趋势；城镇化率的差距总体呈缩小的趋势，历经先扩大后缩小的变化，2008~2010是扩大的态势，2011~2018是缩小的趋势，2008~2018年，以2008年为基期，年均缩小0.16%；城镇居民人均可支配收入的差距总体呈缩小的趋势；农村居民人均可支配收入的差距总体上扩大了，历经先缩小后扩大的变化。

表4-17 北部湾经济区的区域经济差距

年份	人均GDP区域差距	人均固定资产投资区域差距	城镇化率区域差距	城镇居民人均可支配收入区域差距	农村居民人均可支配收入区域差距
2006	0.1201	0.1655	—	0.0249	0.0264
2007	0.1219	0.1620	—	0.0076	0.0245
2008	0.1371	0.1655	0.07994	0.0072	0.0226
2009	0.1600	0.1973	0.07541	0.0145	0.0236
2010	0.1495	0.2137	0.09165	0.0149	0.0228
2011	0.1529	0.2150	0.08842	0.0146	0.0206
2012	0.1465	0.2041	0.08556	0.0134	0.0207

续表

年份	人均 GDP 区域差距	人均固定资产 投资区域差距	城镇化率 区域差距	城镇居民人均可支配 收入区域差距	农村居民人均可支配 收入区域差距
2013	0.1665	0.1810	0.08421	0.0129	0.0215
2014	0.1599	0.1571	0.08275	0.0135	0.0210
2015	0.1504	0.1395	0.08104	0.0137	0.0207
2016	0.1420	0.1350	0.07992	0.0093	0.0202
2017	0.1330	0.1309	0.07838	0.0108	0.0245
2018	0.1241	—	0.07681	0.0098	0.0286

资料来源：笔者计算。原始数据中，区域板块数据由地级市数据计算得到，地级市数据来源于历年《广西统计年鉴》。

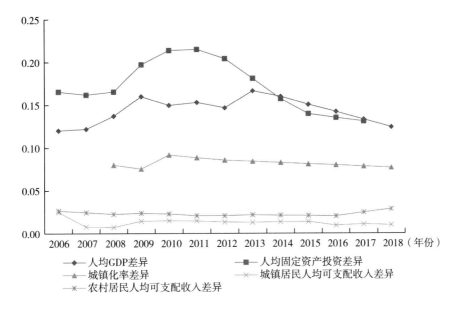

图 4 - 10　北部湾经济区的区域经济差距演变

桂西资源富集区的区域经济发展差距。根据表 4 - 18、图 4 - 11 可知，2006 ~ 2018 年人均 GDP 的差距逐渐扩大，以 2006 年为基期，年均扩大 10.44%；2006 ~ 2017 年人均固定资产投资差距呈波动上升的态势；2008 ~ 2018 年城镇化率的差距总体呈先扩大后缩小的态势；2006 ~ 2018 年城镇居民人均可支配收入的差距先缩小后又扩大；2006 ~ 2018 年农村居民人均可支配收入的差距总体呈缩小的趋势，历经先扩大后缩小的变化。

表4-18 桂西资源富集区的区域经济差距

年份	人均GDP区域差距	人均固定资产投资区域差距	城镇化率区域差距	城镇居民人均可支配收入区域差距	农村居民人均可支配收入区域差距
2006	0.0563	0.1636	—	0.0311	0.0620
2007	0.0536	0.0970	—	0.0283	0.0661
2008	0.0511	0.1123	0.00049	0.0198	0.0654
2009	0.0721	0.1543	0.00359	0.0191	0.0625
2010	0.0801	0.1150	0.02517	0.0156	0.0662
2011	0.1045	0.1081	0.02300	0.0122	0.0649
2012	0.1264	0.2316	0.02238	0.0187	0.0700
2013	0.1336	0.1742	0.01992	0.0193	0.0708
2014	0.1283	0.1825	0.01712	0.0189	0.0676
2015	0.1317	0.2022	0.01377	0.0211	0.0673
2016	0.1406	0.2355	0.01242	0.0281	0.0573
2017	0.1486	0.2412	0.01185	0.0277	0.0592
2018	0.1699	—	0.01265	0.0258	0.0583

资料来源：笔者计算。原始数据中，区域板块数据由地级市数据计算得到，地级市数据来源于历年《广西统计年鉴》。

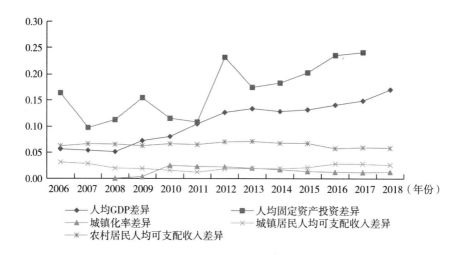

图4-11 桂西资源富集区的区域经济差距演变

西江经济带的区域经济发展差距。根据表4-19、图4-12可知，2006~2018年，人均GDP的差距总体呈缩小的趋势，历经"缩小—扩大—缩小"的变化，以2006年为基期，年均缩小0.06%；2006~2017年，人均固定资产投资的差距呈扩大的态势，以2006年为基期，年均扩大4.37%；2008~2018年，城镇化率的差距呈缩小的趋势，2008 年差距值为 0.07379，2018 年为 0.05927，以 2008 年为基期，年均缩小 2.08%；2006～2018 年，城镇人均可支配收入的差距总体呈缩小的趋势，以 2006 年为基期，年均缩小 3.51%，农村人均可支配收入的差距呈扩大趋势，以 2006 年为基期，年均扩大 3.52%。

表 4-19　西江经济带的区域经济差距

年份	人均 GDP 区域差距	人均固定资产投资区域差距	城镇化率区域差距	城镇居民人均可支配收入区域差距	农村居民人均可支配收入区域差距
2006	0.1959	0.1412	—	0.0473	0.0363
2007	0.1712	0.1743	—	0.0398	0.0389
2008	0.1737	0.1736	0.07379	0.0304	0.0406
2009	0.1876	0.1808	0.07788	0.0315	0.0409
2010	0.1811	0.1774	0.08267	0.0299	0.0431
2011	0.1726	0.1833	0.07890	0.0304	0.0455
2012	0.1909	0.1891	0.07581	0.0294	0.0439
2013	0.1970	0.1991	0.07393	0.0295	0.0453
2014	0.2018	0.2007	0.06922	0.0311	0.0489
2015	0.1983	0.2034	0.06709	0.0329	0.0510
2016	0.1931	0.2272	0.06371	0.0282	0.0566
2017	0.1931	0.2206	0.06068	0.0287	0.0548
2018	0.1907	—	0.05927	0.0291	0.0544

资料来源：笔者计算。原始数据中，区域板块数据由地级市数据计算得到，地级市数据来源于历年《广西统计年鉴》。

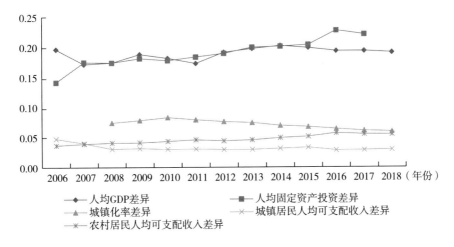

图 4-12　西江经济带的区域经济差距演变

4.4 城市间经济发展差距

城市间经济发展差距采用基尼系数、泰尔指数、变异系数以及赫芬达尔指数来衡量，并对四组指标数据进行相关性分析，相关性分析采用皮尔逊相关系数和斯皮尔曼秩相关系数，以此探讨四个指标的变动趋势是否一致。

4.4.1 宏观经济层面的城市经济差距

4.4.1.1 人均 GDP 差距

表 4 - 20 计算出了广西 14 个地级市之间的人均 GDP 差距：从基尼系数上看，2006 年基尼系数为 0.1889469，2018 年为 0.2254377，2016 ~ 2018 年均值为 0.208205，年均增长率为 1.63%；从泰尔指数来看，2006 年的泰尔指数为 0.05713506，2018 年为 0.08169676，2016 ~ 2018 年均值为 0.069701，年均增长为 3.32%；从变异系数来看，2006 年为 0.3463887，2018 年为 0.4164451，2016 ~ 2018 年均值为 0.382937，年均增长率为 1.56%；从赫芬达尔指数来看，2006 年的赫芬达尔指数为 0.07999894，2018 年为 0.08381618，2016 ~ 2018 年均值为 0.081979，年均增长率为 0.37%。基于增长率，可以知道，2006 ~ 2018 年广西 14 市之间的人均 GDP 差距在扩大，均衡水平在下降。根据表 4 - 21 可知，人均 GDP 四种差距指标两两之间的皮尔逊相关系数均在 0.99 以上，斯皮尔曼秩相关系数均在 0.95 以上，表明人均 GDP 四种差距指标的变动趋势呈现出高度一致性。从图 4 - 13 可以看出四种差距指标的变动趋势，基尼系数、泰尔指数、变异系数以及赫芬达尔指数的演变趋势吻合程度较高，且在线性上表现出上升的趋势。综合来看，2006 ~ 2018 年，广西人均地区生产总值的差距在扩大。

表 4 - 20 广西 14 市人均 GDP 差距

年份	基尼系数	泰尔指数	变异系数	赫芬达尔指数
2006	0.1889469	0.05713506	0.3463887	0.07999894
2007	0.1708955	0.04707248	0.3150390	0.07851783
2008	0.1852779	0.05686146	0.3488051	0.08011893
2009	0.2004181	0.06610116	0.3784466	0.08165870
2010	0.1918461	0.05965089	0.3593102	0.08065027
2011	0.1939249	0.06086553	0.3629698	0.08083908
2012	0.2118362	0.07011789	0.3831779	0.08191609

续表

年份	基尼系数	泰尔指数	变异系数	赫芬达尔指数
2013	0.2252136	0.07991813	0.4119035	0.08354746
2014	0.2296099	0.08266648	0.4175526	0.08388215
2015	0.2284675	0.08158250	0.4142624	0.08368667
2016	0.2267900	0.08052556	0.4105902	0.08347031
2017	0.2280049	0.08192296	0.4132961	0.08362955
2018	0.2254377	0.08169676	0.4164451	0.08381618

资料来源：笔者计算。原始数据来源于历年《广西统计年鉴》。

表 4 – 21　人均 GDP 四组差距指标数据的相关性分析

皮尔逊相关系数				
	Gini	Theil	var	hhi
Gini	1.0000000	0.9975077	0.9909880	0.9926235
Theil	0.9975077	1.0000000	0.9956561	0.9976765
var	0.9909880	0.9956561	1.0000000	0.9992545
hhi	0.9926235	0.9976765	0.9992545	1.0000000
斯皮尔曼秩相关系数				
	Gini	Theil	var	hhi
Gini	1.0000000	0.9725275	0.9505495	0.9505495
Theil	0.9725275	1.0000000	0.9725275	0.9725275
var	0.9505495	0.9725275	1.0000000	1.0000000
hhi	0.9505495	0.9725275	1.0000000	1.0000000

资料来源：笔者计算。

4.4.1.2　人均固定资产投资差距

2006 年基尼系数为 0.1879948，2012 年达到最高值为 0.2622935，2017 年又下降为 0.2449194，总的来看，基尼系数历经了先变大后变小的趋势，期间基尼系数的均值为 0.232866，年均增长 2.58%；2006 年泰尔指数为 0.05571219，2012 年达到最大值 0.11455127，2017 年为 0.09631731，期间均值为 0.088825，年均增长 5.77%；2006 年的变异系数为 0.3380321，2012 年达到最大值 0.4777940，2017 年降为 0.4314802，期间均值为 0.426467，年均增长 2.42%；2006 年赫芬达尔指数为 0.07959041，2012 年为 0.08773479，2017 年为 0.08472680，期间均值为 0.084544，年均增长 0.59%。如表 4 – 22 所示。根据

表4-23，皮尔逊相关系数均在0.92以上，表明四种差距指标具有很高的相关性，但基尼系数与变异系数、基尼系数与赫芬达尔指数的斯皮尔曼秩相关系数都为0.6083916，表明数值在趋势上的波动大小存在一定的不同，但从总体趋势来看，四种指标的趋势大致相同。从图4-14可以看出四种差距指标的演变趋势大致相同，但是波动幅度在某些年份存在不同，这源于四种差距指数值的大小不同。总体来看，2006~2017年广西14市的人均固定资产投资差距呈扩大的趋势，但2012~2017年有所缩小。

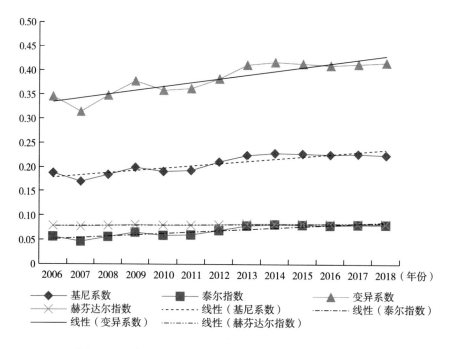

图4-13　人均GDP四种差距指标的吻合轨迹与演变趋势

表4-22　广西14市人均固定资产投资差距

年份	基尼系数	泰尔指数	变异系数	赫芬达尔指数
2006	0.1879948	0.05571219	0.3380321	0.07959041
2007	0.1901579	0.05892528	0.3509202	0.08022464
2008	0.2127053	0.07304692	0.3991856	0.08281065
2009	0.2357338	0.09117750	0.4524976	0.08605386
2010	0.2356847	0.09248282	0.4560589	0.08628498
2011	0.2418306	0.09759625	0.4653482	0.08689636

续表

年份	基尼系数	泰尔指数	变异系数	赫芬达尔指数
2012	0.2622935	0.11455127	0.4777940	0.08773479
2013	0.2507578	0.10069733	0.4512622	0.08597411
2014	0.2436369	0.09502026	0.4347264	0.08492765
2015	0.2376426	0.08978651	0.4193273	0.08398824
2016	0.2510344	0.10058500	0.4409771	0.08531863
2017	0.2449194	0.09631731	0.4314802	0.08472680

资料来源：笔者计算。原始数据来源于历年《广西统计年鉴》。

表4-23 人均固定资产投资四组差距指标数据的相关性分析

皮尔逊相关系数			
	Gini	Theil	var	hhi
Gini	1.0000000	0.9936360	0.9333554	0.9268911
Theil	0.9936360	1.0000000	0.9515023	0.9494834
var	0.9333554	0.9515023	1.0000000	0.9988731
hhi	0.9268911	0.9494834	0.9988731	1.0000000

斯皮尔曼秩相关系数			
	Gini	Theil	var	hhi
Gini	1.0000000	0.9440559	0.6083916	0.6083916
Theil	0.9440559	1.0000000	0.7762238	0.7762238
var	0.6083916	0.7762238	1.0000000	1.0000000
hhi	0.6083916	0.7762238	1.0000000	1.0000000

资料来源：笔者计算。

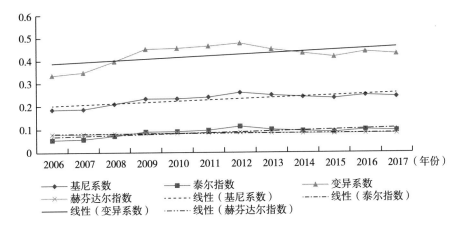

图4-14 人均固定资产投资四种差距指标的吻合轨迹与演变趋势

4.4.1.3 城镇化率的差距

根据表 4 - 24 可知，2008 ~ 2018 年，广西 14 市城镇化率差距的演变明显呈现出两个不同的阶段：一个阶段是 2008 ~ 2010 年，这个阶段城镇化率的差距急速扩大；另一个阶段是 2011 ~ 2018 年，城镇化率的差距呈现出逐渐缩小的趋势。从基尼系数上看，2008 年、2009 年、2010 年的基尼系数分别为 0.09830154、0.09750359、0.13078172，可以看出 2010 年的基尼系数比 2008 年和 2009 年高出很多，以 2008 年为基期，年均增长 16.66%；2011 ~ 2018 年，2011 年的基尼系数为 0.12542415，2018 年为 0.10144318，以 2011 年为基期，年均下降 2.98%。从泰尔指数上看，2008 年、2009 年、2010 年的泰尔指数分别为 0.01633094、0.01579964、0.02614761，在 2010 年达到最大值；2011 ~ 2018 年，泰尔指数呈下降的趋势，2018 年为 0.01582754，以 2011 年为基期，年均下降 5.79%。从变异系数来看，2008 年、2009 年、2010 年的变异系数分别为 0.1841849、0.1806444、0.2291170；2011 ~ 2018 年，以 2011 年为基期，年均下降 2.94%。赫芬达尔指数 2008 年、2009 年、2010 年分别为 0.07385172、0.07375946、0.07517819；以 2011 年为基期，2012 ~ 2018 年，年均下降 0.23%。根据表 4 - 25 可知，四种差距指标两两之间的皮尔逊相关系数都在 0.97 以上，斯皮尔曼秩相关系数也都高于 0.95，表明四种差距指标之间的变动趋势高度吻合。从图 4 - 15 可以看出城镇化率四种差距指标均呈下降趋势。综合来看，2008 ~ 2018 年广西城镇化率的差距呈现出收敛的趋势，但是 2008 年与 2018 年的差距大致相当，城镇率的差距历经先扩大后缩小的变化。

表 4 - 24　广西 14 市城镇化率差距

年份	基尼系数	泰尔指数	变异系数	赫芬达尔指数
2008	0.09830154	0.01633094	0.1841849	0.07385172
2009	0.09750359	0.01579964	0.1806444	0.07375946
2010	0.13078172	0.02614761	0.2291170	0.07517819
2011	0.12542415	0.02404654	0.2196657	0.07487521
2012	0.12166846	0.02266665	0.2129867	0.07466881
2013	0.11787910	0.02127931	0.2065300	0.07447533
2014	0.11301466	0.01961455	0.1984560	0.07424177
2015	0.10886046	0.01822362	0.1915145	0.07404841
2016	0.10616763	0.01734247	0.1867095	0.07391860
2017	0.10358070	0.01651195	0.1821190	0.07379767
2018	0.10144318	0.01582754	0.1782288	0.07369754

资料来源：城镇化率为常住人口城镇化率，笔者根据历年《广西统计年鉴》相关数据计算。

表 4 - 25　城镇化率四组差距指标数据的相关性分析

皮尔逊相关系数

	Gini	Theil	var	hhi
Gini	1.0000000	0.9886577	0.9814290	0.9796344
Theil	0.9886577	1.0000000	0.9985227	0.9986388
var	0.9814290	0.9985227	1.0000000	0.9994694
hhi	0.9796344	0.9986388	0.9994694	1.0000000

斯皮尔曼秩相关系数

	Gini	Theil	var	hhi
Gini	1.0000000	0.9909091	0.9545455	0.9545455
Theil	0.9909091	1.0000000	0.9818182	0.9818182
var	0.9545455	0.9818182	1.0000000	1.0000000
hhi	0.9545455	0.9818182	1.0000000	1.0000000

资料来源：笔者计算。

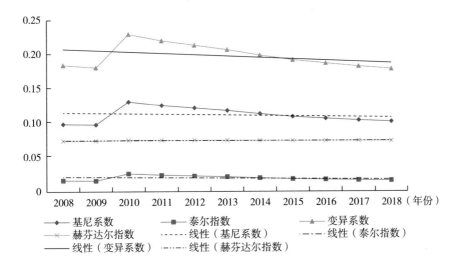

图 4 - 15　城镇化率四种差距指标的吻合轨迹与演变趋势

4.4.1.4　城镇居民人均可支配收入差距

根据表 4 - 26 可知，2006 年基尼系数为 0.04508488，2018 年为 0.03697609，均值为 0.036957，总体呈下降的趋势，历经了先下降后上升的变化，但变化幅度并不明显，围绕均值上下波动；变异系数与基尼系数的变化趋势较为相似，总体趋势是下降的，也历经了先下降后上升的变化，变化幅度较小；泰尔指数与赫芬达尔指数的变化趋势非常相似，2006～2018 年，泰尔指数和赫芬达尔指数的均值分别为 0.002252468、0.071746535，两类指数基本上围绕着均值波动，波动幅度较小。从表 4－27 所示的城镇居民人均可支配收入的四种差距指标两两之间的相关系数可知，皮尔逊相关系数都在 0.98 以上，斯皮尔曼秩相关系数都在 0.92 以上，说明各指标之间的变化具有较高的吻合性。从图 4－16 可以看出，四类指标的线性变化略有往右下偏的趋势，但幅度较小，基本与水平线平行。综合来看，2006～2018 年，广西 14 市城镇居民人均可支配收入的差距变化不大。

表 4－26　广西 14 个地级市之间的城镇居民人均可支配收入差距

年份	基尼系数	泰尔指数	变异系数	赫芬达尔指数
2006	0.04508488	0.003191197	0.07972850	0.07188262
2007	0.03395211	0.001871056	0.06098786	0.07169425
2008	0.03281327	0.001760427	0.05902175	0.07167740
2009	0.03511164	0.001960472	0.06233705	0.07170614
2010	0.03427983	0.001866706	0.06085446	0.07169309
2011	0.03536105	0.001998081	0.06293628	0.07171150
2012	0.03700049	0.002249028	0.06660864	0.07174548
2013	0.03735011	0.002305565	0.06742985	0.07175334
2014	0.03846651	0.002415027	0.06907025	0.07176934
2015	0.04026947	0.002624384	0.07200573	0.07179892
2016	0.03705134	0.002401425	0.06859620	0.07176467
2017	0.03672958	0.002321972	0.06751519	0.07175416
2018	0.03697609	0.002316750	0.06750341	0.07175405

资料来源：笔者计算。原始数据来源于历年《广西统计年鉴》。

表 4－27　城镇居民人均可支配收入四组差距指标数据的相关性分析

皮尔逊相关系数				
	Gini	Theil	var	hhi
Gini	1.0000000	0.9862753	0.9859142	0.9901339
Theil	0.9862753	1.0000000	0.9994647	0.9995273
var	0.9859142	0.9994647	1.0000000	0.9985934
hhi	0.9901339	0.9995273	0.9985934	1.0000000

续表

斯皮尔曼秩相关系数			
	Gini	Theil	var	hhi
Gini	1.0000000	0.9285714	0.9285714	0.9285714
Theil	0.9285714	1.0000000	1.0000000	1.0000000
var	0.9285714	1.0000000	1.0000000	1.0000000
hhi	0.9285714	1.0000000	1.0000000	1.0000000

资料来源：笔者计算。

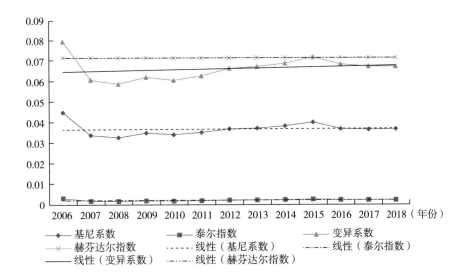

图 4－16　城镇居民人均可支配收入四种差距指标的吻合轨迹与演变趋势

4.4.1.5　农村居民人均可支配收入差距

根据表 4－28 可知，2006 年基尼系数为 0.07206257，2015 年基尼系数达到 0.07738976，2018 年为 0.06967327，据此，2006～2015 年基尼系数呈上升的趋势，2015 年以后呈下降的趋势。2006 年泰尔指数为 0.009089004，2015 年为 0.010691881，2018 年为 0.008096421，可以看出泰尔指数与基尼系数的变化轨迹较为相似。2006 年变异系数为 0.1322487，2015 年为 0.1424209，2018 年为 0.1252085，期间均值为 0.132324。2006 年赫芬达尔指数为 0.07267784，2015 年为 0.07287741，2018 年为 0.07254837，可以看出，2006～2018 年赫芬达尔指数变化不大。根据表 4－29 可知，农村居民人均可支配收入四种差距指标两两之间的相关系数都较高，其中皮尔逊相关系数都在 0.95 以上，斯皮尔曼秩相关系数高达 0.98，说明四种指标的变动趋势基本一致。根据图 4－17 可以大致判断

2006～2018 年农村居民人均可支配收入差距有下降的趋势，但下降幅度不大。

表 4－28　广西 14 个地级市之间的农村居民人均可支配收入差距

年份	基尼系数	泰尔指数	变异系数	赫芬达尔指数
2006	0.07206257	0.009089004	0.1322487	0.07267784
2007	0.06972204	0.008468381	0.1276192	0.07259190
2008	0.07009498	0.008674136	0.1288476	0.07261441
2009	0.07190463	0.009059795	0.1315800	0.07266524
2010	0.07217454	0.009418779	0.1337923	0.07270717
2011	0.07254113	0.009663553	0.1352036	0.07273429
2012	0.07230454	0.009786559	0.1360175	0.07275005
2013	0.07360677	0.010073578	0.1379722	0.07278831
2014	0.07532057	0.010235885	0.1393058	0.07281472
2015	0.07738976	0.010691881	0.1424209	0.07287741
2016	0.06949514	0.008193391	0.1257048	0.07255726
2017	0.06889138	0.008002915	0.1242965	0.07253212
2018	0.06967327	0.008096421	0.1252085	0.07254837

资料来源：笔者计算。原始数据来源于历年《广西统计年鉴》。

表 4－29　人均可支配收入四组差距指标数据的相关性分析

皮尔逊相关系数				
	Gini	Theil	var	hhi
Gini	1.0000000	0.9589841	0.9644909	0.9679678
Theil	0.9589841	1.0000000	0.9993210	0.9992028
var	0.9644909	0.9993210	1.0000000	0.9998096
hhi	0.9679678	0.9992028	0.9998096	1.0000000
斯皮尔曼秩相关系数				
	Gini	Theil	var	hhi
Gini	1.000000	0.989011	0.989011	0.989011
Theil	0.989011	1.000000	1.000000	1.000000
var	0.989011	1.000000	1.000000	1.000000
hhi	0.989011	1.000000	1.000000	1.000000

资料来源：笔者计算。

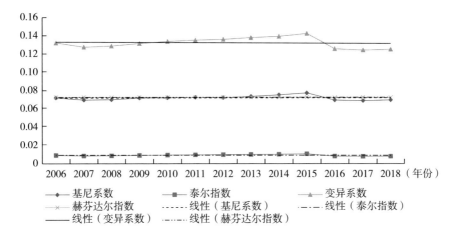

图 4 – 17　农村居民人均可支配收入四种差距指标的吻合轨迹与演变趋势

4.4.2　产业层面的城市经济差距

4.4.2.1　农业差距

农业差距以农林牧渔业产值人均保有量的差距、农林水利事务支出占 GDP 的比重的差距来衡量。

农林牧渔业产值人均保有量的差距。农林牧渔业产值人均保有量的计算方法为当年农林牧渔业总产值与当年常住人口之比。根据表 4 – 30 可知，2006 年的基尼系数、泰尔指数、变异系数、赫芬达尔指数分别为 0.1504036、0.03597180、0.2737248、0.07678037，2018 年分别为 0.1703058、0.04761128、0.3195774、0.07872355，期间均值分别为 0.152337、0.037381、0.280059、0.077053，从数值变化来看，在考察期内，四种系数均有上升趋势，期间围绕均值上下波动。表 4 – 31 反映了考察期内广西 14 市农林牧渔业产值人均保有量四种差距指标两两之间的相关性，皮尔逊相关系数都在 0.99 以上，斯皮尔曼秩相关系数均为 1，说明四种差距指标的变化趋势高度吻合，具有一致性。从图 4 – 18 可以看出四种差距指标总体上均呈上升的趋势。

表 4 – 30　广西 14 个地级市之间的农林牧渔业产值人均保有量差距

年份	基尼系数	泰尔指数	变异系数	赫芬达尔指数
2006	0.1504036	0.03597180	0.2737248	0.07678037
2007	0.1371659	0.03028236	0.2481755	0.07582794
2008	0.1425105	0.03204237	0.2590793	0.07622301

续表

年份	基尼系数	泰尔指数	变异系数	赫芬达尔指数
2009	0.1537506	0.03785955	0.2831805	0.07715651
2010	0.1554599	0.03852581	0.2836935	0.07717729
2011	0.1525239	0.03721064	0.2791005	0.07699265
2012	0.1480637	0.03495769	0.2705398	0.07665656
2013	0.1509170	0.03665356	0.2779600	0.07694727
2014	0.1484002	0.03515398	0.2720599	0.07671547
2015	0.1505019	0.03620906	0.2766083	0.07689373
2016	0.1599423	0.04093104	0.2947875	0.07763569
2017	0.1604308	0.04253851	0.3022813	0.07795529
2018	0.1703058	0.04761128	0.3195774	0.07872355

资料来源：笔者计算。原始数据来源于历年《广西统计年鉴》。

表 4-31 农林牧渔业产值人均保有量四组差距指标数据的相关性分析

皮尔逊相关系数			
	Gini	Theil	var	hhi
Gini	1.0000000	0.9936751	0.9944080	0.9919306
Theil	0.9936751	1.0000000	0.9972000	0.9986157
var	0.9944080	0.9972000	1.0000000	0.9990276
hhi	0.9919306	0.9986157	0.9990276	1.0000000

斯皮尔曼秩相关系数			
	Gini	Theil	var	hhi
Gini	1	1	1	1
Theil	1	1	1	1
var	1	1	1	1
hhi	1	1	1	1

资料来源：笔者计算。

表 4-32 给出了 2009~2018 年广西 14 市农林水利事务支出占 GDP 比重的差距，2009 年的基尼系数、泰尔指数、变异系数以及赫芬达尔指数分别为 0.1820441、0.05297814、0.3277986、0.07910371，2018 年分别为 0.3550792、0.20837665、0.6821215、0.10466355，四类指标都出现了较大的增长，且

2009～2018年，高数值与低数值不规律出现，总体而言呈波动增长的态势。根据表4－33可知，皮尔逊相关系数都超过0.98、斯皮尔曼秩相关系数均在0.93以上，表明四种指标的变动趋势具有较高的一致性。从图4－19可以看出，四种指标的变化轨迹具有较高的相似性，且都呈上升的趋势。综合来看，2009～2018年广西14市农林水利事务支出占GDP比重的差距在扩大。

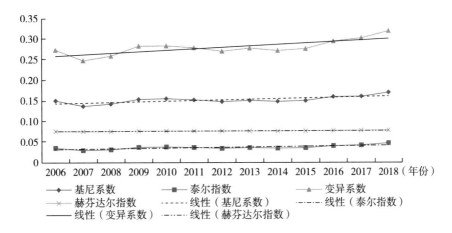

图4－18 农林牧渔业产值人均保有量四种差距指标的吻合轨迹与演变趋势

表4－32 广西14个地级市之间的农林水利事务支出占GDP的比重差距

年份	基尼系数	泰尔指数	变异系数	赫芬达尔指数
2009	0.1820441	0.05297814	0.3277986	0.07910371
2010	0.2046614	0.06822783	0.3668681	0.08104230
2011	0.1787091	0.05309651	0.3161961	0.07857000
2012	0.2632185	0.13272987	0.4793420	0.08784063
2013	0.2330039	0.09149663	0.4500140	0.08589376
2014	0.2605430	0.11193546	0.5030732	0.08950590
2015	0.2553899	0.11035912	0.5042444	0.08959017
2016	0.3138022	0.16781890	0.6312282	0.09988922
2017	0.3584521	0.21739774	0.7018011	0.10660892
2018	0.3550792	0.20837665	0.6821215	0.10466355

资料来源：笔者计算。原始数据来源于历年《广西统计年鉴》。

表4-33 农林水利事务支出占GDP的比重四组差距指标数据的相关性分析

皮尔逊相关系数			
	Gini	Theil	var	hhi
Gini	1.0000000	0.9947900	0.9944843	0.9923888
Theil	0.9947900	1.0000000	0.9821101	0.9866551
var	0.9944843	0.9821101	1.0000000	0.9938409
hhi	0.9923888	0.9866551	0.9938409	1.0000000
斯皮尔曼秩相关系数			
	Gini	Theil	var	hhi
Gini	1.0000000	0.9878788	0.9515152	0.9515152
Theil	0.9878788	1.0000000	0.9393939	0.9393939
var	0.9515152	0.9393939	1.0000000	1.0000000
hhi	0.9515152	0.9393939	1.0000000	1.0000000

资料来源：笔者计算。

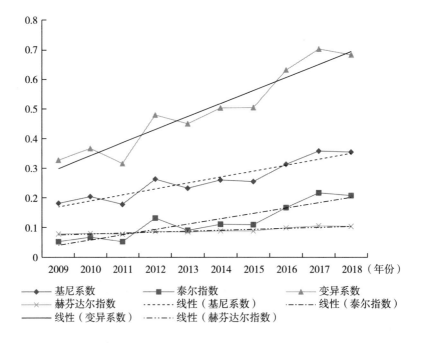

图4-19 农林水利事务支出占GDP比重四种差距指标的吻合轨迹与演变趋势

4.4.2.2 工业差距

工业差距以规模以上工业企业生产率差距、规模以上工业企业劳动生产率差距来衡量。

根据表 4 - 34 可知，广西 14 市规模以上工业企业生产率 2006 年的基尼系数、泰尔指数、变异系数以及赫芬达尔指数分别为 0.2034537、0.06990250、0.3966317、0.08266548，2017 年分别为 0.3116548、0.16135357、0.6041044、0.09749587，期间均值分别为 0.238736、0.094393、0.444471、0.085937，可以看出 2006～2017 年四类差距指标的值都上升了，在不同年份，各类指标均有所波动，但总体呈上升的趋势。根据表 4 - 35，规模以上工业企业生产率差距四种指标两两之间的皮尔逊相关系数都在 0.97 以上、斯皮尔曼秩相关系数都在 0.99 以上，表明四种指标的变动趋势具有高度一致性。图 4 - 20 也反映出四种指标在变动趋势上具有高度的相似性，从线性上看，四种差距指标均呈上升趋势，但在某些年份存在波动。综合来看，2006～2017 年，广西 14 市规模以上工业企业生产率的区域差距呈扩大的态势。

表 4 - 34 广西 14 个地级市之间的规模以上工业企业生产率差距

年份	基尼系数	泰尔指数	变异系数	赫芬达尔指数
2006	0.2034537	0.06990250	0.3966317	0.08266548
2007	0.1906818	0.05895429	0.3555674	0.08045915
2008	0.2027932	0.06667560	0.3784881	0.08166095
2009	0.2147944	0.07669199	0.4130068	0.08361247
2010	0.2457302	0.09692225	0.4425811	0.08541986
2011	0.1992625	0.06236952	0.3515638	0.08025693
2012	0.2386882	0.08886742	0.4205640	0.08406243
2013	0.2429625	0.09197178	0.4352803	0.08496207
2014	0.2555262	0.10360389	0.4709577	0.08727151
2015	0.2731971	0.12177317	0.5205941	0.09078701
2016	0.2860849	0.13362610	0.5443149	0.09259134
2017	0.3116548	0.16135357	0.6041044	0.09749587

资料来源：笔者计算。原始数据来源于历年《广西统计年鉴》。

表 4 - 35 规模以上工业企业生产率四组差距指标数据的相关性分析

皮尔逊相关系数			
	Gini	Theil	var	hhi
Gini	1.0000000	0.9912131	0.9809719	0.9726468
Theil	0.9912131	1.0000000	0.9938537	0.9936135

续表

	Gini	Theil	var	hhi
var	0.9809719	0.9938537	1.0000000	0.9967935
hhi	0.9726468	0.9936135	0.9967935	1.0000000
斯皮尔曼秩相关系数				
	Gini	Theil	var	hhi
Gini	1.000000	1.000000	0.993007	0.993007
Theil	1.000000	1.000000	0.993007	0.993007
var	0.993007	0.993007	1.000000	1.000000
hhi	0.993007	0.993007	1.000000	1.000000

资料来源：笔者计算。

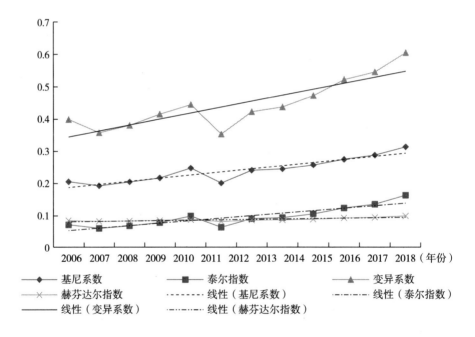

图 4-20 规模以上工业企业生产率四种差距指标的吻合轨迹与演变趋势

规模以上工业企业劳动生产率差距。从基尼系数、泰尔指数、变异系数和赫芬达尔指数的计算结果来看，广西各地级市的规模以上工业企业劳动生产率在每一年都表现出一定程度的差距性。2010 年四种指标数值分别为 0.2634370、0.13313082、0.5623921、0.09402035，2013 年分别为 0.2363392、0.09489021、0.4568143、0.08633424，2017 年分别为 0.3118186、0.17258268、0.6549264、

0.10206633，结合表 4-36 可以看出，四种指标历经了先下降后上升的变化。根据表 4-37 所计算的规模以上工业企业劳动生产率四种差距指标两两之间的相关系数可知，皮尔逊相关系数都在 0.96 以上，斯皮尔曼秩相关系数都在 0.88 以上，表现出变动趋势具有较高的一致性。从图 4-21 可以看出，四种指标的变动大致一致，在线性上都呈上升的趋势。综合来看，2010~2017 年广西 14 市规模以上工业企业劳动生产率差距呈扩大的态势，历经先降后升的变化。

表 4-36　广西 14 个地级市之间的规模以上工业企业生产率差距

年份	基尼系数	泰尔指数	变异系数	赫芬达尔指数
2010	0.2634370	0.13313082	0.5623921	0.09402035
2011	0.2500292	0.11503458	0.5317650	0.09162671
2012	0.2653370	0.12041305	0.5260517	0.09119503
2013	0.2363392	0.09489021	0.4568143	0.08633424
2014	0.2393530	0.09824728	0.4724650	0.08737308
2015	0.2441952	0.10405976	0.4898561	0.08856850
2016	0.2676684	0.12955756	0.5592083	0.09376528
2017	0.3118186	0.17258268	0.6549264	0.10206633

资料来源：笔者计算。原始数据来源于历年《广西统计年鉴》。

表 4-37　规模以上工业企业劳动生产率四组差距指标数据的相关性分析

皮尔逊相关系数				
	Gini	Theil	var	hhi
Gini	1.0000000	0.9842489	0.9653602	0.9733204
Theil	0.9842489	1.0000000	0.9925911	0.9958866
var	0.9653602	0.9925911	1.0000000	0.9981149
hhi	0.9733204	0.9958866	0.9981149	1.0000000
斯皮尔曼秩相关系数				
	Gini	Theil	var	hhi
Gini	1.0000000	0.9285714	0.8809524	0.8809524
Theil	0.9285714	1.0000000	0.9761905	0.9761905
var	0.8809524	0.9761905	1.0000000	1.0000000
hhi	0.8809524	0.9761905	1.0000000	1.0000000

资料来源：笔者计算。

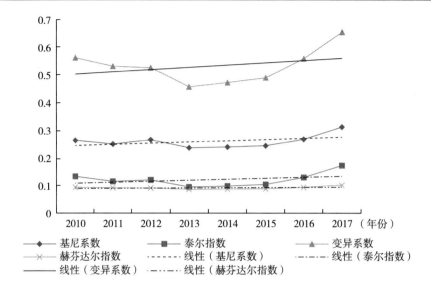

图4-21　规模以上工业企业劳动生产率差距四种指标的吻合轨迹与演变趋势

4.4.2.3　建筑业差距

（1）建筑企业劳动生产率差距。表4-38显示了2006年、2010年、2011年、2016年以及2017年5年的广西14市建筑企业劳动生产率的四种差距指标值，总体来看，四种指标值都呈下降的趋势，2006年的基尼系数、泰尔指数、变异系数和赫芬达尔指数分别为0.5343643、0.53480104、1.1836513、0.17150218，2011年分别为0.1498828、0.03484165、0.2659104、0.07647917，2017年分别为0.1656429、0.04608492、0.3145586、0.07849622，从数值上可以看出，总体趋势是下降的。根据表4-39可知，四种差距指标两两之间的皮尔逊相关系数都在0.87以上、斯皮尔曼秩相关系数都在0.8以上，表现出四种指标在变动上具有较高的吻合性。从图4-22可以看出，四种指标在线性上明显呈下降的趋势，表明建筑企业劳动生产率差距总体呈现出缩小的态势。

表4-38　广西14个地级市之间的建筑企业劳动生产率差距

年份	基尼系数	泰尔指数	变异系数	赫芬达尔指数
2006	0.5343643	0.53480104	1.1836513	0.17150218
2010	0.4868517	0.66630610	1.6499136	0.26587249
2011	0.1498828	0.03484165	0.2659104	0.07647917
2016	0.1694316	0.04759809	0.3051464	0.07807960
2017	0.1656429	0.04608492	0.3145586	0.07849622

资料来源：笔者计算。原始数据来源于历年《广西统计年鉴》。

表 4 – 39 建筑企业劳动生产率四组差距指标数据的相关性分析

皮尔逊相关系数			
	Gini	Theil	var	hhi
Gini	1. 0000000	0. 9714194	0. 9393808	0. 8793885
Theil	0. 9714194	1. 0000000	0. 9937349	0. 9671932
var	0. 9393808	0. 9937349	1. 0000000	0. 9892246
hhi	0. 8793885	0. 9671932	0. 9892246	1. 0000000
斯皮尔曼秩相关系数			
	Gini	Theil	var	hhi
Gini	1. 0	0. 9	0. 8	0. 8
Theil	0. 9	1. 0	0. 9	0. 9
var	0. 8	0. 9	1. 0	1. 0
hhi	0. 8	0. 9	1. 0	1. 0

资料来源：笔者计算。

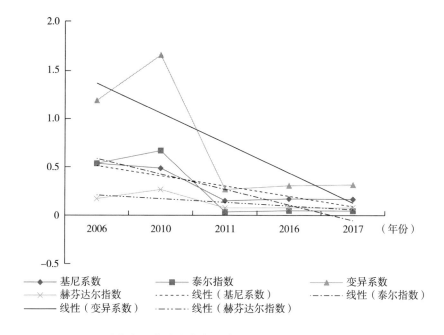

图 4 – 22 建筑企业劳动生产率四种差距指标的吻合轨迹与演变趋势

（2）建筑企业平均生产率差距。根据表 4 – 40 可知，2006 年基尼系数、泰尔指数、变异系数和赫芬达尔指数分别为 0. 4498140、0. 3592980、0. 9815474、

0.1402454，2011 年分别为 0.3433491、0.1986129、0.6825614、0.1047064，2015 年分别为 0.5258016、0.4879986、1.1464463、0.1653099，2017 年分别为 0.4163900、0.2860313、0.8086118、0.1181324，可以看出四种指标经历了先下降后上升再下降的趋势。根据表 4－41 可知，四种指标的两两之间的皮尔逊相关系数都在 0.94 以上、斯皮尔曼秩相关系数都在 0.95 以上，表明四种指标在变动趋势上具有较高的吻合性。从图 4－23 可以看出，四种指标在线性上均呈上升的趋势，表明 2010～2017 年广西 14 个地级市之间的建筑企业平均生产率差距呈现出扩大的趋势。

表 4－40　广西 14 个地级市之间的建筑企业平均生产率差距

年份	基尼系数	泰尔指数	变异系数	赫芬达尔指数
2010	0.4498140	0.3592980	0.9815474	0.1402454
2011	0.3433491	0.1986129	0.6825614	0.1047064
2012	0.3834875	0.2489614	0.7657521	0.1133126
2013	0.4246015	0.3153264	0.8984503	0.1290866
2014	0.4361827	0.3228232	0.8902674	0.1280411
2015	0.5258016	0.4879986	1.1464463	0.1653099
2016	0.4896998	0.4077412	0.9576236	0.1369316
2017	0.4163900	0.2860313	0.8086118	0.1181324

资料来源：笔者计算。原始数据来源于历年《广西统计年鉴》。

表 4－41　建筑企业平均生产率四组差距指标数据的相关性分析

皮尔逊相关系数			
	Gini	Theil	var	hhi
Gini	1.0000000	0.9930928	0.9605421	0.9496108
Theil	0.9930928	1.0000000	0.9781350	0.9749282
var	0.9605421	0.9781350	1.0000000	0.9961771
hhi	0.9496108	0.9749282	0.9961771	1.0000000

斯皮尔曼秩相关系数			
	Gini	Theil	var	hhi
Gini	1.000000	1.000000	0.952381	0.952381
Theil	1.000000	1.000000	0.952381	0.952381
var	0.952381	0.952381	1.000000	1.000000
hhi	0.952381	0.952381	1.000000	1.000000

资料来源：笔者计算。

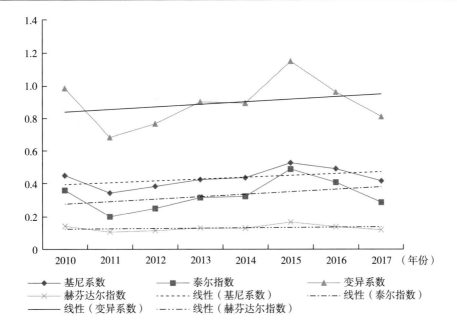

图4-23　建筑企业平均生产率四种差距指标的吻合轨迹与演变趋势

4.4.2.4　旅游业差距

旅游收入占 GDP 的比重差距。根据表4-42可知，2010年的基尼系数、泰尔指数、变异系数和赫芬达尔指数分别为0.2169365、0.07430518、0.3873396、0.08214514，2018年分别为0.1750837、0.05382889、0.3401661、0.07969378，期间均值分别为0.189385、0.057357、0.34489、0.079948，总体上看，2010~2018年四种指标均呈下降的趋势。根据表4-43可知，四种指标两两之间的皮尔逊相关系数都在0.88以上，但是变异系数与基尼系数的值仅为0.65，说明变异系数与基尼系数的变化存在一定的差异，这反映在变化的幅度上的不同。根据图4-24可知，旅游总收入占 GDP 比重的四种指标在线性上均呈下降的趋势，表明广西14个地级市之间的旅游总收入占 GDP 比重的差距呈现出缩小的态势。

表4-42　广西14个地级市之间的旅游总收入占 GDP 比重的差距

年份	基尼系数	泰尔指数	变异系数	赫芬达尔指数
2010	0.2169365	0.07430518	0.3873396	0.08214514
2011	0.1907392	0.05617370	0.3395546	0.07966410
2012	0.1819402	0.05245323	0.3242628	0.07893903
2013	0.1933455	0.05775240	0.3442016	0.07989105

续表

年份	基尼系数	泰尔指数	变异系数	赫芬达尔指数
2014	0. 1945116	0. 05880099	0. 3500297	0. 08018005
2015	0. 1904763	0. 05658943	0. 3444382	0. 07990269
2016	0. 1754539	0. 04871700	0. 3212531	0. 07880025
2017	0. 1859765	0. 05758924	0. 3527647	0. 08031735
2018	0. 1750837	0. 05382889	0. 3401661	0. 07969378

资料来源：笔者计算。原始数据来源于历年《广西统计年鉴》。

表 4 - 43   旅游总收入占 GDP 比重四组差距指标数据的相关性分析

皮尔逊相关系数			
	Gini	Theil	var	hhi
Gini	1. 0000000	0. 9510180	0. 8866533	0. 8907239
Theil	0. 9510180	1. 0000000	0. 9738917	0. 9781691
var	0. 8866533	0. 9738917	1. 0000000	0. 9993995
hhi	0. 8907239	0. 9781691	0. 9993995	1. 0000000
斯皮尔曼秩相关系数			
	Gini	Theil	var	hhi
Gini	1. 0000000	0. 8833333	0. 65	0. 65
Theil	0. 8833333	1. 0000000	0. 90	0. 90
var	0. 6500000	0. 9000000	1. 00	1. 00
hhi	0. 6500000	0. 9000000	1. 00	1. 00

资料来源：笔者计算。

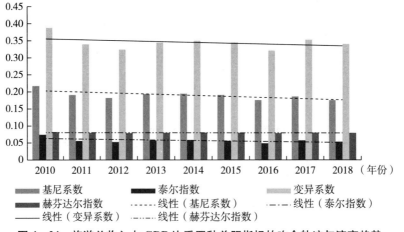

图 4 - 24   旅游总收入占 GDP 比重四种差距指标的吻合轨迹与演变趋势

从国内、国际旅游收入占 GDP 比重的差距来看，2010～2018 年，无论是国内旅游收入还是国际旅游收入，其所占地区生产总值的比重之间的差距在趋势上都呈现出缩小的趋势，但是在不同的年份会存在一定的波动。国内旅游收入占 GDP 的比重的差距呈波动下降的趋势（见图 4－25），而国际旅游收入占 GDP 的比重的差距是呈先下降后上升的态势（见图 4－26）。

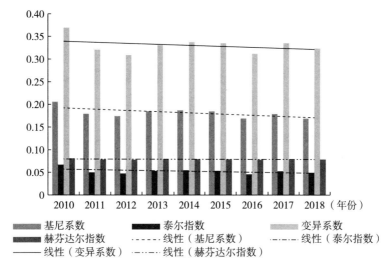

图 4－25 国内旅游收入占 GDP 比重四种差距指标的吻合轨迹与演变趋势

资料来源：笔者计算。原始数据来源于历年《广西统计年鉴》。

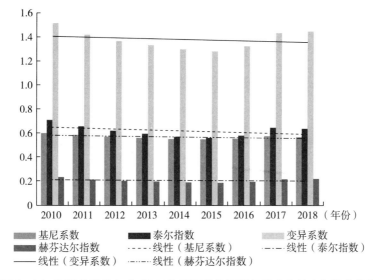

图 4－26 国际旅游收入占 GDP 比重四种差距指标的吻合轨迹与演变趋势

资料来源：笔者计算。原始数据来源于历年《广西统计年鉴》。

4.4.2.5 交通运输业差距

交通与运输的差距采用人均公路里程的差距、每万人等级公路里程的差距以及公路网密度的差距来进行分析。在人均公路里程的差距方面，2006 年人均公路里程的基尼系数、泰尔指数、变异系数、赫芬达尔指数分别为 0.171689、0.053147、0.307317、0.07817455，2012 年分别为 0.228136、0.0943、0.411056、0.083498，2018 年分别为 0.181254、0.052482、0.333677、0.079381，从数值上看，四种指标先上升后下降，表明人均公路里程的差距先扩大后缩小，2018 年的差距与 2006 的差距大体相当，根据图 4 - 27 可知，基尼系数、泰尔指数以及变异系数的变动趋势非常吻合，赫芬达尔指数相对较为平缓。在每万人等级公路里程的差距上，2006 年四种差距指标分别为 0.168642、0.048071、0.301069、0.077903，2018 年分别为 0.288852、0.183266、0.530013、0.091494，总体来看，差距出现扩大的趋势，图 4 - 28 反映的四种指标的变化状态都呈上升的趋势，说明在每万人拥有的等级公路里程上的差距在逐渐扩大。在公路网密度的差距上，根据图 4 - 29 可知，2006 年的基尼系数、泰尔指数、变异系数、赫芬达尔指数分别为 0.196526、0.065893、0.383903、0.081956，2012 年分别为 0.187831、0.072899、0.357201、0.080542，2018 年分别为 0.124281、0.024446、0.224874、0.075041，可知四种指标都在逐步下降，表明公路网密度的差距在逐步缩小。

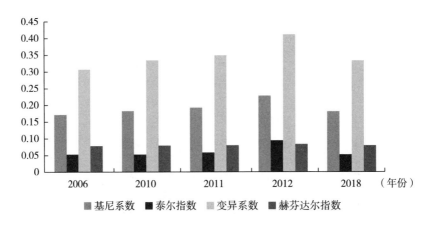

图 4 - 27　人均公路里程四种差距指标的吻合轨迹与演变趋势

资料来源：笔者计算。原始数据来源于历年《广西统计年鉴》。

4.4.2.6 邮电通信业的差距

电信通信业的差距采用邮电业务总量占 GDP 的比重的差距、每万人互联网

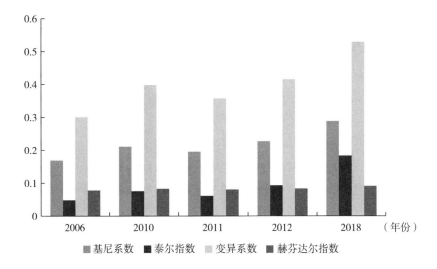

图 4 - 28　每万人等级公路里程四种差距指标的吻合轨迹与演变趋势

资料来源：笔者计算。原始数据来源于历年《广西统计年鉴》。

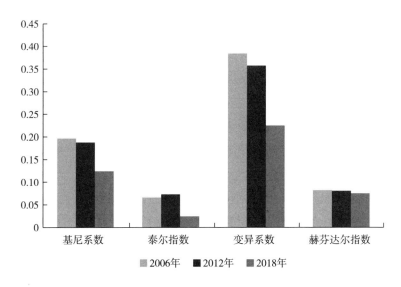

图 4 - 29　公路网密度四种差距指标的吻合轨迹与演变趋势

资料来源：笔者计算。原始数据来源于历年《广西统计年鉴》。

用户数的差距来进行衡量。2006 年邮电业务总量占 GDP 比重的基尼系数、泰尔指数、变异系数、赫芬达尔指数分别为 0.072449、0.008114、0.127744、0.072594，2018 年分别为 0.1735、0.067962、0.33215、0.079309，综合来看，邮电业务总量占 GDP 比重的四种差距指标都呈上升的趋势，表明邮电业务总量占 GDP 比重的差距呈现扩大的态势，详见图 4 - 30。根据图 4 - 31 可知，2010 ~ 2018 年，每万人互联网用户数的四种差距指标呈扩大的趋势。

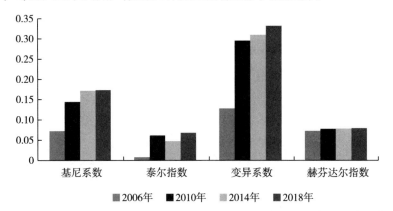

图 4 - 30　邮电业务总量占 GDP 的比重四种差距指标的吻合轨迹演变趋势

资料来源：笔者计算。原始数据来源于历年《广西统计年鉴》。

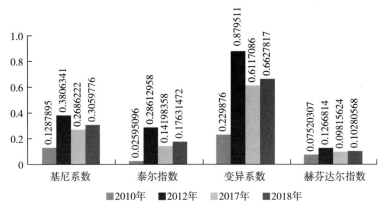

图 4 - 31　每万人互联网用户数四种差距指标的吻合轨迹与演变趋势

资料来源：笔者计算。原始数据来源于历年《广西统计年鉴》。

4.4.2.7　商品贸易业的差距

商品贸易业的差距主要体现在人均进出口额的差距和社会消费品人均消费额的差距。从对外贸易角度看，2006 ~ 2018 年人均进出口额的四种差距指标都呈现出上升的趋势，且四种指标在线性上也是上升的，表明人均进出口额的差距呈扩大的态势，如图 4 - 32 所示。从国内贸易来看，2008 ~ 2018 年社会消费品人均消费额的差距较为平稳，没有明显的上升和下降趋势，2008 年四种指标分别为 0.26293、0.113184、0.500827、0.089345，2018 年分别为 0.251074、0.105957、0.489325、0.088531，均值分别为 0.259765、0.112753、0.504693、0.089626，可以看出 2008 ~ 2018 年四种指数围绕均值略微波动，波动幅度较小，但从 2015

年开始，呈现出逐渐缩小的趋势，意味着 2015～2018 年社会消费品人均消费额的差距在缩小，如图 4-33 所示。

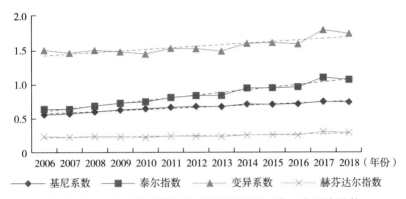

图 4-32　人均进出口额四种差距指标的吻合轨迹与演变趋势
资料来源：笔者计算。原始数据来源于历年《广西统计年鉴》。

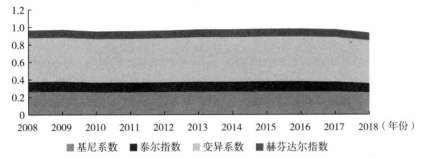

图 4-33　社会消费品人均消费额四种差距指标的吻合轨迹与演变趋势
资料来源：笔者计算。原始数据来源于历年《广西统计年鉴》。

4.5　县际经济发展差距[①]

4.5.1　宏观层面的县际经济差距

4.5.1.1　人均 GDP 差距

2018 年，按县域行政区划分，广西共有 111 个县，根据 111 个县的人均 GDP 计算出广西县域人均 GDP 的平均值为 44822 元，因此设定人均 GDP 的三个层次：

---

① 2017 年和 2018 年广西的行政县均为 111 个，如果统计表中合计的县数量不足 111 个，是因为剔除了无数据的县，统计数据也是由有数据的县计算得到的。

第一层次为平均水平以下，第二层次为平均值以上 10 万元以下，第三层次为 10 万元及以上。依据各县的人均 GDP 整理出各层次所包含的县，如表 4 - 44 所示。人均 GDP 在平均水平以下的有 77 个县，在平均值至 10 万元之间的有 25 个县，在 10 万元及以上的有 9 个县。总体来看，人均 GDP 在平均值以下的县居多，而平均值以上至 10 万元，以及 10 万元及以上的县较少，可以看出人均 GDP 存在较大的区域差距。

表 4 - 44   2018 年广西 111 个县人均 GDP 分层情况

层次	数量（个）	县
10 万元及以上	9	铁山港区、港口区、城中区、柳北区、柳南区、青秀区、海城区、鱼峰区、兴宁区
44822 ~ 100000 元（不含 10 万元）	25	长洲区、象山区、凭祥市、江南区、右江区、秀峰区、江州区、七星区、西乡塘区、银海区、东兴市、玉州区、万秀区、龙州县、扶绥县、钦南区、武鸣区、鹿寨县、龙圩区、叠彩区、田阳县、柳江区、大新县、良庆区、阳朔县
44822 元以下	77	永福县、荔浦县、南丹县、宁明县、钦北区、宜州区、柳城县、兴安县、港北区、金城江区、象州县、资源县、平果县、覃塘区、蒙山县、灵川县、防城区、龙胜各族自治县、临桂区、横县、邕宁区、田东县、兴宾区、平桂区、八步区、合山市、上思县、恭城瑶族自治县、富川瑶族自治县、平乐县、宾阳县、合浦县、融安县、德保县、金秀瑶族自治县、钟山县、武宣县、西林县、融水苗族自治县、兴业县、陆川县、容县、北流市、那坡县、藤县、全州县、灌阳县、隆安县、岑溪市、平南县、浦北县、大化瑶族自治县、桂平市、福绵区、灵山县、昭平县、忻城县、港南区、雁山区、罗城仫佬族自治县、环江毛南族自治县、隆林各族自治县、三江侗族自治县、天等县、博白县、乐业县、田林县、东兰县、都安瑶族自治县、凌云县、上林县、天峨县、靖西市、凤山县、马山县、苍梧县、巴马瑶族自治县
合计		111 个县

资料来源：笔者整理。原始数据来源于《广西统计年鉴 2019》。

表 4 - 45 列出了人均 GDP 位于前 10 位以及后 10 位的县的情况。人均 GDP 排名第 1 的铁山港区与排名在第 111 位的巴马瑶族自治县之间相差 226392 元，铁山港区高出平均水平 192037 元，巴马瑶族自治县低于平均水平 34355 元。排名后 10 位的县的人均 GDP 均低于 1.7 万元；排名前 10 位的县中有 9 个县高于 10 万元，有 2 个县在 20 万元以上。

表 4 – 45   2018 年人均 GDP 前 10 位与后 10 位的县

前 10 位		后 10 位	
县（区、市）	人均 GDP（元）	县（区、市）	人均 GDP（元）
铁山港区	236859	东兰县	16836
港口区	225727	都安瑶族自治县	16468
城中区	193423	凌云县	16421
柳北区	141839	上林县	16125
柳南区	138202	天峨县	15328
青秀区	123366	靖西市	14833
海城区	115581	凤山县	14131
鱼峰区	100882	马山县	13451
兴宁区	100875	苍梧县	12559
长洲区	81853	巴马瑶族自治县	10467

资料来源：笔者整理。原始数据来源于《广西统计年鉴 2019》。

4.5.1.2   居民人均可支配收入的差距

表 4 – 46 统计了广西 103 个县的居民人均可支配收入分层情况。103 个县的居民人均可支配收入的平均值为 22607 元，结合数据分布情况，将数据分为三层：第一层是平均值以下，第二层是平均值至 30000 元（不含 30000 元），第三层是 3 万元及以上。居民人均可支配收入在 3 万元及以上的有 19 个县，处在平均值至 3 万元（不含 3 万元）的有 19 个县，在平均值以下的有 65 个县。可以看出，居民人均可支配收入层次明显。

表 4 – 46   2018 年广西 103 个县居民人均收入分层情况

层次	数量（个）	县
30000 元及以上	19	青秀区、城中区、柳南区、鱼峰区、柳北区、港口区、七星区、象山区、秀峰区、兴宁区、海城区、玉州区、东兴市、叠彩区、浦北县、西乡塘区、长洲区、万秀区、江南区
22607 ~ 30000 元（不含 30000 元）	19	港北区、雁山区、北流市、右江区、防城区、良庆区、钦南区、合山市、临桂区、灵川县、凭祥市、阳朔县、鹿寨县、荔浦市、岑溪市、柳江区、武鸣县、江州区、福绵区

续表

层次	数量（个）	县
22607 元以下	65	平果县、兴宾区、覃塘区、八步区、宾阳县、柳城县、扶绥县、田东县、合浦县、容县、横县、陆川县、平南县、金城江区、永福县、邕宁区、港南区、桂平市、南丹县、武宣县、全州县、田阳县、象州县、宜州区、平桂区、博白县、龙圩区、昭平县、兴业县、融安县、藤县、恭城瑶族自治县、金秀瑶族自治县、钟山县、龙胜各族自治县、灌阳县、融水苗族自治县、富川瑶族自治县、大新县、忻城县、资源县、龙州县、德保县、蒙山县、三江侗族自治县、宁明县、隆安县、靖西市、田林县、天峨县、环江毛南族自治县、马山县、天等县、西林县、乐业县、隆林各族自治县、凌云县、都安瑶族自治县、苍梧县、巴马瑶族自治县、那坡县、大化瑶族自治县、罗城仫佬族自治县、凤山县、东兰县
合计		103 个县

资料来源：笔者整理。原始数据来源于《广西统计年鉴 2019》。

表 4 - 47 列出了居民人均收入位于前 10 位以及后 10 位的县的情况。在 103 个县中，位于第 1 位的是青秀区，居民人均可支配收入为 42863 元；其次是城中区，为 42201 元；位于末位的是东兰县，为 11639 元。东兰县与青秀区相差 31224 元，与城中区相差 30562 元，可见存在居民人均可支配收入悬殊的情况。

表 4 - 47 2018 年居民人均收入前 10 位与后 10 位的县

前 10 位		后 10 位	
县（区、市）	居民人均收入（元）	县（区、市）	居民人均收入（元）
青秀区	42863	隆林各族自治县	14398
城中区	42201	凌云县	13947
柳南区	40127	都安瑶族自治县	13930
鱼峰区	38249	苍梧县	13316
柳北区	37846	巴马瑶族自治县	12794
港口区	36629	那坡县	12629
七星区	36625	大化瑶族自治县	12396
象山区	35566	罗城仫佬族自治县	12067
秀峰区	35486	凤山县	11850
兴宁区	34859	东兰县	11639

资料来源：笔者整理。原始数据来源于《广西统计年鉴 2019》。

4.5.2 县际产业发展差距

4.5.2.1 农业差距

根据表4－48和表4－49可知，粮食产量人均保有量方面，111个县的平均值为548斤，在平均值以上的县有57个，低于平均值的有54个县，位于前5位的县分别是灌阳县、武鸣县、全州县、隆安县、象州县，位于后5位的是柳南区、秀峰区、海城区、七星区、城中区，从数值上看存在较大的差距，其中灌阳县比城中区高出1229斤；肉类产量人均保有量上，111个县的平均值为16斤，16斤以上的县有39个，16斤以下的县有72个，位于前5位的是西乡塘区、博白县、城中区、兴业县、海城区，位于后5位的是乐业县、西林县、港口区、秀峰区、合山市；蔬菜产量人均保有量上，平均值为4916斤，位于平均值以上的县有46个，在平均值以下的县有65个，位于前5位的是田阳县、平乐县、宜州区、资源县、象州县，位于后5位的是海城区、七星区、象山区、柳南区、城中区；园林水果产量人均保有量上，其平均值为8斤，在平均值以上的县有28个，在平均值以下的县有83个，位于前5位的是西乡塘区、灵山县、浦北县、恭城瑶族自治县、荔浦县，位于后5位的是港口区、象山区、七星区、叠彩区、秀峰区；水产品产量人均保有量上，平均值为5537斤，在平均值以上的县有9个，在平均值以下的县有102个，位于前5位的是港口区、秀峰区、铁山港区、钦南区、银海区，位于后5位的是凤山县、西乡塘区、鱼峰区、恭城瑶族自治县、城中区。

表4－48　2018年主要农产品产量人均保有量分层情况　单位：斤，个

农业指标	平均值	平均值以上县数量	平均值以下县数量	样本县数量
粮食产量人均保有量	548	57	54	111
肉类产量人均保有量	16	39	72	111
蔬菜产量人均保有量	4916	46	65	111
园林水果（不含瓜类水果）产量人均保有量	8	28	83	111
水产品产量人均保有量	5537	9	102	111

资料来源：笔者计算、整理。原始数据来源于《广西统计年鉴2019》。

表4-49 **2018年主要农产品产量人均保有量前5位和后5位的县** 单位：斤

农业指标	前5位	后5位
粮食产量人均保有量	灌阳县：1239 武鸣县：1171 全州县：1145 隆安县：1051 象州县：1048	柳南区：22 秀峰区：21 海城区：21 七星区：16 城中区：10
肉类产量人均保有量	西乡塘区：80 博白县：68 城中区：58 兴业县：53 海城区：48	乐业县：3 西林县：3 港口区：3 秀峰区：2 合山市：2
蔬菜产量人均保有量	田阳县：19443 平乐县：17036 宜州区：12565 资源县：12299 象州县：12191	海城区：218 七星区：212 象山区：190 柳南区：174 城中区：31
园林水果（不含瓜类水果）产量人均保有量	西乡塘区：137 灵山县：65 浦北县：64 恭城瑶族自治县：59 荔浦县：26	港口区：0.1978 象山区：0.1599 七星区：0.1177 叠彩区：0.0478 秀峰区：0.0020
水产品产量人均保有量	港口区：225879 秀峰区：110586 铁山港区：72697 钦南区：38747 银海区：37645	凤山县：36 西乡塘区：34 鱼峰区：22 恭城瑶族自治县：21 城中区：9

资料来源：笔者计算、整理。原始数据来源于《广西统计年鉴2019》。

4.5.2.2 工业差距

工业部门的差距主要考察规模以上工业企业劳动生产率和规模以上工业企业生产率，规模以上工业企业劳动生产率＝规模以上工业企业生产总值/规模以上工业企业年平均从业人员，规模以上工业企业生产率＝规模以上工业企业生产总值/规模以上工业企业数。利用2017年109个县的规模以上工业企业的这两类数据的分布情况，将两类数据分别分为三个层次：规模以上工业企业劳动生产率分为 200 万元以下、200 万元至平均值（不含平均值）、平均值及以上；规模以上工业企业生产率分为 30000 万元以下、30000 万元至平均值（不含平均值）、平均值及以上。分层结果如表 4－50 和表 4－51 所示。2017 年规模以上工业企业劳动生产率在平均值以上的有 9 个县，在 200 万 ~408 万元（不含 408 万元）的有 21 个县，在 200 万元以下的有 79 个县，可以看出大多数县的规模以上工业企业劳动生产率都在 200 万元以下，远低于平均值，由此可以看出，广西县域规模以上工业企业劳动生产率存在较大层次差距。2017 年规模以上工业企业平均生产率在 3 亿元以下的有 59 个县，在 3 亿元至平均值之间（不含平均值）的有 24 个县，处于平均值及以上的有 26 个县，总体来看，规模以上工业企业平均生产率存在较为明显的层次差距。

表 4－50　2017 年规模以上工业企业劳动生产率分层情况

层次	数量（个）	县
408 万元及以上	9	万秀区、灵川县、防城区、龙圩区、铁山港区、港口区、天峨县、靖西市、宁明县
200 万 ~408 万元（不含 408 万元）	21	田阳县、东兴市、凭祥市、柳北区、金秀瑶族自治县、海城区、上思县、武宣县、江南区、叠彩区、永福县、全州县、灌阳县、陆川县、田东县、兴业县、江州区、南丹县、平果县、钦南区、右江区
200 万元以下	79	龙州县、苍梧县、平桂区、扶绥县、德保县、城中区、富川瑶族自治县、资源县、蒙山县、柳南区、大化瑶族自治县、覃塘区、良庆区、田林县、隆林各族自治县、长洲区、象州县、凤山县、合浦县、钦北区、钟山县、大新县、岑溪市、西乡塘区、武鸣区、柳江区、巴马瑶族自治县、兴安县、七星区、忻城县、恭城瑶族自治县、浦北县、兴宾区、鱼峰区、融水苗族自治县、青秀区、玉州区、邕宁区、天等县、兴宁区、融安县、平乐县、昭平县、凌云县、灵山县、横县、临桂区、港北区、隆安县、柳城县、龙胜各族自治县、象山区、鹿寨县、那坡县、容县、博白县、雁山区、宾阳县、港南区、都安瑶族自治县、八步区、上林县、桂平市、荔浦县、合山市、西林县、罗城仫佬族自治县、北流市、平南县、宜州区、藤县、银海区、三江侗族自治县、马山县、阳朔县、东兰县、环江毛南族自治县、金城江区、乐业县
合计	109 个县	

资料来源：笔者计算、整理。原始数据来源于《广西统计年鉴 2018》。

表 4 – 51　2017 年规模以上工业企业平均生产率分层情况

层次	数量（个）	县
52240 万元及以上	26	铁山港区、兴宾区、江州区、长洲区、港口区、靖西市、海城区、城中区、容县、北流市、平果县、大新县、江南区、柳北区、象州县、钟山县、岑溪市、扶绥县、田林县、田东县、钦北区、象山区、东兴市、龙州县、田阳县、藤县
30000 万 ~ 52240 万元（不含 52240 万元）	24	隆林各族自治县、柳南区、上思县、七星区、玉州区、永福县、防城区、鱼峰区、天峨县、陆川县、叠彩区、西乡塘区、蒙山县、南丹县、万秀区、荔浦县、平桂区、钦南区、桂平市、灵山县、八步区、浦北县、凭祥市、恭城瑶族自治县
30000 万元以下	59	金城江区、柳江区、横县、良庆区、临桂区、博白县、鹿寨县、龙胜各族自治县、罗城仫佬族自治县、宾阳县、合浦县、武鸣县、龙圩区、凌云县、武宣县、阳朔县、港北区、柳城县、兴安县、宁明县、德保县、灌阳县、平南县、苍梧县、邕宁区、右江区、全州县、资源县、平乐县、融水苗族自治县、覃塘区、灵川县、宜州区、融安县、青秀区、兴业县、兴宁区、隆安县、雁山区、大化瑶族自治县、环江毛南族自治县、港南区、上林县、天等县、富川瑶族自治县、合山市、都安瑶族自治县、巴马瑶族自治县、东兰县、马山县、银海区、忻城县、那坡县、三江侗族自治县、凤山县、昭平县、金秀瑶族自治县、西林县、乐业县
合计		109 个县

资料来源：笔者计算、整理。原始数据来源于《广西统计年鉴 2018》。

4.5.2.3　交通运输业差距

交通的差距采用公路网密度差距衡量，公路网密度 = 公路里程/行政区域面积。表 4 – 52 统计了 107 个县公路网密度的层次情况，107 个县的均值为 0.56 千米/千米^2，因此分为 3 个层次：0.56 千米/千米^2 以下、0.56 ~ 1 千米/千米^2（不含 1 千米/千米^2）、1 千米/千米^2 及以上。这 3 个层次所包含的县分别为 70 个、32 个、5 个，可以看出大部分县的公路网密度在平均值以下。根据表 4 – 53 可知，公路网密度排名前 10 位的是玉州区、银海区、东兴市、陆川县、七星区、雁山区、城中区、铁山港区、覃塘区、港南区，位于后 10 位的分别是南丹县、灵川县、田林县、柳南区、龙圩区、西林县、环江毛南族自治县、永福县、八步区、罗城仫佬族自治县。排名前 10 位与排名后 10 位的县的公路网密度差距较大。

表 4-52   2018 年公路网密度分层情况

层次	数量（个）	县
1 千米/千米² 及以上	5	玉州区、银海区、东兴市、陆川县、七星区
0.56~1 千米/千米²（不含 1 千米/千米²）	32	雁山区、城中区、铁山港区、覃塘区、港南区、浦北县、港口区、兴宁区、合山市、邕宁区、合浦县、青秀区、兴业县、良庆区、博白县、北流市、横县、凭祥市、长洲区、兴宾区、桂平市、凌云县、岑溪市、灵山县、象山区、容县、平果县、武宣县、港北区、阳朔县、兰县、全州县
0.56 千米/千米² 以下	70	柳城县、那坡县、鹿寨县、德保县、西乡塘区、乐业县、柳北区、兴安县、江南区、平乐县、钦北区、田东县、隆林各族自治县、田阳县、平南县、宾阳县、大化瑶族自治县、凤山县、富川瑶族自治县、藤县、海城区、钟山县、三江侗族自治县、巴马瑶族自治县、靖西市、江州区、马山县、资源县、恭城瑶族自治县、灌阳县、柳江区、天等县、防城区、右江区、万秀区、钦南区、忻城县、苍梧县、荔浦县、扶绥县、都安瑶族自治县、天峨县、蒙山县、融安县、临桂区、龙胜各族自治县、象州县、金城江区、龙州县、融水苗族自治县、武鸣县、宜州市、宁明县、上林县、金秀瑶族自治县、昭平县、隆安县、上思县、大新县、鱼峰区、南丹县、灵川县、田林县、柳南区、龙圩区、西林县、环江毛南族自治县、永福县、八步区、罗城仫佬族自治县
样本县总数		107 个县

资料来源：笔者计算、整理。原始数据来源于《广西统计年鉴 2019》。

表 4-53   2018 年公路网密度前 10 位与后 10 位的县

前 10 位		后 10 位	
县（区、市）	公路网密度（千米/千米²）	县（区、市）	公路网密度（千米/千米²）
玉州区	2.66	南丹县	0.32
银海区	1.29	灵川县	0.32
东兴市	1.20	田林县	0.31
陆川县	1.08	柳南区	0.30
七星区	1.03	龙圩区	0.30
雁山区	0.99	西林县	0.28
城中区	0.92	环江毛南族自治县	0.26
铁山港区	0.90	永福县	0.25
覃塘区	0.85	八步区	0.20
港南区	0.82	罗城仫佬族自治县	0.02

资料来源：笔者计算、整理。原始数据来源于《广西统计年鉴 2019》。

4.5.2.4 电信通信业的差距

电信通信业差距采用每百人互联网用户数、每百人移动电话用户数的差距进行衡量。在83个考察县中，每百人互联网用户数大于22户的县有26个，在平均值以下的有57个；每百人移动电话用户数大于91户的县有43个，低于91户的县有40个。如表4-54所示。

表4-54　2018年每百人互联网、移动电话用户数分层情况

指标	均值（户）	平均值及以上县数（个）	平均值以下县数（个）	样本县数量（个）
每百人互联网用户数	22	26	57	83
每百人移动电话用户数	91	43	40	83

资料来源：笔者计算、整理。原始数据来源于《广西统计年鉴2019》，剔除了无数据的县。

4.5.3　县际基本公共服务差距

4.5.3.1　教育发展差距

教育事业主要采用小学师生比和中学师生比进行分析，2018年小学师生比的均值为0.066，因此设定3类层次：0.066以下、0.066~1（不含1）、1及以上。小学师生比大于1的有4个县，在均值至1之间（不含1）的有47个县，在均值以下的有60个县。2018年中学师生比均值为0.057，根据数据分布，设定3类层次即0.057以下、0.057~0.070（不含0.070）、0.070及以上，0.070及以上的县有6个，处于0.057~0.070（不含0.070）的有44个县，在0.057以下的有61个县，如表4-55所示。从小学师生比和中学师生比的分层情况可以看出，教育事业的发展存在明显的不平衡。根据表4-56可知，2018年广西111个行政县中，小学师生比位于前10位的依次是金城江区、海城区、柳城县、鱼峰区、叠彩区、柳江区、七星区、雁山区、合山市、灵川县，位于后10位的是灵山县、长洲区、凌云县、天等县、隆林各族自治县、南丹县、兴业县、融水苗族自治县、鹿寨县、巴马瑶族自治县。根据表4-57可知，中学师生比位于前10位的是金秀瑶族自治县、龙胜各族自治县、浦北县、青秀区、雁山区、平南县、龙州县、乐业县、南丹县、融安县，位于后10位的是港口区、柳南区、北流市、永福县、武宣县、隆安县、田阳县、玉州区、象山区、容县。

表4-55　2018年中小学师生比分层情况

小学		中学	
层次	县数量（个）	层次	县数量（个）
1及以上	4	0.070及以上	6

续表

小学		中学	
层次	县数量（个）	层次	县数量（个）
0.066~1（不含1）	47	0.057~0.070（不含0.070）	44
0.066以下	60	0.057以下	61
合计	111	合计	111

资料来源：笔者计算、整理。原始数据来源于《广西统计年鉴2019》。

表 4-56   2018 年小学师生比前 10 位与后 10 位的县

前 10 位		后 10 位	
县（区、市）	小学师生比	县（区、市）	小学师生比
金城江区	0.165	灵山县	0.051
海城区	0.111	长洲区	0.050
柳城县	0.107	凌云县	0.049
鱼峰区	0.102	天等县	0.049
叠彩区	0.094	隆林各族自治县	0.047
柳江区	0.084	南丹县	0.046
七星区	0.084	兴业县	0.045
雁山区	0.082	融水苗族自治县	0.043
合山市	0.079	鹿寨县	0.043
灵川县	0.078	巴马瑶族自治县	0.034

资料来源：笔者计算、整理。原始数据来源于《广西统计年鉴2019》。

表 4-57   2018 年中学师生比前 10 位与后 10 位的县

前 10 位		后 10 位	
县（区、市）	中学师生比	县（区、市）	中学师生比
金秀瑶族自治县	0.078	港口区	0.048
龙胜各族自治县	0.078	柳南区	0.047
浦北县	0.074	北流市	0.047
青秀区	0.074	永福县	0.047
雁山区	0.072	武宣县	0.045
平南县	0.072	隆安县	0.045
龙州县	0.069	田阳县	0.043
乐业县	0.069	玉州区	0.041

续表

前10位		后10位	
县（区、市）	中学师生比	县（区、市）	中学师生比
南丹县	0.068	象山区	0.041
融安县	0.068	容县	0.041

资料来源：笔者计算、整理。原始数据来源于《广西统计年鉴2019》。

4.5.3.2 公共文化发展差距

根据表4－58所示，剔除无数据的9个县后，得到102个县的人均图书馆藏书量情况，计算出102个县的均值，按照均值以下、均值至1册之间（不含1册）、1册及以上进行分层。1册及以上的县有4个，0.448～1册（不含1册）的有29个县，其余69个县均低于0.448册。可以看出大部分都处于均值以下，有少部分县的文化事业发展得相对较好。但从文化事业发展较好的县与发展滞后的县之间的差距来看，较为悬殊，根据表4－59，位于前10位的县的人均公共图书馆图书藏量依次为4.424册、3.955册、1.457册、1.099册、0.911册、0.839册、0.800册、0.774册、0.757册、0.743册，而位于后10位的县的人均公共图书馆图书藏量依次为0.098册、0.082册、0.082册、0.081册、0.063册、0.061册、0.060册、0.047册、0.040册、0.025册。

表4－58　2018年人均公共图书馆图书藏量分层情况

层次	县数量（个）
1册及以上	4
0.448～1册（不含1册）	29
0.448册以下	69
合计	102

资料来源：笔者计算、整理。原始数据来源于《广西统计年鉴2019》。

表4－59　2018年人均公共图书馆图书藏量前10位与后10位的县

前10位		后10位	
县（区、市）	人均公共图书馆图书藏量（册）	县（区、市）	人均公共图书馆图书藏量（册）
钦北区	4.424	玉州区	0.098
柳北区	3.955	柳南区	0.082
右江区	1.457	西乡塘区	0.082
西林县	1.099	鱼峰区	0.081

续表

前 10 位		后 10 位	
县（区、市）	人均公共图书馆图书藏量（册）	县（区、市）	人均公共图书馆图书藏量（册）
龙州县	0.911	平桂区	0.063
海城区	0.839	江南区	0.061
那坡县	0.800	七星区	0.060
凌云县	0.774	港北区	0.047
城中区	0.757	钦南区	0.040
龙胜各族自治县	0.743	港南区	0.025

资料来源：笔者计算、整理。原始数据来源于《广西统计年鉴 2019》。本表剔除秀峰区、叠彩区、象山区、万秀区、长洲区、龙圩区、银海区、铁山港区、覃塘区。

4.5.3.3　财政服务差距

2018 年，广西 111 个行政县的一般公共财政预算支出人均占有量的均值为 7372 元，按照数据的分布情况，7372 元以下的有 58 个县，位于 7372 ~ 10000 元（不含 10000 元）的有 34 个县，10000 元及以上的有 19 个县，表明在均值以上的县与均值以下的县大致相当，如图 4 - 60 所示。但从具体的差额来看，根据表 4 - 61，位于前 10 位的县的一般公共财政预算支出人均占有量与位于后 10 位的县存在较大的差距。右江区比融水苗族自治县高出 14585 元，比钦南区高出 11909 元。

表 4 - 60　2018 年一般公共财政预算支出人均占有量分层情况

层次	县数量（个）
10000 元及以上	19
7372 ~ 10000 元（不含 10000 元）	34
7372 元以下	58
合计	111

资料来源：笔者计算、整理。原始数据来源于《广西统计年鉴 2019》。

表 4 - 61　2018 年一般公共财政预算支出人均占有量前 10 位与后 10 位的县

前 10 位		后 10 位	
县（区、市）	一般公共财政预算支出人均占有量（元）	县（区、市）	一般公共财政预算支出人均占有量（元）
右江区	15491	钦南区	3582
凭祥市	15381	港北区	3564

续表

前10位		后10位	
县（区、市）	一般公共财政预算支出 人均占有量（元）	县（区、市）	一般公共财政预算支出 人均占有量（元）
那坡县	15056	海城区	3404
西林县	14423	叠彩区	3284
金秀瑶族自治县	13713	柳南区	2848
凌云县	13359	柳北区	2750
东兴市	12861	万秀区	2365
龙胜各族自治县	12532	忻城县	1999
天峨县	12393	鱼峰区	1850
凤山县	12379	融水苗族自治县	906

资料来源：笔者计算、整理。原始数据来源于《广西统计年鉴2019》。

4.5.3.4 医疗卫生服务差距

2018年，广西111个行政县每千人拥有医疗卫生机构床位数的均值为4.86张，即对于每个县，每千人拥有4.86张医疗卫生机构床位数；每千人拥有医疗卫生机构技术人员的均值为6.28人。将每千人拥有医疗卫生机构床位数分为4.86张以下、4.86~10张（不含10张）、10张及以上三个层次，10张及以上的县有9个，4.86~10张（不含10张）的有21个，4.86张以下的县有81个，可以看出大部分的县医疗卫生机构床位数偏低。将每千人拥有医疗卫生机构技术人员分为6.28人以下、6.28~10人（不含10人）、10人及以上三个层次，10人及以上的有13个县，6.28~10人（不含10人）的有14个县，6.28人以下的有84个县，可以看出大部分县的卫生机构技术人员较少，如表4-62所示。根据表4-63和表4-64可知，每千人拥有医疗卫生机构床位数前10位的是城中区、青秀区、秀峰区、万秀区、象山区、右江区、金城江区、鱼峰区、兴宁区、海城区，位于后10位的是平桂区、港口区、港南区、钦南区、龙圩区、八步区、银海区、福绵区、铁山港区、雁山区，城中区比平桂区高出18.52张、比雁山区高出20.42张；每千人拥有医疗卫生机构技术人员数位于前10位的依次是城中区、青秀区、万秀区、秀峰区、右江区、象山区、海城区、兴宁区、柳南区、金城江区，位于后10位的是柳江区、兴业县、港北区、兴宾区、福绵区、钦南区、港南区、博白县、苍梧县、雁山区，城中区比柳江区高出31.19人、比雁山区高出33.86人。每千人拥有医疗卫生机构床位数以及每千人拥有医疗卫生机构技术人员各自位于前10位的县与位于后10位的县之间具有较大的差距。

表 4-62　2018 年医疗卫生事业分层情况

每千人拥有医疗卫生机构床位数		每千人拥有医疗卫生机构技术人员	
层次	县数量（个）	层次	县数量（个）
10 张及以上	9	10 人及以上	13
4.86～10 张（不含 10 张）	21	6.28～10 人（不含 10 人）	14
4.86 张以下	81	6.28 人以下	84
合计	111	合计	111

资料来源：笔者计算、整理。原始数据来源于《广西统计年鉴 2019》。

表 4-63　2018 年每千人拥有医疗卫生机构床位数前 10 位与后 10 位的县

前 10 位		后 10 位	
县（区、市）	每千人拥有医疗卫生机构床位数（张）	县（区、市）	每千人拥有医疗卫生机构床位数（张）
城中区	20.91	平桂区	2.39
青秀区	15.85	港口区	2.38
秀峰区	13.95	港南区	2.23
万秀区	13.30	钦南区	1.99
象山区	12.65	龙圩区	1.84
右江区	11.93	八步区	1.74
金城江区	11.60	银海区	1.71
鱼峰区	10.97	福绵区	1.63
兴宁区	10.76	铁山港区	1.54
海城区	8.22	雁山区	0.49

资料来源：笔者计算、整理。原始数据来源于《广西统计年鉴 2019》。

表 4-64　2018 年每千人拥有医疗卫生机构技术人员前 10 位与后 10 位的县

前 10 位		后 10 位	
县（区、市）	每千人拥有医疗卫生机构技术人员（人）	县（区、市）	每千人拥有医疗卫生机构技术人员（人）
城中区	34.12	柳江区	2.93
青秀区	31.05	兴业县	2.93
万秀区	24.40	港北区	2.79
秀峰区	19.47	兴宾区	2.77

从不平衡走向协调：广西区域经济发展研究

前 10 位		后 10 位	
县（区、市）	每千人拥有医疗卫生机构技术人员（人）	县（区、市）	每千人拥有医疗卫生机构技术人员（人）
右江区	15.17	福绵区	2.33
象山区	15.10	钦南区	2.24
海城区	14.07	港南区	2.23
兴宁区	14.07	博白县	1.95
柳南区	13.68	苍梧县	1.07
金城江区	13.29	雁山区	0.26

资料来源：笔者计算、整理。原始数据来源于《广西统计年鉴 2019》。

4.5.4 民族自治（待遇）县之间的经济差距

4.5.4.1 人均 GDP 差距

2018 年 15 个民族自治（待遇）县人均 GDP 的平均值为 24072 元，人均 GDP 最高的是资源县为 39297 元，最低的是巴马瑶族自治县为 10467 元，将人均 GDP 划分为三个层次：24072 元以下、24072～30000 元（不含 30000 元）、30000 元及以上。按照三个层次对民族自治（待遇）县的人均 GDP 进行差距分析。根据表 4－65 可知，人均 GDP 在 24072 元以下的有 8 个县，在 24072～30000 元（不含 30000 元）的有 4 个县，只有 3 个县高于 30000 元，人均 GDP 在民族自治（待遇）县之间极不平衡。

表 4－65 2018 年 15 个民族自治（待遇）县人均 GDP 分层情况

层次	数量（个）	县
30000 元及以上	3	资源县、龙胜各族自治县、恭城瑶族自治县
24072～30000 元（不含 30000 元）	4	富川瑶族自治县、金秀瑶族自治县、西林县、融水苗族自治县
24072 元以下	8	大化瑶族自治县、罗城仫佬族自治县、环江毛南族自治县、隆林各族自治县、三江侗族自治县、都安瑶族自治县、凌云县、巴马瑶族自治县

资料来源：笔者计算、整理。原始数据来源于《广西统计年鉴 2019》。

4.5.4.2 居民人均可支配收入差距

2018 年，15 个民族自治（待遇）县居民人均可支配收入为 15694 元，居民人均可支配收入最高的是恭城瑶族自治县，为 18810 元；最低的是罗城仫佬族自治县，为 12067 元，根据各县情况，将居民人均可支配收入分为三个层次：15694 元以下、15694~18000 元（不含 18000 元）、18000 元及以上。根据表 7-22 可知，有 8 个县处在均值以下，3 个县在 15694~18000 元（不含 18000 元），4 个县在 18000 元及以上，居民人均可支配收入表现出明显的层次差距，如表 4-66 所示。

表 4-66　2018 年 15 个民族自治（待遇）县居民人均可支配收入分层情况

层次	数量（个）	县
18000 元及以上	4	恭城瑶族自治县、金秀瑶族自治县、龙胜各族自治县、融水苗族自治县
15694~18000 元（不含 18000 元）	3	富川瑶族自治县、资源县、三江侗族自治县
15694 元以下	8	环江毛南族自治县、西林县、隆林各族自治县、凌云县、都安瑶族自治县、巴马瑶族自治县、大化瑶族自治县、罗城仫佬族自治县

资料来源：笔者计算、整理。原始数据来源于《广西统计年鉴 2019》。

4.5.4.3　交通基础设施的差距

民族自治（待遇）县的基础设施差距采用人均公路里程差距来分析，2018 年 15 个民族自治（待遇）县人均公路里程的平均值为 44.33 千米/万人，最高的是金秀瑶族自治县，为 71.55 千米/万人；最低的是罗城仫佬族自治县，仅为 2.05 千米/万人。将人均公路里程分为三个层次，即低于 44.33 千米/万人、44.33~60 千米/万人（不含 60 千米/万人）、60 千米/万人及以上，对交通基础设施差距进行分析。根据表 4-67 可知，有 9 个县处于均值以下，3 个县处于 44.33~60 千米/万人（不含 60 千米/万人），60 千米/万人及以上的有 3 个县，交通基础设施发展不平衡问题较为突出。

表 4-67　2018 年 15 个民族自治（待遇）县公路里程分层情况

层次	数量（个）	县
60 千米/万人及以上	3	金秀瑶族自治县、凌云县、龙胜各族自治县
44.33~60 千米/万人（不含 60 千米/万人）	3	资源县、西林县、隆林各族自治县

续表

层次	数量（个）	县
低于 44.33 千米/万人	9。	融水苗族自治县、环江毛南族自治县、巴马瑶族自治县、三江侗族自治县、大化瑶族自治县、都安瑶族自治县、恭城瑶族自治县、富川瑶族自治县、罗城仫佬族自治县

资料来源：笔者计算、整理。原始数据来源于《广西统计年鉴 2019》。

4.5.4.4 基本公共服务的差距

从教育和医疗两个方面分析民族自治（待遇）县基本公共服务的差距。根据表 4-68 可知，在中学教育方面，每千名中学生拥有中学专任教师数的平均值为 57 人，有 8 个县低于平均水平，7 个县高于平均水平，每千名中学生拥有中学专任教师数最多的是龙胜各族自治县，为 69 人；最少的是巴马瑶族自治县，为 34 人，平均值相差在 5 人以内的有 5 个县，表明各县之间存在较大的不平衡。在小学教育方面，每千名小学生拥有小学专任教师数的平均值为 60 人，有 6 个县在平均值以上，9 个县在平均值以下，但与平均值相差在 5 人以内的有 9 个县，表明虽有差距，但总体并不悬殊。在医疗卫生方面，每万人拥有医疗卫生机构床位数的平均值为 39 人，有 10 个县与平均值相差在 5 人以内；每万人拥有医疗卫生机构技术人员的平均值为 49 人，有 5 个县与均值相差在 5 人以内，但其余各县与均值的偏离程度并不大；总体来看，民族自治（待遇）县之间医疗卫生服务上虽有差距，但不悬殊。

表 4-68　2018 年 15 个民族自治（待遇）县教育、医疗情况

县	每千名中学生拥有中学专任教师数（人）	每千名小学生拥有小学专任教师数（人）	每万人拥有医疗卫生机构床位数（张）	每万人拥有医疗卫生机构技术人员数（人）
融水苗族自治县	43	55	41	48
三江侗族自治县	62	49	38	53
龙胜各族自治县	69	78	33	54
恭城瑶族自治县	68	65	39	56
隆林各族自治县	47	55	40	45
富川瑶族自治县	67	59	39	58
罗城仫佬族自治县	61	63	39	47
环江毛南族自治县	61	64	39	43
巴马瑶族自治县	34	56	30	47

续表

县	每千名中学生拥有中学专任教师数（人）	每千名小学生拥有小学专任教师数（人）	每万人拥有医疗卫生机构床位数（张）	每万人拥有医疗卫生机构技术人员数（人）
都安瑶族自治县	54	51	36	42
大化瑶族自治县	51	51	43	42
金秀瑶族自治县	53	78	68	60
西林县	65	64	42	55
凌云县	49	51	33	43
资源县	65	58	33	41

资料来源：笔者计算、整理。原始数据来源于《广西统计年鉴2019》。

4.5.5 沿边经济区陆地边境县（市）经济发展差距

广西沿边经济区8个陆地边境县经济发展存在极大的不平衡性，表现为严重分化。从人均GDP来看，8个县中最高的是凭祥市，达75051元，不仅高于广西全区41489元的水平，还高于全国64644元的水平；人均GDP次于凭祥市的是东兴市，为61108元，但凭祥市比东兴市高出13943元；人均GDP最低的是靖西市，为14833元，凭祥市比靖西市高出60218元，是靖西市的5.06倍；东兴市比靖西市高出46275元，是靖西市的4.12倍。8个县的人均生产总值平均值为44666元，有4个县高于均值，其中有3个县高于均值1.2万元以上，有4个县低于均值，其中有2个县低于均值2万元以上。从人民生活水平来看，生活水平总体偏低，且各县分化严重，就收入而言，2018年广西居民人均可支配收入为21485元，只有东兴市、防城区、凭祥市3个市高于全区平均水平，8个县居民人均可支配收入平均值为20497元，也只有东兴市、防城区、凭祥市3个市高于平均值，居民人均可支配收入最高的东兴市比最低的那坡县高出21065元。从城乡收入差距来看，城乡收入绝对差额较大，东兴市城乡收入绝对差额最大，为22426元；其次是凭祥市，为22423元，防城区的城乡收入绝对差额也超出2万元，达20793元，其余各县的城乡收入绝对差额均在1.5万元以上。

作为陆地边境县，贸易对经济发展具有重要作用，分析对外开放程度的差距可以更好地了解边境县之间的经济发展差距。2018年凭祥市地区生产总值为900982万元，进出口总额为890.66亿元，其中出口641.25亿元、进口249.41亿元，对外贸易依存度高达988.54%，其中出口依存度为711.72%、进口依存度为276.82%，表明凭祥市经济发展极度依赖于对外贸易，对外贸易是经济发展的非常重要的因素，凭祥市人均GDP能高达75051元，对外贸易功不可没。2018年东兴市进出口总额为39.41亿美元，其中出口额为11.35亿美元、进口额为 28.06 亿美元，按照 2018 年人民币对美元的平均汇率换算成人民币，进出口总额为 260.79 亿元，其中出口为 75.11 亿元、进口为 185.68 亿元，东兴市当年地区生产总值为 98.29 亿元，对外贸易依存度为 265.33%，出口依存度为 76.42%，进口依存度为 188.91%，对外贸易也是东兴市经济发展的重要原因，2018 年东兴市人均 GDP 达 61108 元。而防城区人均 GDP 相对较少，2018 年为 35539 元，其 GDP 为 139.81 亿元，美元换算成人民币后，进出口总额为 65.5 亿元，其中出口额 8.44 亿元、进口额 57.06 亿元，对外贸易依存度为 46.85%、出口依存度为 6.04%、进口依存度为 40.81%。对外贸易的发展程度在一定程度上影响着地区经济的发展，综合来看，沿边经济区陆地边境县的贸易发展存在较大的差距，如图 4-34 所示。

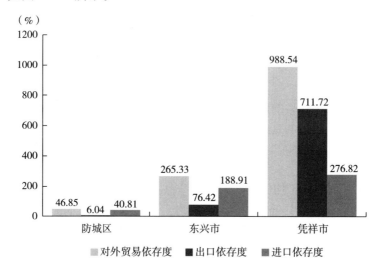

图 4-34 2018 年防城区、东兴市、凭祥市对外贸易依存度

资料来源：笔者计算。原始数据来源于《广西统计年鉴 2019》。

从基本公共服务来看，就教育而言，2018 年每千名中学生拥有中学专任教师数最多的是东兴市，为 71 人；最少的是凭祥市，为 55 人，8 个县平均值为 63 人，各县偏离均值程度不大；每千名小学生拥有小学专任教师数最多是龙州县，为 69 人，最少的是防城区和靖西市，均为 52 人，8 个县平均值为 58 人，各县偏离均值程度也不大，如图 4-35 和图 4-36 所示。就医疗卫生而言，每万人拥有医疗卫生机构床位数最多的是龙州县，为 52 张，其次是那坡县为 50 张，最少的是防城区为 26 张，凭祥市也仅为 27 张，龙州县比防城区高出一半；每万人拥有医疗卫生机构技术人员最多的是那坡县，为 63 人；最少的是防城区，为 41 人，8 个县均值为 52 人，有一半的县高于均值、一半的县低于均值。总体来看，沿边经济区教育方面差距不大，但医疗卫生方面存在较大的差距，如图 4-37 所示。

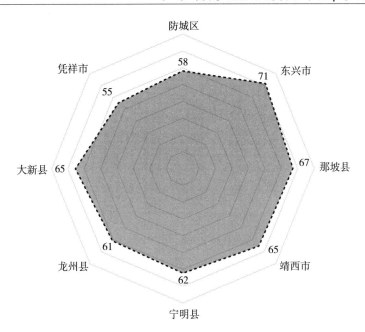

图4-35 2018年边境县（市）每千名中学生拥有中学专任教师数

资料来源：笔者计算。原始数据来源于《广西统计年鉴2019》。

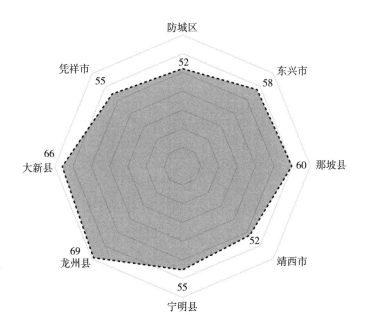

图4-36 2018年边境县（市）每千名小学生拥有小学专任教师数

资料来源：笔者计算。原始数据来源于《广西统计年鉴2019》。

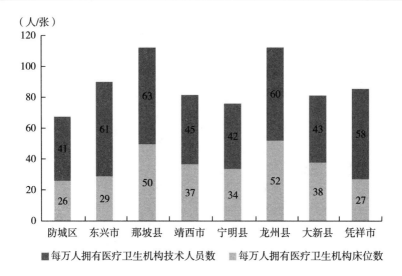

图 4 - 37　2018 年边境县（市）医疗卫生机构情况

资料来源：笔者计算、整理。原始数据来源于《广西统计年鉴 2019》。

4.6　城乡经济发展差距

4.6.1　城乡收入差距直观分析

根据表 4 - 69 可知，2006 ~ 2018 年，广西 14 个地级市的城乡收入比都呈下降的趋势。南宁 2006 年为 3.36，2018 年为 2.58，期间均值为 3.22，以 2006 年为基期（下同），年均下降 2.07%；北海市 2006 年为 3.04，2018 年为 2.35，均值为 2.89，年均下降 2.06%；防城港市 2006 年为 2.87，2018 年为 2.35，均值为 2.87，年均下降 1.56%；钦州市 2006 年为 2.95，2018 年为 2.61，均值为 2.95，年均下降 0.96%；百色市 2006 年为 4.69，2018 年为 2.76，均值为 4.00，年均下降 4.08%；河池市 2006 年为 3.94，2018 年为 2.99，均值为 3.76，年均下降 2.16%；崇左市 2006 年为 3.12，2018 年为 2.58，均值为 3.08，年均下降 1.51%；来宾市 2006 年为 3.55，2018 年为 2.80，均值为 3.39，年均下降 1.91%；柳州市 2006 年为 3.78，2018 年为 2.59，均值为 3.27，年均下降 3.05%；桂林市 2006 年为 3.16，2018 年为 2.37，均值为 2.95，年均下降 2.31%；梧州市 2006 年为 3.28，2018 年为 2.55，均值为 3.08，年均下降 2.03%；贵港市 2006 年为 3.02，2018 年为 2.21，均值为 2.70，年均下降

2.51%；玉林市 2006 年为 3.35，2018 年为 2.27，均值为 2.99，年均下降
3.09%；贺州市 2006 年为 3.21，2018 年为 2.67，均值为 3.28，年均下
降 1.42%。

表 4-69　2006~2018 年广西 14 个地级市的城乡收入比

年份	2006	2007	2008	2009	2010	2011	2012	2013	2014	2015	2016	2017	2018
南宁市	3.36	3.43	3.61	3.71	3.60	3.42	3.33	3.23	3.16	3.09	2.70	2.65	2.58
北海市	3.04	3.21	3.25	3.22	3.10	2.99	2.93	2.84	2.84	2.79	2.53	2.50	2.35
防城港市	2.87	3.21	3.21	3.26	3.17	3.03	2.95	2.85	2.78	2.73	2.46	2.40	2.35
钦州市	2.95	3.06	3.17	3.26	3.25	3.12	3.03	2.94	2.86	2.81	2.68	2.66	2.61
百色市	4.69	4.95	4.67	4.76	4.62	4.29	4.10	3.97	3.79	3.70	2.88	2.86	2.76
河池市	3.94	4.15	4.09	4.20	4.14	3.99	3.89	3.78	3.73	3.69	3.15	3.10	2.99
崇左市	3.12	3.36	3.39	3.48	3.38	3.22	3.09	3.01	3.01	2.97	2.71	2.65	2.58
来宾市	3.55	3.73	3.73	3.81	3.72	3.57	3.45	3.33	3.28	3.23	2.95	2.91	2.80
柳州市	3.78	3.68	3.66	3.70	3.60	3.43	3.29	3.18	3.10	3.04	2.73	2.69	2.59
桂林市	3.16	3.30	3.28	3.36	3.27	3.14	3.04	2.94	2.84	2.78	2.47	2.44	2.37
梧州市	3.28	3.49	3.44	3.50	3.37	3.23	3.12	3.01	2.91	2.86	2.63	2.65	2.55
贵港市	3.02	3.09	3.13	3.09	2.94	2.72	2.66	2.61	2.55	2.48	2.31	2.30	2.21
玉林市	3.35	3.45	3.43	3.49	3.33	3.12	3.05	2.95	2.86	2.80	2.39	2.37	2.27
贺州市	3.21	3.49	3.69	3.75	3.68	3.55	3.41	3.31	3.22	3.13	2.81	2.75	2.67

资料来源：笔者计算。原始数据来源于历年《广西统计年鉴》。

2006 年城乡收入比最高的是百色市，为 4.69，最低的是防城港市，为 2.87。
2018 年最高的是河池市，为 2.99，最低的是贵港市，为 2.21。2006~2018 年，
城乡收入比年均下降率最大的市是百色市、最小的市是钦州市，百色市年均下降
4.08%，钦州市年均下降 0.96%。总体来看，2006~2018 年，14 个地级市的城
乡收入比值总体上呈下降趋势，表明 14 个地级市的城乡收入结构不断优化。

表 4-70 显示了 2006~2018 年广西 14 市的城乡收入绝对差额。从整体来
看，14 个地级市的城乡收入绝对差额都呈扩大的趋势。南宁市 2006 年为 7160
元，2018 年为 21622 元，均值为 15218 元，年均增长 9.82%；北海市 2006 年为
6966 元，2018 年为 19708 元，均值为 13823 元，年均增长 9.18%；防城港市
2006 年为 5941 元，2018 年为 19708 元，均值为 14027 元，年均增长 10.93%；
钦州市 2006 年为 6636 元，2018 年为 20672 元，均值为 14104 元，年均增长
10.06%；百色市 2006 年为 7777 元，2018 年为 19525 元，均值为 14424 元，年

均增长 8.15％；河池市 2006 年为 6433 元，2018 年为 18291 元，均值为 13027 元，年均增长 9.28％；崇左市 2006 年为 5873 元，2018 年为 18916 元，均值为 12953 元，年均增长 10.46％；来宾市 2006 年为 7222 元，2018 年为 21158 元，均值为 14857 元，年均增长 9.49％；柳州市 2006 年为 8088 元，2018 年为 21398 元，均值为 15150 元，年均增长 8.52％；桂林市 2006 年为 7322 元，2018 年为 20023 元，均值为 14462 元，年均增长 8.89％；梧州市 2006 年为 6570 元，2018 年为 18971 元，均值为 13456 元，年均增长 9.38％；贵港市 2006 年为 5977 元，2018 年为 16720 元，均值为 11898 元，年均增长 9.09％；玉林市 2006 年为 7134 元，2018 年为 18976 元，均值为 14208 元，年均增长 8.69％；贺州市 2006 年为 5937 元，2018 年为 19316 元，均值为 13467 元，年均增长 10.56％。

表 4 - 70　　2006 ～ 2018 年广西 14 个地级市的城乡收入绝对差额　　单位：元

年份	2006	2007	2008	2009	2010	2011	2012	2013	2014	2015	2016	2017	2018
南宁市	7160	8415	10445	11869	13027	14157	15784	17132	18499	19698	19330	20702	21622
北海市	6966	8488	9680	10437	11372	12407	13975	15168	16739	17806	17790	19163	19708
防城港市	5941	8368	9890	11137	12203	13219	14664	15866	16999	18004	17645	18706	19708
钦州市	6636	8123	9662	10925	12016	13081	14460	15641	16533	17571	18413	19614	20672
百色市	7777	9734	10349	11509	12515	13332	14787	16049	17137	18275	17571	18955	19525
河池市	6433	8160	9098	10186	11290	12330	13344	14455	15640	16588	16151	17387	18291
崇左市	5873	7780	8978	10004	10999	11931	13107	14212	15477	16360	16804	17953	18916
来宾市	7222	8844	10270	11515	12675	13851	15268	16478	17650	18698	19142	20373	21158
柳州市	8088	9369	10518	11687	12831	13894	15435	16692	18087	19273	19163	20510	21398
桂林市	7322	9000	10171	11388	12462	13557	14972	16191	17380	18403	17948	19189	20023
梧州市	6570	8110	9414	10529	11548	12588	13971	15062	15930	16847	17118	18274	18971
贵港市	5977	7245	8617	9411	10242	10760	12061	13172	14131	14873	15199	16262	16720
玉林市	7134	8666	10033	11296	12340	13321	14902	16094	17340	18550	17493	18562	18976
贺州市	5937	7697	9314	10375	11504	12643	14032	15125	16253	17138	17331	18401	19316

资料来源：笔者计算。原始数据来源于历年《广西统计年鉴》。

　　2006 年城乡收入绝对差额最大的是柳州市，为 8088 元；最小的是崇左市，为 5873 元。2018 年城乡收入绝对差额最大的是南宁市，为 21622 元，最小的是贵港市，为 16720 元。2006 ～ 2018 年，城乡收入绝对差额年均增长率最大的是贺州市，年均增长 10.56％；最小的是百色市，年均增长 8.15％。综合来看，城乡收入比在不断减小，但是城乡收入绝对差距却在不断拉大。

4.6.2 城乡收入差距指数分析

4.6.2.1 区域板块间的城乡收入差距

（1）城乡收入比的区域差距。将广西14个地级市分为北部湾经济区（4市）、桂西资源富集区（3市）和西江经济带（7市），采用 Dagum 基尼系数及其按子群分解法，考察城乡收入比的区域差距，并对总体差距的来源进行分解。如表4−71所示，2006～2018年，广西城乡收入比的区域总体差距、各区域间差距、各区域内差距都呈逐渐缩小的趋势；在贡献率上，区域内差距对总体差距的贡献率在逐渐增大，区域间差距对总体差距的贡献率逐渐减小、超变密度对总体差距的贡献率在不断增大。2006年，区域内差距、区域间差距、超变密度对广西城乡收入比差距的贡献率分别是23.72%、64.96%、11.32%，2018年分别为31.91%、43.88%、24.20%。广西城乡收入比区域总体差距主要来自区域间差距，其次是区域内差距，2018年区域间差距对总体差距的贡献率为43.88%。由此可见，要缩小广西城乡收入比的差距，须缩小区域间的城乡收入比差距。

表4−71　广西城乡收入比的区域差距及其分解

年份	总体 G	区域间差距			区域内差距			成分分解			贡献率（%）		
		(2−1)	(3−1)	(3−2)	1	2	3	G_w	G_{nb}	G_t	G_w	G_{nb}	G_t
2006	0.0706	0.1293	0.0529	0.1012	0.0319	0.0891	0.0392	0.0168	0.0459	0.0080	23.72	64.96	11.32
2007	0.0656	0.1270	0.0426	0.1039	0.0215	0.0851	0.0321	0.0140	0.0464	0.0052	21.36	70.65	7.99
2008	0.0581	0.1055	0.0398	0.0883	0.0257	0.0702	0.0334	0.0138	0.0368	0.0075	23.77	63.28	12.95
2009	0.0611	0.1095	0.0436	0.0911	0.0273	0.0686	0.0364	0.0146	0.0382	0.0084	23.86	62.46	13.68
2010	0.0635	0.1096	0.0436	0.0955	0.0301	0.0681	0.0410	0.0159	0.0381	0.0095	24.98	60.05	14.96
2011	0.0636	0.1042	0.0448	0.0942	0.0275	0.0620	0.0464	0.0167	0.0361	0.0108	26.20	56.77	17.03
2012	0.0609	0.0997	0.0417	0.0927	0.0261	0.0608	0.0435	0.0158	0.0339	0.0112	25.88	55.64	18.48
2013	0.0602	0.1005	0.0405	0.0927	0.0266	0.0595	0.0419	0.0153	0.0343	0.0106	25.47	56.89	17.64
2014	0.0591	0.0974	0.0385	0.0924	0.0249	0.0494	0.0439	0.0151	0.0336	0.0103	25.63	56.86	17.52
2015	0.0596	0.0980	0.0385	0.0939	0.0241	0.0470	0.0449	0.0152	0.0341	0.0103	25.47	57.21	17.32
2016	0.0464	0.0583	0.0391	0.0601	0.0210	0.0336	0.0470	0.0149	0.0206	0.0110	32.00	44.33	23.66
2017	0.0457	0.0589	0.0379	0.0597	0.0228	0.0348	0.0448	0.0145	0.0207	0.0104	31.78	45.37	22.85
2018	0.0465	0.0589	0.0392	0.0601	0.0255	0.0328	0.0457	0.0148	0.0204	0.0113	31.91	43.88	24.20

资料来源：笔者计算。原始数据来源于历年《广西统计年鉴》。分组代号1、2、3分别代表北部湾经济区（4市）、桂西资源富集区和西江经济带（7市）。G_w 为区域内成分，G_{nb} 为区域间成分，G_t 为超变密度成分，$G = G_w + G_{nb} + G_t$（由于计算中存在四舍五入的情况，可能不完全相等）。

（2）城乡收入绝对差额的区域差距。根据表4-72可知，2006～2018年，广西城乡收入绝对差额的区域总体差距、区域间差距以及区域内差距都呈缩小的趋势。在对总体差距的贡献率上，区域内差距对总体差距的贡献率呈先降后升的态势，区域间差距对总体差距的贡献率成上升的趋势，超变密度的贡献率呈下降的趋势。2006年，区域内差距、区域间差距、超变密度对总体差距的贡献率分别是36.11%、13.81%、50.08%，2018年分别为35.21%、41.36%、23.44%，由2006年以超变密度的贡献率为最高转变为区域间差距的贡献率最高。2018年区域间差距、区域内差距的贡献率分别达41.36%、35.21%，由此可知，要缩小城乡收入绝对差额的区域差距，不仅要注重缩小区域间的城乡收入绝对差额的差距，也要注重缩小区域内城乡收入绝对差额的差距。

表4-72　广西城乡收入绝对差额的区域差距及其分解

年份	总体 G	组间差距			组内差距			成分分解			贡献率（%）		
		(2-1)	(3-1)	(3-2)	1	2	3	G_w	G_{nb}	G_t	G_w	G_{nb}	G_t
2006	0.0570	0.0597	0.0521	0.0668	0.0373	0.0632	0.0580	0.0206	0.0079	0.0285	36.11	13.81	50.08
2007	0.0427	0.0426	0.0382	0.0549	0.0085	0.0507	0.0471	0.0148	0.0045	0.0234	34.66	10.49	54.85
2008	0.0335	0.0385	0.0302	0.0403	0.0161	0.0322	0.0350	0.0115	0.0082	0.0137	34.49	24.66	40.85
2009	0.0364	0.0399	0.0346	0.0412	0.0254	0.0317	0.0374	0.0129	0.0088	0.0147	35.36	24.20	40.44
2010	0.0360	0.0370	0.0351	0.0399	0.0265	0.0290	0.0377	0.0129	0.0084	0.0146	35.91	23.44	40.64
2011	0.0368	0.0349	0.0362	0.0415	0.0255	0.0248	0.0405	0.0134	0.0097	0.0138	36.27	26.24	37.49
2012	0.0375	0.0416	0.0349	0.0449	0.0239	0.0272	0.0388	0.0129	0.0123	0.0123	34.43	32.79	32.78
2013	0.0370	0.0419	0.0348	0.0432	0.0240	0.0274	0.0380	0.0127	0.0123	0.0120	34.38	33.20	32.42
2014	0.0370	0.0390	0.0368	0.0413	0.0224	0.0229	0.0402	0.0129	0.0123	0.0118	34.93	33.10	31.97
2015	0.0387	0.0406	0.0387	0.0426	0.0225	0.0249	0.0423	0.0135	0.0125	0.0126	35.02	32.43	32.55
2016	0.0350	0.0413	0.0338	0.0385	0.0194	0.0187	0.0383	0.0120	0.0152	0.0077	34.41	43.47	22.12
2017	0.0350	0.0396	0.0348	0.0373	0.0206	0.0193	0.0385	0.0122	0.0143	0.0084	34.85	41.04	24.11
2018	0.0355	0.0386	0.0375	0.0351	0.0205	0.0145	0.0407	0.0125	0.0147	0.0083	35.21	41.36	23.44

资料来源：笔者计算。原始数据来源于历年《广西统计年鉴》。分组代号1、2、3分别代表北部湾经济区（4市）、桂西资源富集区和西江经济带。G_w 为区域内成分，G_{nb} 为区域间成分，G_t 为超变密度成分，$G = G_w + G_{nb} + G_t$。

4.6.2.2　城市间的城乡收入差距

（1）城乡收入比的差距。表4-73列出了2006～2018年广西14个地级市之间的城乡收入比的差距，2006年基尼系数为0.07051878，2018年为0.04674430；2006年泰尔指数为0.008997136，2018年为0.003472901；2006年变异系数为

0.13810692，2018 年为 0.08351151；2006 年赫芬达尔指数为 0.07279097，2018
年为 0.07192673。从整体上看，四种指标都呈下降趋势，其中基尼系数、泰尔指
数、变异系数下降较为明显。从四种指标两两之间的相关性来看（见表 4－74），
无论是皮尔逊相关系数还是斯皮尔曼秩相关系数，都在 0.97 以上，表明四种指
标的变动趋势具有较高的吻合性。从图 4－38 也可以看出，2006～2018 年四种指
标的在线性上呈下降的趋势。综合来看，2006～2018 年广西 14 市之间的城乡收
入比的差距在逐渐缩小。

表 4－73　广西 14 个地级市之间的城乡收入比差距

年份	基尼系数	泰尔指数	变异系数	赫芬达尔指数
2006	0.07051878	0.008997136	0.13810692	0.07279097
2007	0.06555766	0.008453738	0.13455735	0.07272183
2008	0.05808691	0.006105361	0.11314918	0.07234305
2009	0.06109291	0.006592522	0.11734893	0.07241220
2010	0.06355279	0.007008249	0.12079109	0.07247075
2011	0.06362657	0.006843454	0.11868048	0.07243465
2012	0.06075073	0.006317788	0.11405467	0.07235775
2013	0.06011155	0.006225112	0.11334086	0.07234615
2014	0.05890886	0.005933007	0.11042900	0.07229961
2015	0.05956364	0.006060944	0.11158424	0.07231793
2016	0.04635443	0.003416981	0.08289321	0.07191938
2017	0.04610815	0.003392474	0.08264699	0.07191647
2018	0.04674430	0.003472901	0.08351151	0.07192673

资料来源：笔者计算。原始数据来源于历年《广西统计年鉴》。

表 4－74　城乡收入比四组差距指标数据的相关性分析

皮尔逊相关系数			
	Gini	Theil	var	hhi
Gini	1.0000000	0.9846690	0.9875389	0.9780378
Theil	0.9846690	1.0000000	0.9977223	0.9993722
var	0.9875389	0.9977223	1.0000000	0.9962868
hhi	0.9780378	0.9993722	0.9962868	1.0000000

斯皮尔曼秩相关系数				
	Gini	Theil	var	hhi
Gini	1.000000	0.978022	0.978022	0.978022
Theil	0.978022	1.000000	1.000000	1.000000
var	0.978022	1.000000	1.000000	1.000000
hhi	0.978022	1.000000	1.000000	1.000000

资料来源：笔者计算。

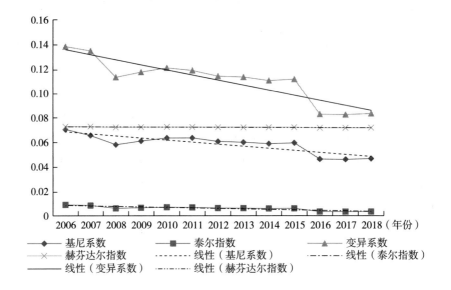

图 4 - 38　城乡收入比四种差距指标的吻合轨迹与演变趋势

资料来源：表 4 - 73。

（2）城乡收入绝对差额的差距。根据 14 个地级市的城乡居民人均可支配收入的绝对差额，来计算 14 市之间的城乡居民人均可支配收入绝对差额。根据表 4 - 75 可知，2006 年的基尼系数、泰尔指数、变异系数和赫芬达尔指数分别为 0.05699795、0.005069931、0.10087437、0.07215540，2018 年分别为 0.03547533、0.002096641、0.06442481、0.07172504，总体来看，四种指标都呈下降的趋势，期间有所波动，其中基尼系数和变异系数波动相对较大。表 4 - 76 列出了四种指标两两之间的皮尔逊相关系数、斯皮尔曼秩相关系数，其中皮尔逊相关系数都在 0.99 以上，斯皮尔曼秩相关系数也都达到了 0.97 以上，表明四种指标在变动轨迹上具有高度一致性。从图 4 - 39 所反映的城乡收入绝对差额四种指标的吻合轨迹与演变趋势也可以看出，四种指标在线性上都呈下降趋势，变异系数与基尼系数变动的轨迹较为吻合，泰尔指数与赫芬达尔指数变动的轨迹较为吻合。综合来看，城乡收入绝对差额在14市间呈缩小的趋势。

表4-75　广西14个地级市之间的城乡收入绝对差额的差距

年份	基尼系数	泰尔指数	变异系数	赫芬达尔指数
2006	0.05699795	0.005069931	0.10087437	0.07215540
2007	0.04274431	0.002892227	0.07620179	0.07184334
2008	0.03345765	0.001744462	0.05881163	0.07167563
2009	0.03641793	0.002108913	0.06458818	0.07172655
2010	0.03599798	0.002086786	0.06418816	0.07172287
2011	0.03683747	0.002320355	0.06739256	0.07175298
2012	0.03751269	0.002343847	0.06784210	0.07175733
2013	0.03700080	0.002247580	0.06652448	0.07174468
2014	0.03704130	0.002241778	0.06648168	0.07174427
2015	0.03867181	0.002447190	0.06943021	0.07177290
2016	0.03497513	0.002015203	0.06318942	0.07171378
2017	0.03495672	0.001983264	0.06271945	0.07170955
2018	0.03547533	0.002096641	0.06442481	0.07172504

资料来源：笔者计算。原始数据来源于历年《广西统计年鉴》。

表4-76　城乡收入绝对差额四组差距指标数据的相关性分析

皮尔逊相关系数				
	Gini	Theil	var	hhi
Gini	1.0000000	0.9972308	0.9979040	0.9977449
Theil	0.9972308	1.0000000	0.9977119	0.9998454
var	0.9979040	0.9977119	1.0000000	0.9975331
hhi	0.9977449	0.9998454	0.9975331	1.0000000
斯皮尔曼秩相关系数				
	Gini	Theil	var	hhi
Gini	1.0000000	0.9725275	0.9725275	0.9725275
Theil	0.9725275	1.0000000	1.0000000	1.0000000
var	0.9725275	1.0000000	1.0000000	1.0000000
hhi	0.9725275	1.0000000	1.0000000	1.0000000

资料来源：笔者计算。

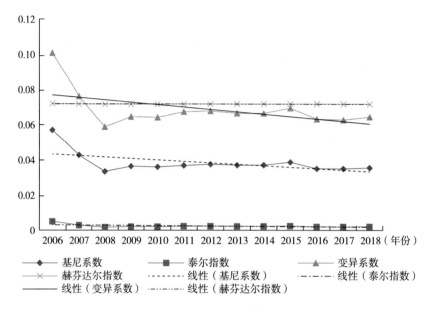

图 4 - 39　城乡收入绝对差额四种差距指标的吻合轨迹与演变趋势

资料来源：表 4 - 75。

4.6.2.3　乡镇经济发展差距——以 59 个民族乡为例

（1）乡镇企业劳动生产率差距。广西 59 个民族乡的乡镇企业劳动生产率普遍偏低，且差距较大。由于数据的限制，采用其中 48 个乡进行分析，48 个民族乡 2016 年的乡镇企业劳动生产率的平均值为 25.63 万元/人，有 15 个乡高于平均值，乡镇企业劳动生产率最高的是贺州市钟山县花山瑶族乡，为 264.95 万元/人；最低的是桂林市雁山区草坪回族乡，为 0.24 万元/人。根据数值的分布，将乡镇企业劳动生产率分为三个层次：25.63 万元/人以下、25.63 万 ~ 50 万元/人（不含 50 万元/人）、50 万元/人及以上。根据表 4 - 77 可知，有 34 个乡的乡镇企业劳动生产率在平均值以下，只有 6 个乡的乡镇企业劳动生产率超过 50 万元/人，而处在 25.63 万 ~ 50 万元/人（不含 50 万元/人）的也只有 8 个乡，表明大部分民族乡的乡镇企业劳动生产率偏低，但有少部分乡的乡镇企业劳动生产率较高，二者形成较大的差距。

表 4 - 77　2016 年民族乡乡镇企业劳动生产率分层情况

层次	数量（个）	县
50 万元/人及以上	6	贺州市钟山县花山瑶族乡、桂林市临桂县黄沙瑶族乡、桂林市全州县东山瑶族乡、柳州市融水苗族自治县同练瑶族乡、南宁市马山县古寨瑶族乡、桂林市兴安县华江瑶族乡

续表

层次	数量（个）	县
25.63万~50万元/人（不含50万元/人）	8	河池市南丹县八圩瑶族乡、柳州市融水苗族自治县滚贝侗族乡、桂林市灵川县大境瑶族乡、防城港市防城区十万山瑶族乡、贵港市平南县国安瑶族乡、百色市右江区汪甸瑶族乡、桂林市临桂县宛田瑶族乡、河池市南丹县中堡苗族乡
25.63万元/人以下	34	贺州市八步区黄洞瑶族乡、桂林市荔浦县蒲芦瑶族乡、桂林市灌阳县洞井瑶族乡、桂林市全州县蕉江瑶族乡、百色市凌云县玉洪瑶族乡、柳州市三江侗族自治县福禄苗族乡、河池市凤山县金牙瑶族乡、桂林市灵川县兰田瑶族乡、百色市西林县普合苗族乡、贺州市平桂管理区大平瑶族乡、桂林市资源县河口瑶族乡、桂林市灌阳县西山瑶族乡、百色市西林县足别瑶族苗族乡、河池市南丹县里湖瑶族乡、南宁市上林县镇圩瑶族乡、河池市凤山县江洲瑶族乡、河池市凤山县平乐瑶族乡、百色市田林县利周瑶族乡、防城港市上思县南屏瑶族乡、柳州市柳城县古砦仫佬族乡、百色市凌云县朝里瑶族乡、桂林市资源县车田苗族乡、贺州市昭平县仙回瑶族乡、桂林市平乐县大发瑶族乡、贵港市平南县马练瑶族乡、百色市田东县作登瑶族乡、贺州市钟山县两安瑶族乡、柳州市三江侗族自治县高基瑶族乡、河池市宜州市北牙瑶族乡、河池市环江毛南族自治县驯乐苗族乡、河池市宜州市福龙瑶族乡、桂林市资源县两水苗族乡、南宁市马山县里当瑶族乡、桂林市雁山区草坪回族乡

资料来源：笔者计算、整理。原始数据来源于《中国民族统计年鉴2017》，剔除了无数据的11个民族乡。

　　（2）农林牧渔业产值人均占有量的差距。利用2016年59个民族乡中54个有数据的民族乡进行分析，54个民族乡农林牧渔业产值人均占有量的平均值为0.74万元，有24个乡高于平均值，30个乡低于平均值，农林牧渔业产值人均占有量最高的是桂林市资源县河口瑶族乡，为1.83万元，最低的是百色市田东县作登瑶族乡，为0.02万元。农林牧渔业产值人均占有量较高的乡与较低的乡形成较大的差距，如表4-78所示。

　　（3）人均公共财政收入的差距。2016年，59个民族乡中有58个民族乡有公共财政数据，58个民族乡人均公共财政收入的平均值为569.69元，有23个乡高于平均值、35个乡低于平均值，高于平均值的23个乡中有7个乡人均公共财政收入在1000元以上，在低于平均值的35个乡中有7个乡低于100元。综合来看，民族乡之间的人均公共财政收入差距较大（见表4-79），且有60%的乡的人均公共财政收入低于均值。

表4-78　2016年民族乡农林牧渔业产值人均占有量前10位与后10位的乡

前10位		后10位	
乡	农林牧渔业产值人均占有量（万元）	乡	农林牧渔业产值人均占有量（万元）
桂林市资源县河口瑶族乡	1.83	柳州市三江侗族自治县同乐苗族乡	0.38
桂林市资源县两水苗族乡	1.73	桂林市全州县东山瑶族乡	0.38
柳州市柳城县古砦仫佬族乡	1.68	百色市凌云县朝里瑶族乡	0.36
百色市右江区汪甸瑶族乡	1.63	百色市西林县普合苗族乡	0.34
贺州市钟山县花山瑶族乡	1.50	贵港市平南县马练瑶族乡	0.29
柳州市三江侗族自治县福禄苗族乡	1.35	河池市凤山县金牙瑶族乡	0.27
贺州市八步区黄洞瑶族乡	1.25	百色市西林县那佐苗族乡	0.21
百色市田林县八桂瑶族乡	1.21	河池市凤山县平乐瑶族乡	0.18
桂林市平乐县大发瑶族乡	1.19	防城港市防城区十万山瑶族乡	0.17
梧州市蒙山县长坪瑶族乡	1.17	百色市田东县作登瑶族乡	0.02

资料来源：笔者计算。原始数据来源于《中国民族统计年鉴2017》，剔除了百色市凌云县伶站瑶族乡、贺州市平桂管理区大平瑶族乡、桂林市雁山区草坪回族乡、河池市东兰县三弄瑶族乡、河池市宜州市福龙瑶族乡。

表4-79　2016年人均公共财政收入前10位与后10位的乡

前10位		后10位	
乡	人均公共财政收入（元）	乡	人均公共财政收入（元）
南宁市马山县古寨瑶族乡	2238.26	柳州市融水苗族自治县滚贝侗族乡	130.26
贺州市八步区黄洞瑶族乡	2113.96	贺州市钟山县两安瑶族乡	114.14
防城港市上思县南屏瑶族乡	1554.38	桂林市资源县两水苗族乡	102.56
百色市田林县八桂瑶族乡	1519.57	贵港市平南县马练瑶族乡	91.87
桂林市资源县河口瑶族乡	1307.31	南宁市上林县镇圩瑶族乡	87.40
桂林市雁山区草坪回族乡	1093.12	河池市南丹县八圩瑶族乡	44.53
梧州市蒙山县夏宜瑶族乡	1032.40	河池市宜州市福龙瑶族乡	22.52
百色市田东县作登瑶族乡	980.22	河池市南丹县里湖瑶族乡	21.21
桂林市荔浦县蒲芦瑶族乡	945.87	河池市宜州市北牙瑶族乡	18.60
百色市凌云县玉洪瑶族乡	928.67	百色市西林县普合苗族乡	10.64

资料来源：笔者计算。原始数据来源于《中国民族统计年鉴2017》，剔除了百色市西林县那佐苗族乡。

4.6.2.4   农村经济发展差距

（1）广西壮族自治区农村基本情况。根据表4-80可知，2018年，广西壮族自治区共有1125个乡镇，其中镇804个。共有村委会14263个，其中12066个自来水受益村。乡村户数共1174.86万户，乡村人口共4589.28万人。2018年乡村从业人员2495.7万人，按性别分，其中男性1334.9万人、女性1160.8万人；按产业分，其中第一产业从业人员1628.48万人。农业机械总动力372.87亿瓦特，农用水泵937630台，农林牧渔业总产值4909.24亿元。

表4-80   2018年广西壮族自治区农村基本情况

指标	值
乡镇个数（个）	1125
#镇个数	804
村委会个数（个）	14263
自来水受益村数	12066
乡（镇）村户数（万户）	1174.86
乡（镇）村人口（万人）	4589.28
乡（镇）村从业人员（万人）	2495.7
按性别分	
男	1334.9
女	1160.8
按产业分	
第一产业	1628.48
第二产业	—
第三产业	—
农业机械总动力（亿瓦特）	372.87
农用水泵（台）	937630
农林牧渔业总产值（亿元）	4909.24

资料来源：《广西统计年鉴2019》。

（2）地级市层面的农村经济发展差距。根据表4-81可知，在乡村经济中，2018年，农林牧渔业总产值最高的是南宁市，为725.27亿元；最低的是防城港市，为 162.60 亿元；14 市均值为 356.15 亿元，有 4 个市超过均值，10 个市低于均值。在农业产值上，产值最高的是桂林市，为 426.31 亿元；最低的是防城港市，为 43.42 亿元；14 市的均值为 188.14 亿元。在林业产值上，产值最高的是梧州市，为 43.31 亿元；最低的是北海市，为 4.98 亿元；14 市的均值为 29.59 亿元。在牧业产值上，产值最高的是南宁市，为 188.02 亿元；最低的是防城港市，为 11.89 亿元；14 市的均值为 81.92 亿元。在渔业产值上，产值最高的是北海市，为 218.63 亿元；最低的是来宾市，为 8.29 亿元；14 市的均值为 42.77 亿元。

表 4－81　2018 年广西壮族自治区 14 个地级市农林牧渔业总产值及其构成

单位：亿元

地级市	农林牧渔业总产值	农业	林业	牧业	渔业	农林牧渔专业及辅助性活动
南宁市	725.27	422.77	40.41	188.02	33.40	40.67
柳州市	334.01	198.46	34.23	78.73	10.80	11.80
桂林市	626.36	426.31	38.32	125.38	15.52	20.81
梧州市	243.00	130.95	43.31	46.19	12.17	10.39
北海市	319.10	60.04	4.98	29.61	218.63	5.83
防城港市	162.60	43.42	20.12	11.89	84.65	2.52
钦州市	394.64	189.33	26.89	77.83	91.59	9.00
贵港市	341.67	154.85	26.03	95.23	46.95	18.61
玉林市	477.86	213.60	29.05	170.70	26.76	37.75
百色市	316.17	181.51	38.45	70.82	18.60	6.80
贺州市	188.51	114.15	20.00	39.28	8.89	6.20
河池市	275.47	111.73	33.64	112.85	10.38	6.87
来宾市	271.37	163.31	22.94	70.09	8.29	6.74
崇左市	310.06	223.51	35.85	30.31	12.11	8.18

资料来源：《广西统计年鉴 2019》。

根据图 4－40 可知，2018 年，广西 14 个地级市中农林牧渔业总产值人均保有量最高的是北海市，为 18994.03 元，其次是防城港市，为 17056.16 元，最低的是贵港市，为 7749.01 元。14 市的均值为 11058.99 元，有 8 个市低于均值。由此可见，从地级市层面看，城市间的农村经济发展差距较大。

（3）县级层面的农村经济发展差距。县域农村经济发展差距主要采用农村居民人均可支配收入差距进行衡量。2018 年，在广西 111 个县（区、市）中，秀峰区、港口区、灵山县 3 个县（区、市）没有农村居民人均可支配收入的数据。因此，采用有 108 个具有农村居民人均可支配收入数据的县进行分层分析。108 个县的农村居民人均可支配收入均值是 13088 元，根据数据的分布，分为三个层次：13088 元以下、13088～20000 元（不含 20000 元）、20000 元及以上。表 4-82 显示了 2018 年广西 108 个县（区、市）农村居民人均可支配收入分层情况，农村居民人均可支配收入在 20000 元及以上的有 3 个县，处于 13088～20000 元（不含 20000 元）的有 52 个县，有 53 个县在 13088 元以下，如表 4-82 所示。根据表 4-83，农村居民人均可支配收入位于前 10 位的是鱼峰区、城中区、柳南区、东兴市、七星区、兴安县、临桂区、柳北区、玉州区、阳朔县，分别为23351 元、22743 元、21436 元、17937 元、17701 元、17391 元、17291 元、17235 元、17067 元、16655 元，位于后 10 位的是乐业县、天峨县、凌云县、那坡县、大化瑶族自治县、巴马瑶族自治县、都安瑶族自治县、罗城仫佬族自治县、东兰县、凤山县，分别为 8999 元、8878 元、8875 元、8307 元、8213 元、8209 元、8105 元、8046 元、7974 元、7966 元。由前 10 位与后 10 位的县的数值对比可知，县域农村经济发展差距存在较大的不平衡性。

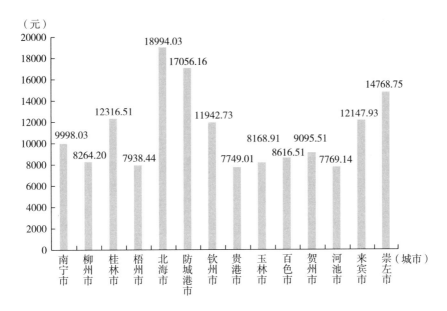

图 4-40　2018 年广西 14 个地级市农林牧渔业总产值人均保有量

资料来源：笔者根据《广西统计年鉴 2019》计算、整理。

表4－82 2018年广西108个县（区、市）农村居民人均可支配收入分层情况

层次	数量（个）	县（区、市）
20000元及以上	3	鱼峰区、城中区、柳南区
13088~20000元（不含20000元）	52	东兴市、七星区、兴安县、临桂区、柳北区、玉州区、阳朔县、北流市、武鸣县、万秀区、银海区、青秀区、灵川县、荔浦县、海城区、防城区、叠彩区、长洲区、江南区、全州县、象山区、兴宁区、良庆区、右江区、田东县、铁山港区、福绵区、岑溪市、覃塘区、港北区、容县、鹿寨县、博白县、陆川县、永福县、宾阳县、桂平市、港南区、合浦县、柳城县、邕宁区、平乐县、扶绥县、西乡塘区、横县、柳江区、雁山区、平南县、兴业县、江州区、钦南区、田阳县
13088元以下	53	恭城瑶族自治县、融安县、钦北区、融水苗族自治县、浦北县、大新县、平果县、兴宾区、三江侗族自治县、武宣县、八步区、凭祥市、合山市、象州县、藤县、上思县、龙圩区、宜州区、宁明县、隆安县、龙胜各族自治县、平桂区、田林县、钟山县、上林县、忻城县、富川瑶族自治县、资源县、昭平县、金城江区、南丹县、灌阳县、龙州县、马山县、天等县、蒙山县、德保县、靖西市、金秀瑶族自治县、西林县、环江毛南族自治县、隆林各族自治县、苍梧县、乐业县、天峨县、凌云县、那坡县、大化瑶族自治县、巴马瑶族自治县、都安瑶族自治县、罗城仫佬族自治县、东兰县、凤山县

资料来源：《广西统计年鉴2019》。

表4－83 2018年农村居民人均可支配收入前10位与后10位的县

前10位		后10位	
县（区、市）	农村居民人均可支配收入（元）	县（区、市）	农村居民人均可支配收入（元）
鱼峰区	23351	乐业县	8999
城中区	22743	天峨县	8878
柳南区	21436	凌云县	8875
东兴市	17937	那坡县	8307
七星区	17701	大化瑶族自治县	8213
兴安县	17391	巴马瑶族自治县	8209
临桂区	17291	都安瑶族自治县	8105
柳北区	17235	罗城仫佬族自治县	8046
玉州区	17067	东兰县	7974
阳朔县	16655	凤山县	7966

资料来源：《广西统计年鉴2019》。

（4）农村经济发展差距的个案比较：基于田野调查。

第一，调查体系设计与实施。为对乡村与乡村之间的经济发展差距进行分析，设计了关于乡村的经济社会发展情况的调查体系，调查体系包含乡村基本情况、村民收入、贸易、基础设施、教育、文化、医疗卫生、环境保护、社会保障等多个方面。根据调查体系设计调查问卷，问卷用于收集乡村经济发展的第一手资料。问卷分为两类：村民问卷和村委会问卷，村民问卷主要针对农户家庭，村委会问卷针对乡村的综合情况，村民问卷与村委会问卷相互补充，相互印证。于2019 年 7 ~ 8 月赴广西壮族自治区调查 2018 年的乡村经济综合发展情况。调查地点采取典型抽样与 PPS 随机抽样相结合的方式。调查体系及其基本内容如表 4 - 84、表 4 - 85 所示，表 4 - 84 主要从村委会了解乡村经济发展综合情况，表 4 - 85 主要从村民角度考察乡村的经济发展情况。利用回收的有效村委会问卷 4 份、村民问卷 405 份进行分析。

表 4 - 84　乡村经济调查体系（村委会）

一级维度	二级维度	调查内容
综合经济	收入	村人均收入、村民收入主要来源
	人口	总人口、18 ~ 60 岁人口、外出务工人口
	贸易	产品是否有销往外县、国外
	品牌产品	是否有注册的品牌产品
基础设施	道路	主要道路是什么
	生活用水	生活用水来源是什么
通信	网络覆盖	网络覆盖情况
教育	幼儿园	幼儿园数量、幼儿园教师数量、幼儿园学生数量
	小学	小学数量、小学教师数量、小学生数量
文体	文化	文化广场数量、球场数量、公共图书馆数量
医疗	卫生所	卫生所数量
	医生（与护士）	医生数量和护士数量
环境	环境保护	森林有无护林员、近年来有无乱砍滥伐现象、是否有开展环保宣传
	环境治理	近两年开展了哪些环境整治活动
社会保障	医疗	新农合参保率
	养老	新型养老保险参保率
	低保	低保人数、低保人员每人每年最高保障金额

资料来源：由笔者归纳、设计。

表 4-85　乡村经济调查体系（村民）

一级维度	二级维度	调查内容
收入	村民收入	2018 年家庭总收入、总支出，主要收入来源、支出方向，影响家庭收入的主要因素
产品销售	农户产品销售	农产品主要是自用还是销售
社会保障	医疗保险	是否购买医疗保险、购买方式如何
	养老保障	家中是否有 60 岁以上老人、是否有领取养老金
财政	政府转移支付	家里是否有政府转移支付
环境	环境质量	家庭附近有无污染源、家中饮用水是否干净

资料来源：由笔者归纳、设计。

第二，调查村经济发展差距。调查地点随机选取桂林市荔浦县荔城镇金雷村，以及柳州市融安县长安镇大洲村、大巷村、六寨村，现将四个村的经济发展情况进行比较分析。[①]

根据表 4-86 可知，金雷村、大洲村、大巷村、六寨村在人均收入上存在较大的差距，荔城县金雷村人均收入为 1 万元，比长安镇大洲村、长安镇大巷村、浮石镇六寨村分别高出 2000 元、2000 元、5000 元，浮石镇六寨村比长安镇大洲村低 2000 元、比长安镇大巷村低 2000 元，同一乡镇的大洲村与大巷村人均收入基本持平。在基础设施上，四个村的主要道路都是水泥路，荔城镇金雷村与长安镇大巷村用水来源主要是管道自来水，长安镇大洲村、浮石镇六寨村生活用水主要来源是受保护的井水和山泉水。在网络覆盖方面，荔城镇金雷村、长安镇大洲村、长安镇大巷村均实现宽带全部覆盖，浮石镇六寨村为宽带部分覆盖。在公共服务方面：教育、文体发展存在一定的差距，但教育、文体设施基本有保障；医疗卫生发展差距不大，基本上都有卫生所，每个卫生所有 1~2 名医生；在环境保护与治理上，都采取了相应的环境保护措施、开展了环境保护宣传以及环境整治活动，新型农村医疗保险参保率都在 98% 以上。综合来看，四个乡村之间在村民收入上存在较大的差距，基础设施、通信得到基本保障，教育发展存在较大差距，文体发展存在差距但差别不大，医疗卫生有基本保障，环境保护与治理活动有效开展，社会保障水平基本持平。

---

① 具体数据来源于各村村委会相关负责人。

表4-86 2018年金雷村、大洲村、大巷村、六寮村经济发展差距

一级维度	二级维度	荔城镇金雷村	长安镇大洲村	长安镇大巷村	浮石镇六寮村
综合经济	人均收入（元）	10000	8000	8000	5000
	人口（人）	3365	943	4613	2831
	是否有注册品牌产品	有	无	无	无
基础设施	主道路类型	水泥路	水泥路	水泥路	水泥路
	生活用水主要来源	管道自来水	受保护的井水和山泉水	管道自来水	受保护的井水和山泉水
通信	网络覆盖	宽带全部覆盖	宽带全部覆盖	宽带全部覆盖	宽带部分覆盖
教育	幼儿园数量（所）	—	—	4	—
	在校幼儿园老师数（人）	—	—	12	—
	小学数量（所）	1	—	1	1
	在校小学教师数（人）	21		25	4
	在校小学生数（人）	220	—	440	46
文体	文化广场数量（个）	2	1	—	3
	篮球场（个）	2	1	1	3
	图书文化馆数量（个）	1	1	1	2
医疗	卫生所数量（所）	1	1	3	1
	医生数量（名）	2	1	6	1
环境保护与治理	森林有无护林员	有	有	有	有
	有无乱砍滥伐现象	无	无	无	无
	是否开展了环保宣传	是	是	是	是
	垃圾集中处理点	9	8	不清楚	10
	开展了哪些环境整治活动	农田保护、植树造林、限制农业化肥的使用、农业灌溉工程建设、村容村貌整治、村道建设、垃圾集中处理	植树造林、村容村貌整治、垃圾集中处理	村容村貌整治和村道建设	农田保护、植树造林、村容村貌整治、垃圾集中处理
社会保障	新型农村医疗保险参保率	98%	98%	99.7%	98%
	新型养老保险参保率	不清楚	100%	不清楚	100%

资料来源：金雷村、大洲村、大巷村、六寮村村委会相关负责人。

第三，农户家庭之间的差距。

通过对柳州市融安县大巷村、大洲村、六寮村，以及桂林市荔浦县荔城镇金雷村、沙街村的入户访谈，回收 405 份村民家庭经济情况调查问卷。利用这 405 份问卷对乡村农户家庭差距情况进行分析。其中柳州市融安县大巷村 98 份、大洲村 64 份、六寮村 23 份，桂林市荔浦县荔城镇金雷村 92 份、沙街村 128 份。

家庭人均收入差距。家庭人均收入 = 家庭总收入÷家庭户籍人口数。调查的 405 个家庭：家庭人均收入最低的为 3750 元、最高的为 60000 元，405 个家庭的家庭人均收入均值为 10801 元，因此，将家庭人均收入按照数据分布情况设为五个层次，分别是 3750～10000 元（不含 10000 元）、10000～20000 元（不含 20000 元）、20000～30000 元（不含 30000 元）、30000～40000 元（不含 40000 元）、40000 元及以上。表 4 - 87 统计了家庭人均收入在这五个层次的家庭分布情况：处在 3750～10000 元（不含 10000 元）的有 238 个家庭，处在 10000～20000 元（不含 20000 元）的有 121 个家庭，处在 20000～30000 元（不含 30000 元）的有 26 个家庭，处在 30000～40000 元（不含 40000 元）的有 13 个家庭，40000 元及以上的有 7 个家庭，依次占总样本家庭数的 58.8%、29.9%、6.4%、3.2%、1.7%。由此可见，家庭人均收入处于 3750～10000 元（不含 10000 元），即在均值以下的占绝大部分，有少部分家庭的家庭人均收入相对较高，达到 30000 元及以上，二者形成较大的差距。

表 4 - 87　家庭人均收入分层情况

层次	家庭数量（个）	占样本家庭总数的比重（%）
40000 元及以上	7	1.7
30000～40000 元（不含 40000 元）	13	3.2
20000～30000 元（不含 30000 元）	26	6.4
10000～20000 元（不含 20000 元）	121	29.9
3750～10000 元（不含 10000 元）	238	58.8
合计	405	100

资料来源：根据入户调查数据整理得到。

农产品使用的差距。表 4 - 88 列出了 405 个家庭生产的农产品的主要使用情况，主要使用情况分为三类：自用、销售、留一半卖一半。生产的农产品主要用于自用的有 253 个家庭，占总数的 62.5%；主要用于销售的有 90 个家庭，占总数的 22.2%；留一半卖一半的有 62 个家庭，占总数的 15.3%。可见，农户家庭生产的农产品大多用于自用。自用、销售、留一半卖一半的样本家庭人均收入的均值分别为 10749 元、11376 元、10179 元。农产品主要用于销售的样本家庭人均收入的均值相对较高；而留一半卖一半的样本家庭人均收入均值相对最低，其原因是这些家庭以农产品销售的一半作为主要收入来源，同时又留有自用以进行生活；而完全用于自用的村民家庭，由于农产品产量较少，还会寻求其他的增收渠道，如务工、发展其他行业等，在一定程度上扩大了收入来源、增加了收入，但人均收入水平的均值高于农产品留一半卖一半的样本家庭的均值、低于农产品主要用于销售的样本家庭的均值。

表 4 - 88　农产品使用的差距

使用类别	家庭数量（个）	占样本家庭总数的比重（%）	家庭人均收入均值（元）
自用	253	62.5	10749
销售	90	22.2	11376
留一半卖一半	62	15.3	10179
合计	405	100	—

资料来源：根据入户调查数据整理得到。

医疗保障差距。医疗保障差距主要考察调查对象即农户是否购买新型农村医疗合作保险及购买方式之间的差异。根据表 4 - 89 可知，405 个调查对象中有381 个家庭购买了新型农村医疗合作保险，占样本总数的 94.1%；未购买的有 24个家庭，占样本总数的 5.9%。在购买了新型农村医疗合作保险的 381 个家庭中，政府购买的有 37 个家庭，占购买样本总数的 9.7%；自己购买的有 316 个家庭，占样本总数的 82.9%；政府与个人共同出资购买的有 28 个家庭，占购买样本总数的 7.4%。

表 4 - 89　农户购买新型农村医疗保险的差异

新型农村医疗合作保险		
是否购买	家庭数量（个）	占样本总数的比重（%）
是	381	94.1
否	24	5.9
合计	405	100
参加医保的购买方式		
方式	家庭数量（个）	占购买样本总数的比重（%）
政府购买	37	9.7
自己购买	316	82.9

方式	家庭数量（个）	占购买样本总数的比重（%）
政府与个人共同出资购买	28	7.4
合计	381	100

资料来源：根据入户调查数据整理得到。

家庭拥有政府转移支付的差距。政府转移支付的差距，主要考察样本家庭是否有政府转移支付，以及转移支付额度的差距。根据表4－90可知，405个家庭中有194个家庭有政府转移支付，占样本总数的47.9%，有211个家庭无政府转移支付，占样本总数的52.1%。在194个具有政府转移支付的家庭中，有21个家庭的政府转移支付在2万元及以上，有4个家庭为1.5万~2万元（不含2万元），有6个家庭为1万~1.5万元（不含1.5万元），有9个家庭为5000~10000元（不含10000元），有91个家庭为1000~5000元（不含5000元），有63个家庭的政府转移支付在1000元以下，分别占具有政府转移支付总样本家庭的10.8%、2.1%、3.1%、4.6%、46.9%、32.5%。

表4－90 家庭在政府转移支付方面的差距

政府转移支付		
是否有	家庭数量（个）	占样本总数的比重（%）
是	194	47.9
否	211	52.1
合计	405	100
政府转移支付额度		
额度	家庭数量（个）	占具有转移支付样本总数的比重（%）
2万元及以上	21	10.8
1.5万~2万元（不含2万元）	4	2.1
1万~1.5万元（不含1.5万元）	6	3.1
5000~10000元（不含10000元）	9	4.6
1000~5000元（不含5000元）	91	46.9
1000元以下	63	32.5
合计	194	100

资料来源：根据入户调查数据整理得到。

家庭生活环境质量的差距。家庭生活环境质量的差距以家庭饮用水是否干净、家庭附近有无污染源来对比。根据表4-91可知，在405个家庭中，饮用水常年干净的有359个家庭、常年不干净的有24个家庭、半年以上干净的有22个家庭，分别占样本总数的88.6%、5.9%、5.4%，可见大部分家庭饮用水较为干净，但依然有部分家庭生活受到饮用水不干净的影响。从家庭附近有无污染源来看，在405个家庭中，111个家庭附近有污染源，294个家庭附近无污染源，分别占样本家庭总数的27.4%、72.6%，由此可见，部分家庭依然受到环境污染的影响。

表4-91　家庭生活环境质量的差距

饮用水		
是否干净	家庭数量（个）	占样本总数的比重（%）
常年干净	359	88.6
常年不干净	24	5.9
半年以上干净	22	5.4
合计	405	100
污染源		
家庭附近有无污染源	家庭数量（个）	占样本总数的比重（%）
有	111	27.4
无	294	72.6
合计	405	100

资料来源：根据入户调查数据整理得到。

本章小结

本章探讨了广西壮族自治区区域板块间、城市间、县域间、城乡间、乡镇间、农村间的经济发展差距。得到以下主要结论：

（1）经济总体水平在各等级的区域间存在极大的不平衡性，这种不平衡性总体上呈扩大的态势，主要表现为区域之间人均GDP差距。区域经济总体差距主要来源于区域间差距，其次是区域内差距，最后是超变密度。人民生活水平的差距有缩小的趋势，表现为收入差距的缩小。基本公共服务的区域差距也呈缩小的趋势，表现为小学教育差距和医疗卫生差距的缩小，但是中学教育的差距还明显存在。

（2）民族自治（待遇）县之间、陆地边境县之间、民族乡之间的经济发展层次分明，不平衡性突出，但基本公共服务差距不明显。

（3）在乡村经济上，乡村的居民人均收入、乡村教育事业方面存在较大的差距，但乡村基础设施、网络覆盖、医疗卫生、环境保护与治理、社会保障方面的差距相对较小。在家庭经济上，家庭人均收入、家庭获政府转移支付额度层次明显。农产品主要用于销售的家庭人均收入相对较高；其次是农产品主要用于自用的家庭人均收入，原因是其产量较少，还会寻求其他的增收渠道，如务工、发展其他行业等，在一定程度上扩大了收入来源、增加了收入，但是家庭人均收入的均值略低于农产品主要用于销售的家庭的均值；而留一半卖一半的样本家庭人均收入均值相对最低，其原因是这些家庭以农产品销售的一半作为主要收入来源，同时又留有自用保障了生活，而没有寻求更多的收入。

综合来看，广西的区域经济总体差距在扩大，人民生活水平差距、基本公共服务差距有缩小的趋势，但是，区域经济的发展水平的差距不是单纯的总体经济的人均差距，也不是单纯的人民生活水平、基本公共服务的差距，区域经济的发展水平还应包含区域经济与人民生活、基本公共服务等方面融合发展的程度，即区域经济发展的协调水平。

5 广西区域经济协调发展水平评估

第4章从多维差距的视角分析了广西区域经济发展的不平衡性，但是，区域经济发展差距只是区域经济协调发展状况的内容之一，而区域经济协调发展的水平不仅要看区域经济发展差距的大小，还要观察经济与社会、生态的耦合协调发展程度。鉴于经济发展与社会发展在内涵上存在较大的趋同性，因此，本章从经济和社会耦合协调发展的角度进一步探讨广西区域经济协调发展状况。

5.1 广西区域经济协调发展水平评价指标体系构建

区域经济协调发展是一个复杂的系统，其中一个重要的内容是经济与社会的融合发展。经济与社会发展之间具有相互促进的关系，鉴于经济与社会发展内容的逐渐趋同，且社会发展是与经济发展关系最为密切的，因此本书将区域经济协调发展细分为经济、人民生活、基础设施、基本公共服务四个子系统。采用耦合协调度来衡量四个子系统之间交互耦合的协调程度。

要评价四个子系统之间的耦合协调度，其步骤是：①选取子系统指标；②对子系统的指标数据进行标准化处理；③通过熵值法赋权，然后评价综合发展水平；④利用综合发展指数计算耦合协调度。

根据经济、人民生活、基础设施、基本公共服务耦合协调系统的特征，指标选取遵循科学性、系统性、层次性、简明性、可操作性等原则。指标选取的科学性是指选取指标要依据区域经济协调发展的科学内涵，不能偏离区域经济协调发展的本质内容，而且要能贴切地反映经济发展、人民生活、基础设施和基本公共服务的水平。系统性意味着指标的选取要全面。层次性是指要根据系统特征，对指标进行多维的筛选，进行维度归类，使系统内部层次分明。简明性是指选取的指标的概念要明确，要能反映子系统的真实状况。可操作性是指选取的指标是可适用于不同区域的，要具有可比性。

按照这些原则，兼顾数据的可得性。本书选取经济、人民生活、基础设施、基本公共服务四个子系统的 39 个指标，以此构建区域经济协调发展综合评价体系，如表 5 - 1 所示。

表 5 - 1　广西壮族自治区区域经济协调发展水平评价指标体系

系统层	准则层	序号	指标	指标方向	单位	权重
区域经济子系统（x）	经济水平	x1	人均 GDP	正	元	0.1163
		x2	GDP 增长率	正	%	0.0355
		x3	财政收入占 GDP 的比重	正	%	0.0814
		x4	财政收入增长率	正	%	0.0254
		x5	人均固定资产投资	正	元	0.0765
		x6	经济密度	正	万元/千米^2	0.0332
	开放发展	x7	对外贸易依存度	正	%	0.0991
		x8	实际外商直接投资占 GDP 的比重	正	%	0.0959
		x9	国际旅游消费占 GDP 的比重	正	%	0.0876
	产业结构与效益	x10	二三产业占 GDP 的比重	正	%	0.0843
		x11	农林牧渔业产值人均占有量	正	元	0.0884
		x12	规模以上工业企业平均利润	正	亿元	0.0440
		x13	规模以上工业企业平均主营业务收入	正	亿元	0.0773
		x14	建筑业企业平均产值	正	亿元	0.0552
人民生活子系统（y）	收入	y1	城镇居民人均可支配收入	正	元	0.1942
		y2	农村居民人均可支配收入	正	元	0.1799
		y3	城乡收入比	负	—	0.0829
	支出	y4	农村居民人均生活费支出	正	元	0.1280
		y5	城镇居民人均生活消费支出	正	元	0.1609
		y6	农村居民人均生活费支出中食品烟酒支出比重	负	%	0.1370
		y7	城镇居民人均生活费支出中食品烟酒支出比重	负	%	0.1171
基础设施子系统（z）	公路	z1	每万人拥有公路里程数	正	千米	0.1109
		z2	公路网密度	正	千米/千米^2	0.0321
	城市市政公用设施水平	z3	用水普及率	正	%	0.0620
		z4	用气普及率	正	%	0.1392
		z5	人均城市道路面积	正	平方米	0.1951
		z6	建成区排水管道密度	正	千米/千米^2	0.1295

系统层	准则层	序号	指标	指标方向	单位	权重
基础设施子系统（z）	城市市政公用设施水平	z7	人均公园绿地面积	正	平方米	0.0806
		z8	建成区绿化覆盖率	正	%	0.1052
		z9	污水处理率	正	%	0.1010
		z10	生活垃圾无害化处理率	正	%	0.0443
基本公共服务子系统（g）	教育	g1	每万人小学生拥有小学专任教师数	正	人	0.0785
		g2	每万人中学生拥有中学专任教师数	正	人	0.0307
		g3	教育支出占 GDP 的比重	正	%	0.1254
	医疗	g4	每万人口床位数	正	张	0.1368
		g5	每万人口卫生技术人员数	正	人	0.1434
		g6	医疗卫生（与计划生育）支出占 GDP 的比重	正	%	0.1963
	社会保障与就业	g7	社会保障和就业支出占 GDP 的比重	正	%	0.1531
	公共文化	g8	人均拥有公共图书馆藏书量	正	册	0.1358

资料来源：原始数据主要来自各年份《广西统计年鉴》，部分数据来源于各市经济与社会发展统计公报，个别数据缺失采用估计值，估计方法为：（上年值 + 下年值）÷2；上年值 + 上年增加量。

经济子系统，是综合反映经济水平的一个综合性系统。本书将其分为经济总体水平、开放发展程度、产业结构与效益三个准则层。经济总体水平采用宏观经济指标进行衡量，最主要的指标是人均 GDP。

人民生活子系统是综合反映人民生活状况的综合指标系统层。人民生活水平与经济发展息息相关，提高人民生活水平是经济发展的一个重要目标。人民生活水平与经济发展不协调，就谈不上真正的经济协调发展。

基础设施子系统是区域经济协调发展的保障。基础设施既关乎经济发展，又关乎人民生活水平，如交通基础设施发展是经济增长的重要因素，经济的发展也将不断促进交通基础设施的完善，基础设施的良性发展是经济发展和人民生活水平提升的重要依托。

基本公共服务子系统是经济高质量发展的保障，没有基本公共服务子系统作为支撑，经济发展质量将受到影响。因此，基本公共服务子系统的良性发展是区域经济协调发展不可缺少的重要内容。

5.2 区域经济协调发展水平评价方法

5.2.1 指标标准化处理

指标对子系统有两种作用：一种是正向作用，另一种是负向作用。且各指标之间的度量单位不同，难以进行比较。因此，需要对指标的正负向作用和度量单位进行标准化处理。标准化的计算公式为：

$$\text{正向指标：} x_{ji}' = \frac{x_{ji} - \min\{x_{ji}\}}{\max\{x_{ji}\} - \min\{x_{ji}\}} \tag{5-1}$$

$$\text{负向指标：} x_{ji}' = \frac{\max\{x_{ji}\} - x_{ji}}{\max\{x_{ji}\} - \min\{x_{ji}\}} \tag{5-2}$$

5.2.2 熵值法赋权

第一步：计算第 j 个地区第 i 个指标所占比重。

$$H_{ji} = \frac{x_{ji}'}{\sum_{j=1}^{n} x_{ji}'} \tag{5-3}$$

第二步：计算第 i 个指标的信息熵。

$$e_i = -k \sum_{i=1}^{m} H_{ji} \ln(H_{ij}) \tag{5-4}$$

其中，k 与样本数 m 有关，此处令 $k = \dfrac{1}{\ln(m)}$，则 $e \in [0, 1]$。

第三步：计算第 i 个指标的信息熵与 1 之间的差值。

$$d_i = 1 - e_i \tag{5-5}$$

第四步：计算各指标权重。

$$w_i = \frac{d_i}{\sum_{i=1}^{m} d_i} \tag{5-6}$$

第五步：计算综合评价值。

$$f(x)_i = \sum_{i=1}^{m} w_i x_{ji}' \tag{5-7}$$

5.2.3 耦合协调度评价模型

区域经济发展的各子系统之间通过相互作用而彼此影响，为了评价各子系统之间相互作用的强度，采用物理学中的耦合度模型来进行评价。耦合度模型的计算公式为：

$$C_n = \left\{ \frac{(u_1, u_2, \cdots, u_r)}{\prod (u_i + u_j)} \right\}^{\frac{1}{n}} \qquad (5-8)$$

其中，u_i（$i=1$，2，3，$\cdots$，r）是各子系统综合评价函数，可计算出各子系统的综合评价值，n 表示子系统的数量。本书从经济、人民生活、基础设施、基本公共服务四个子系统来综合测度区域经济发展水平，那么 n = 4。耦合度介于 $[0，1]$，越接近于 1 表明耦合程度越大；反之则越小。但是，耦合度仅仅表明各子系统之间相互作用的强弱，并不能反映区域经济发展中各子系统之间的协调程度。因此引入耦合协调度，以此评价区域经济发展中经济、人民生活、基础设施、基本公共服务四个子系统交互耦合的协调程度。构建耦合度、耦合协调度模型为：

耦合度：$C = \left\{ \frac{f(x) \times f(y) \times f(z) \times f(g)}{[f(x) + f(y) + f(z) + f(g)]^4} \right\}^{\frac{1}{4}} \qquad (5-9)$

耦合协调度：$D = \sqrt{C \times T}$，$T = \alpha f(x) + \beta f(y) + \chi f(z) + \delta f(g)$ $\qquad (5-10)$

式中，$f(x)$、$f(y)$、$f(z)$、$f(g)$ 分别表示经济、人民生活、基础设施、基本公共服务的综合评价函数，T 为区域经济发展中"经济—人民生活—基础设施—基本公共服务"综合评价函数，α、β、χ、δ 为待定系数。本书将四个子系统视为同等重要，因此将 4 个系数设定为 1/4。

为了更好地说明耦合协调度的水平，本书将耦合协调度设定为十个等级，如表 5-2 所示。协调度介于 $[0，1]$，越接近于 1 表明协调程度越高；越趋向于 0 说明协调程度越低，或者说越不协调。

表 5-2　协调度等级划分

协调指数	协调度等级
$0 \leqslant D < 0.1$	极度失调
$0.1 \leqslant D < 0.2$	严重失调
$0.2 \leqslant D < 0.3$	中度失调
$0.3 \leqslant D < 0.4$	轻度失调
$0.4 \leqslant D < 0.5$	濒临失调
$0.5 \leqslant D < 0.6$	勉强协调
$0.6 \leqslant D < 0.7$	初级协调
$0.7 \leqslant D < 0.8$	中等协调

续表

协调指数	协调度等级
0.8≤D<0.9	高度协调
0.9≤D<1	极高协调

资料来源：由笔者整理。

5.3 广西区域经济协调发展状况分析

5.3.1 区域经济发展水平综合评估

采用熵值法计算出广西壮族自治区 14 个地级市 2010～2018 年各子系统的综合评价值，利用各子系统的综合评价值最终获得 14 个地级市经济发展的综合评价值，如表 5-3 所示。综合来看，2010～2018 年广西壮族自治区 14 个地级市的经济发展水平在不断提高，但是区域差距较大。防城港市、桂林市、南宁市、北海市发展水平相对较高，来宾市、梧州市、贺州市、贵港市、崇左市等发展水平相对较低。

表 5-3　2010～2018 年广西各地级市经济发展水平综合评价值

年份 地级市	2010	2011	2012	2013	2014	2015	2016	2017	2018
南宁	0.331	0.337	0.386	0.411	0.448	0.489	0.515	0.552	0.585
柳州	0.312	0.338	0.377	0.406	0.429	0.462	0.493	0.533	0.564
桂林	0.326	0.344	0.369	0.406	0.435	0.474	0.503	0.545	0.586
梧州	0.249	0.318	0.334	0.363	0.377	0.409	0.442	0.474	0.513
北海	0.268	0.311	0.358	0.392	0.441	0.467	0.490	0.540	0.577
防城港	0.295	0.356	0.386	0.404	0.441	0.464	0.482	0.610	0.638
钦州	0.264	0.324	0.368	0.406	0.457	0.481	0.515	0.545	0.546
贵港	0.238	0.259	0.313	0.348	0.352	0.401	0.414	0.464	0.530
玉林	0.278	0.311	0.340	0.365	0.397	0.425	0.467	0.505	0.537
百色	0.246	0.289	0.338	0.347	0.382	0.421	0.483	0.523	0.570
贺州	0.250	0.269	0.303	0.326	0.312	0.387	0.434	0.485	0.520
河池	0.264	0.294	0.336	0.344	0.394	0.444	0.481	0.539	0.553

续表

年份 地级市	2010	2011	2012	2013	2014	2015	2016	2017	2018
来宾	0.276	0.304	0.348	0.387	0.424	0.444	0.473	0.502	0.523
崇左	0.257	0.291	0.328	0.337	0.371	0.428	0.434	0.496	0.521
平均值	0.275	0.310	0.349	0.374	0.404	0.443	0.473	0.522	0.555

资料来源：笔者计算。

以 2018 年为例，对广西各地级市经济发展综合水平进行分析。各地级市经济子系统、人民生活子系统、基础设施子系统、基本公共服务子系统综合评价值存在较大的差别，一个系统发展得好不代表另一个系统也发展得好。就经济水平而言，柳州市、北海市、南宁市、桂林市、防城港市相对较高，来宾市、河池市、贺州市、玉林市、百色市相对较低；就人民生活水平而言，防城港市、南宁市、玉林市、桂林市、北海市相对较高，河池市、贺州市、崇左市、百色市、贵港市相对较低；就基础设施水平而言，防城港市、钦州市、百色市较高，南宁市、梧州市、柳州市较低；就基本公共服务水平而言，河池市、百色市、贺州市相对较高，钦州市、北海市、崇左市相对较低。值得注意的是，此处的基础设施与公共服务的水平所反映的是共享程度。将四个子系统综合考虑，区域经济发展水平相对较高的是防城港市、桂林市、南宁市、北海市，相对较低的是梧州市、贺州市、崇左市、来宾市。如表 5-4 所示。

表 5-4 2018 年广西各地级市经济发展子系统、总系统的综合评价值

地级市	经济子系统		人民生活子系统		基础设施子系统		基本公共服务 子系统		综合得分	
	评价值	排序	评价值	排序	评价值	排序	评价值	排序	评价值	排序
南宁	0.413	3	0.901	2	0.544	14	0.482	5	0.585	3
柳州	0.456	1	0.802	6	0.586	12	0.414	10	0.564	6
桂林	0.403	4	0.847	4	0.630	10	0.462	7	0.586	2
梧州	0.229	9	0.772	9	0.573	13	0.478	6	0.513	14
北海	0.422	2	0.839	5	0.661	8	0.388	13	0.577	4
防城港	0.377	5	0.969	1	0.781	1	0.426	9	0.638	1
钦州	0.291	7	0.773	8	0.736	2	0.387	14	0.546	8
贵港	0.280	8	0.744	10	0.688	4	0.406	11	0.530	10
玉林	0.216	11	0.880	3	0.612	11	0.441	8	0.537	9

续表

地级市	经济子系统		人民生活子系统		基础设施子系统		基本公共服务子系统		综合得分	
	评价值	排序	评价值	排序	评价值	排序	评价值	排序	评价值	排序
百色	0.220	10	0.735	11	0.710	3	0.613	2	0.570	5
贺州	0.209	12	0.687	13	0.678	5	0.507	3	0.520	13
河池	0.169	13	0.669	14	0.676	6	0.700	1	0.553	7
来宾	0.153	14	0.781	7	0.652	9	0.507	4	0.523	11
崇左	0.321	6	0.698	12	0.671	7	0.393	12	0.521	12

资料来源：笔者计算。

5.3.2 区域经济发展耦合度和耦合协调度分析

根据表 5 - 5 可知，2010 ~ 2018 年，广西壮族自治区 14 个地级市的经济、人民生活、基础设施、基本公共服务之间的耦合指数都在 0.8 以上，有不少地级市 9 年间都在 0.9 以上，综合表明这些地级市四个子系统之间的相互作用程度较强，也表明区域经济的发展是一个多系统相互作用、相互影响、共同推进的过程。

表 5 - 5　2010 ~ 2018 年广西各地级市四个子系统的耦合程度

地级市 \ 年份	2010	2011	2012	2013	2014	2015	2016	2017	2018
南宁	0.954	0.976	0.978	0.981	0.981	0.979	0.973	0.972	0.955
柳州	0.937	0.979	0.975	0.977	0.973	0.975	0.973	0.975	0.967
桂林	0.958	0.975	0.961	0.974	0.972	0.975	0.965	0.967	0.959
梧州	0.921	0.940	0.966	0.964	0.957	0.959	0.945	0.950	0.915
北海	0.868	0.905	0.939	0.930	0.950	0.954	0.952	0.958	0.951
防城港	0.908	0.912	0.916	0.913	0.933	0.944	0.936	0.928	0.925
钦州	0.854	0.914	0.955	0.952	0.974	0.964	0.927	0.939	0.920
贵港	0.913	0.962	0.926	0.932	0.951	0.966	0.936	0.941	0.928
玉林	0.867	0.891	0.896	0.902	0.915	0.917	0.886	0.900	0.886
百色	0.912	0.922	0.958	0.955	0.947	0.947	0.924	0.939	0.904
贺州	0.905	0.973	0.968	0.965	0.961	0.950	0.930	0.927	0.906
河池	0.870	0.856	0.817	0.874	0.896	0.876	0.866	0.866	0.869

地级市 \ 年份	2010	2011	2012	2013	2014	2015	2016	2017	2018
来宾	0.938	0.920	0.895	0.887	0.884	0.873	0.839	0.869	0.852
崇左	0.973	0.988	0.986	0.989	0.988	0.989	0.970	0.957	0.947

资料来源：笔者计算。

根据耦合协调度模型计算出 2010～2018 年广西各地级市四个子系统的耦合协调度，如表 5-6 所示，2010～2018 年各地级市的四个子系统的耦合协调度均呈不断上升的趋势，从 2010 年的勉强协调或濒临失调逐渐向 2018 年的中等协调或初级协调转变，协调程度逐渐上升。根据表 5-7 可知，2010 年有 7 个地级市濒临失调，表明这些地级市经济、人民生活、基础设施、基本公共服务四个方面统筹、融合发展程度还较低，在经济发展时，人民生活水平、基础设施及基本公共服务与经济水平不匹配。2014 年的时候，在 14 个地级市中已无濒临失调的现象，到 2018 年有 9 个地级市达到中等协调，5 个地级市为初级协调。

表 5-6 2010～2018 年广西各地级市四个子系统的耦合协调度

地级市 \ 年份	2010	2011	2012	2013	2014	2015	2016	2017	2018
南宁	0.562	0.574	0.614	0.635	0.663	0.692	0.708	0.733	0.747
柳州	0.541	0.575	0.606	0.630	0.646	0.671	0.693	0.721	0.739
桂林	0.559	0.579	0.595	0.629	0.650	0.680	0.697	0.726	0.749
梧州	0.478	0.547	0.568	0.592	0.601	0.626	0.646	0.671	0.685
北海	0.482	0.531	0.580	0.604	0.647	0.667	0.683	0.719	0.741
防城港	0.518	0.570	0.594	0.608	0.641	0.662	0.672	0.752	0.768
钦州	0.475	0.544	0.593	0.621	0.667	0.681	0.691	0.715	0.709
贵港	0.466	0.499	0.538	0.570	0.579	0.622	0.623	0.661	0.701
玉林	0.491	0.527	0.551	0.574	0.603	0.624	0.643	0.674	0.690
百色	0.474	0.517	0.569	0.576	0.604	0.631	0.668	0.701	0.718
贺州	0.475	0.512	0.542	0.561	0.548	0.606	0.635	0.671	0.686
河池	0.479	0.502	0.523	0.548	0.594	0.624	0.646	0.683	0.693
来宾	0.508	0.529	0.558	0.586	0.612	0.622	0.630	0.660	0.668
崇左	0.500	0.536	0.569	0.578	0.606	0.650	0.649	0.689	0.702

资料来源：笔者计算。

表5-7 2010年、2014年、2018年各地级市四个子系统的耦合协调类型

地级市	2010年		2014年		2018年	
	耦合协调度	协调等级	耦合协调度	协调等级	耦合协调度	协调等级
南宁	0.562	勉强协调	0.663	初级协调	0.747	中等协调
柳州	0.541	勉强协调	0.646	初级协调	0.739	中等协调
桂林	0.559	勉强协调	0.650	初级协调	0.749	中等协调
梧州	0.478	濒临失调	0.601	初级协调	0.685	初级协调
北海	0.482	濒临失调	0.647	初级协调	0.741	中等协调
防城港	0.518	勉强协调	0.641	初级协调	0.768	中等协调
钦州	0.475	濒临失调	0.667	初级协调	0.709	中等协调
贵港	0.466	濒临失调	0.579	勉强协调	0.701	中等协调
玉林	0.491	濒临失调	0.603	初级协调	0.690	初级协调
百色	0.474	濒临失调	0.604	初级协调	0.718	中等协调
贺州	0.475	濒临失调	0.548	勉强协调	0.686	初级协调
河池	0.479	濒临失调	0.594	勉强协调	0.693	初级协调
来宾	0.508	勉强协调	0.612	初级协调	0.668	初级协调
崇左	0.500	勉强协调	0.606	初级协调	0.702	中等协调

资料来源：笔者计算。

从广西14个地级市的各子系统耦合度和耦合协调度的均值来看，根据图5-1

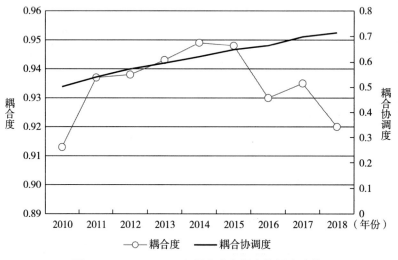

图5-1 2010~2018年耦合度和耦合协调度均值

资料来源：笔者计算并绘制。

可知，2010～2018 年耦合度均值经历了"先上升后下降的趋势"，2010～2014 年总体呈上升趋势，从 2015 年开始波动下降，表明 2015 年以后各子系统之间的相互作用强度有所下降；但耦合协调度的均值呈不断上升的趋势，总体表明协调水平是在不断提高的。

5.4 广西区域经济协调发展水平的空间特征

5.4.1 区域板块经济协调发展水平特征

为了更细致地观察广西区域经济协调发展水平的空间特征，将 14 个地级市分为五大经济区域板块。从区域板块来看，2018 年桂南沿海经济区、桂北经济区的综合发展指数相对较高，且两个经济区的所有地级市各子系统的耦合协调度均达到 0.7 以上，协调等级均为中等协调。桂中经济区的柳州市综合发展指数也较高，柳州市的各子系统的耦合协调等级也达到中等协调。而桂东经济区综合发展指数总体相对较低，且有 3 个地级市协调等级为初级协调。桂西经济区经济发展指数相对较低，但综合指数总体要高于桂东经济区，且桂西经济区有 3 个地级市的各子系统之间的协调等级为中等协调，如表 5 − 8 所示。

表 5 − 8　2018 年五大经济区内部各市子系统之间的耦合协调水平

区域	地级市	经济水平指数	人民生活指数	基础设施指数	基本公共服务指数	综合发展指数	耦合度	耦合协调度	协调等级	协调指数排序
桂南沿海经济区	南宁	0.413	0.901	0.544	0.482	0.585	0.955	0.747	中等协调	3
	北海	0.422	0.839	0.661	0.388	0.577	0.951	0.741		4
	防城港	0.377	0.969	0.781	0.426	0.638	0.925	0.768		1
	钦州	0.291	0.773	0.736	0.387	0.546	0.92	0.709		7
桂东经济区	梧州	0.229	0.772	0.573	0.478	0.513	0.915	0.685	初级协调	13
	贵港	0.280	0.744	0.688	0.406	0.530	0.928	0.701	中等协调	9
	玉林	0.216	0.880	0.612	0.441	0.537	0.886	0.690	初级协调	11
	贺州	0.209	0.687	0.678	0.507	0.520	0.906	0.686		12
桂西经济区	百色	0.220	0.735	0.710	0.613	0.570	0.904	0.718	中等协调	6
	河池	0.169	0.669	0.676	0.700	0.553	0.869	0.693	初级协调	10
	崇左	0.321	0.698	0.671	0.393	0.521	0.947	0.702	中等协调	8

续表

区域	地级市	经济水平指数	人民生活指数	基础设施指数	基本公共服务指数	综合发展指数	耦合度	耦合协调度	协调等级	协调指数排序
桂中经济区	柳州	0.456	0.802	0.586	0.414	0.564	0.967	0.739	中等协调	5
	来宾	0.153	0.781	0.652	0.507	0.523	0.852	0.668	初级协调	14
桂北经济区	桂林	0.403	0.847	0.630	0.462	0.586	0.959	0.749	中等协调	2

资料来源：笔者计算。

5.4.2 区域经济协调发展水平的空间相关性检验

区域经济协调发展水平的测算结果表明，各地级市之间存在一定的差距，且在地域上有高低集聚现象。2010 年，广西东南部地区和西北部地区的地市多为濒临失调，勉强协调与濒临失调分布较为不规则，即勉强协调的地市周围分布着协调等级不一的地级市；2014 年初级协调的地级市较为集中；2018 年也具有中等协调地级市分布较为集中的现象，如西南部地区。

为了更进一步探讨区域经济协调发展水平的空间分布特征，采用 Moran's I 指数对各地级市之间的空间相关性进行检验。表 5 - 9 列出了 14 个地级市经济协调发展水平的 Moran's I 指数，Moran's I 指数通常介于 [- 1，1]，大于 0 则表明是空间正相关关系，越接近于 1 正相关性越大，等于 0 则是空间呈随机性，小于 0 则是负相关性，越接近于 - 1 空间差异越大。2010 年的 Moran's I 指数为负值，表明各地级市经济协调发展水平的空间关系是负相关的，2011 ~ 2018 年 Moran's I 指数均为正值，说明各地级市经济协调发展水平存在空间正相关性。根据图 5 - 1，Moran's I 指数呈先增大后变小的趋势，表明空间相关性先增强后变弱。结合 p 值来看，2011 ~ 2016 年，Moran's I 指数在 5% 的水平下显著，2017 年和 2018 年则在 5% 的水平下不显著，意味着 14 个地级市的经济协调发展水平的空间分布由显著的正相关变为不是很显著的正相关。

表 5 - 9   2010 ~ 2018 年广西各地级市经济协调发展水平空间分布的 Moran's I

年份	Moran's I	p
2010	- 0.093	0.538
2011	0.227	0.036
2012	0.247	0.027
2013	0.402	0.002

续表

年份	Moran's I	p
2014	0.449	0.001
2015	0.384	0.004
2016	0.259	0.024
2017	0.143	0.097
2018	0.097	0.151

资料来源：笔者计算。

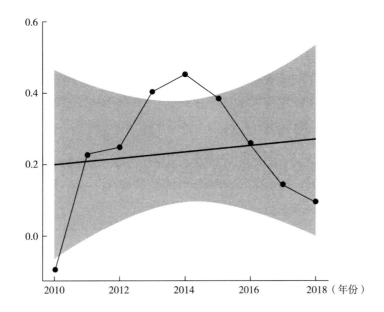

图 5 - 2　2010～2018 年 Moran's I 的变化趋势

资料来源：笔者计算并绘制。

本章小结

　　本章根据区域经济协调发展的内涵，从经济和社会融合发展角度，构建了广西壮族自治区区域经济协调发展水平评价指标体系，综合体系分为四个子系统，即经济子系统、人民生活子系统、基础设施子系统、基本公共服务子系统。基于四个子系统，采用熵值法测算了各系统的得分，并构建了广西壮族自治区区域协调发展耦合度和耦合协调度模型，根据模型计算出了广西壮族自治区地级市层面的区域协调发展水平，并进行分区域比较。得到以下主要结论：

（1）2010～2018年，广西壮族自治区区域经济发展水平不断提高。

（2）2010～2018年，广西壮族自治区区域经济协调发展水平逐步提高，从2010年的勉强协调或濒临失调逐渐向2018年的中等协调或初级协调转变，预计未来协调性水平将进一步提升。

（3）2011～2018年（2010年负相关）14个地级市的经济协调发展水平存在正的空间自相关性，这种自相关性先变强后变弱，由显著正相关逐渐转变为不是很显著的正相关。

（4）广西的西南部地区、北部地区经济发展协调性相对较高，东部地区协调性相对较弱。

6 广西区域经济协调发展的
制约因素与机遇

本书第4章、第5章分别测算了广西壮族自治区区域经济发展的不平衡程度和协调发展水平，结果显示经济发展的区域差距在扩大，但是区域经济协调发展的水平在提高，意味着区域间经济发展的失衡、区域内经济与社会发展的逐步协调。总体而言，区域经济协调发展依然面临严峻挑战，诸多因素制约着区域经济差距的缩小、区域经济与社会的协调发展，但是，由于区位独特，诸多国家政策向广西倾斜，广西区域经济协调发展也迎来众多机遇。

6.1 广西区域经济协调发展的制约因素

6.1.1 边地、边缘区经济发展水平低

边地、边缘是与中心相对应的两种空间概念。边地指边境地区，边缘特指经济边缘区。就边地而言，广西壮族自治区是我国的边境民族地区；广西壮族自治区的边地，以县域划分，包括防城区、东兴市、那坡县、靖西市、宁明县、龙州县、大新县、凭祥市8个与越南接壤的边境县（市、区）。就边缘而言，与以南宁为中心的桂南沿海经济区相对应，桂西经济区和桂东经济区经济发展相对滞后，是经济边缘区，桂西经济区包含百色、河池、崇左3个地级市，桂东经济区包含梧州、贵港、玉林和贺州4个地级市。从经济上看，广西的边境地区、桂西经济区、桂东经济区经济发展还较为滞后，以2018年为例，广西人均GDP和居民人均可支配收入分别为41489元、21485元，虽然边境8县（市、区）的人均GDP的平均值要高于广西全区水平，但是，居民人均可支配收入的平均值却低于广西全区的水平，且8个县（市、区）中有5个县的居民人均可支配收入低于广西全区的水平。桂西经济区的百色市和河池市的人均GDP都低于广西全区水平，3个市的居民人均可支配收入全都低于广西全区水平。桂东经济区虽然有3个市

的居民人均可支配收入高于广西全区水平，但 4 个市的人均 GDP 全都低于广西全区水平。总体来看，广西边境地区、桂西经济区、桂东经济区等经济区域的经济发展还较为滞后，与以南宁为中心的桂南沿海经济区还存在较大的差距，边地、边缘的滞后成为制约广西区域经济协调发展的因素之一。

6.1.2　少数民族发展的滞后

少数民族经济是广西经济的重要组成部分，少数民族是广西经济建设的重要参与者，2018 年广西的少数民族人口占广西全区人口的比重达 39%。从少数民族的分布上看，广西边境地区和经济边缘区又是少数民族较为集中的地区：2016年，边境 8 县（市）的少数民族人口占 8 个县（市）总人口的 82%；根据 2010年全国第六次人口普查统计数据，桂西经济区的百色市、河池市、崇左市各地的少数民族人口占当地的人口比例分别达 85.05%、83.89%、88.11%，3 个市的少数民族人口占广西全区少数民族人口的比例达 44%；虽然桂东经济区的少数民族人口占全区的比重并不高，但也有约全区 6% 的少数民族人口分布在这一经济区；除此之外，南宁市、柳州市也是少数民族较多的地区。

从整个广西来看，有一些地区少数民族较为集中，但这些地区发展相对滞后，如百色、河池、来宾、崇左等地；一些发展相对较好的地区，少数民族也较多，也存在经济协调发展程度较低的现象，例如在前文的分析中，南宁、柳州等少数民族较集中的地级市的经济协调发展等级还处于中等协调，然而，少数民族跟随经济的发展而发展是区域经济协调发展的应有之义。但是，广西少数民族发展较为滞后，主要体现在两个方面：一是市场经济意识不强；二是少数民族受教育程度还较低。

首先，广西少数民族多聚居在边境和山区，由于长期处于信息较为封闭的地区，思想观念较为守旧，不善于接受新事物，特别是市场经济意识不强，许多少数民族的生产活动不是为了让商品进入市场，而是为了解决自身的吃、穿、用，生产带有很强的自给性，产品进入市场的份额不高。也由于思想的保守、聚集地较为封闭，少数民族在生产技术上较为落后，劳动生产率较低，且创新性不足，劳动产品的附加值也较低，这在很大程度上限制着地区经济的发展，加大了广西的少数民族聚居地区与经济核心区的差距。

其次，广西少数民族人口受教育程度普遍偏低，2010 年广西全区 6 岁以上少数民族人口中有 5.21% 未上过学、37.76% 为小学学历、40.66% 为初中学历、10.59% 为高中学历、3.78% 为大专学历、1.9% 为本科学历、0.1% 为研究生学历，高中以下学历（即小学、初中学历）的比例达 78.42%，高中及高中以上学历的比例仅为 16.37%。从 11 个世居少数民族上来看，11 个世居少数民族 6 岁以上人口的受教育程度多为高中以下，壮族、瑶族、苗族、侗族、仫佬族、毛南族、回族、京族、彝族、水族、亿佬族高中以下学历的比例分别为78.7%、79.38%、76.94%、75.29%、75.14%、75.35%、44.22%、67.96%、67.6%、76.17%、71.04%。人力资本是一个地区经济增长和发展的重要因素，受教育程度的高低是人力资本水平的反映，由于少数民族受教育水平较低，在一定程度上制约着少数民族主要分布地区的经济发展，进而不利于广西区域经济协调发展。如表6-1所示。

表6-1　全国第六次人口普查广西少数民族6岁以上人口受教育程度构成

单位:%

受教育程度	未上过学	小学	初中	高中	大学专科	大学本科	研究生	合计
全区少数民族	5.21	37.76	40.66	10.59	3.78	1.90	0.10	100
壮族	4.82	36.28	42.42	10.86	3.74	1.80	0.08	100
瑶族	6.29	47.49	31.89	8.59	3.51	2.12	0.11	100
苗族	12.81	52.82	24.12	6.27	2.54	1.35	0.09	100
侗族	8.49	43.98	31.31	9.75	4.22	2.16	0.11	100
仫佬族	4.03	38.69	36.45	11.74	5.54	3.36	0.18	100
毛南族	3.19	36.32	39.03	12.18	5.87	3.25	0.16	100
回族	1.37	16.49	27.73	26.40	14.61	12.16	1.24	100
京族	4.83	26.01	41.95	16.04	6.68	4.31	0.19	100
彝族	8.79	39.23	28.37	11.73	6.28	5.23	0.37	100
水族	4.64	41.90	34.27	11.49	4.84	2.69	0.18	100
亿佬族	11.47	46.59	24.45	9.05	4.97	3.27	0.20	100

资料来源：根据《广西壮族自治区2010年人口普查资料1》第一部分（全部数据资料）第二卷（民族）表2-2（全区各民族分性别、受教育程度的6岁及以上人口）计算得到。

6.1.3　地理禀赋的差异大

地理禀赋的差异主要体现在地理条件和区位条件两个方面。

地理条件含地形、自然资源等。从地形上看，广西的地势是西北高、东南低，四周被高山、高原围绕，中部和南部多丘陵平地。百色市位于西部、河池市位于西北、崇左位于西南，3个地级市地貌多为山地，对经济发展形成一定的阻碍；南宁、北海、防城港、钦州4个市位于南部，地形相对平坦，有利于经济发展；梧州、玉林、贵港、贺州位于东部，也属于多山区域。从自然资源上看，桂西是资源富集区，有较丰富的矿产资源、水能资源和生态旅游资源等，就矿产资源而言，河池市锡、锑、铟、铅、锌等金属矿产资源储量丰富，百色市是铝土矿资源富集区，崇左市是中国锰都；桂南地区面向北部湾，有丰富的海洋资源，如海洋生物资源、海洋矿物资源；位于广西北部的桂林市，是典型的喀斯特岩溶地貌，自然景观丰富、独特；桂东地区水资源和植物资源等较为丰富；桂中地区拥有较丰富的矿产资源。各地区的地理条件在很大程度上决定着产业的发展方向，但是，目前来看，桂西和桂东地区由于地形的限制未能有效发挥比较优势，使地区经济发展受阻。

从区位条件上看，南宁、柳州、桂林交通较为发达；南宁是广西的首府，位于华南、西南和东南亚经济圈的接合部，是泛北部湾经济合作、大湄公河次区域合作、泛珠三角合作等多区域合作的交汇点，是面向东盟的核心城市，拥有较好的区位条件；防城港、北海、钦州濒临北部湾，且与南宁之间的交通较为便捷；柳州是广西重要的铁路枢纽、最大的工业基地；桂林是国际旅游综合交通枢纽，也是东盟自由贸易区门户城市；崇左市是我国通往东盟最便捷的陆路大通道；梧州、贺州、玉林与我国东部发达省份广东相接；河池、百色是我国西南地区出海的大通道。综合来看，桂南、桂北、桂中区位相对优越，桂西和桂东的区位优势还未有效发挥，在一定程度上造成了广西区域经济发展的不平衡。

6.1.4　科技与教育发展的不平衡

科技与教育是推动地区经济发展的两个强大动力。科学技术是第一生产力，人才是经济发展的关键要素，而教育发展程度关乎人力资本的水平。科技和教育发展在地区间不平衡，是区域经济发展差距的形成因素之一。近年来，广西经济取得较大的发展，2010～2018 年，虽然科技支出和教育支出获得较大幅度的增加，但科学技术支出、教育支出占 GDP 的比重存在一定的波动性，如图 6－1 所示，且近几年科学技术支出、教育支出占公共财政预算支出的比重有下降的趋势，如图 6－2 所示，这在一定程度上会制约广西区域经济协调发展水平的提高。

从地方的科学技术与教育发展来看，南宁、柳州、防城港等几个经济发展水平较高的城市的科技相对发达，而桂东、桂西地区的城市科技相对落后；教育发展程度在地区之间也存在较大的不平衡，广西的高等学校大多集中在南宁、桂林等地，如图 6－3 所示，南宁有 34 所高等学校，桂林有 11 所，而贵港没有高等学校，防城港、玉林、贺州分别有 1 所，教育发展的不平衡会造成地区间人力资本的不平衡，进而不利于区域经济差距的缩小。

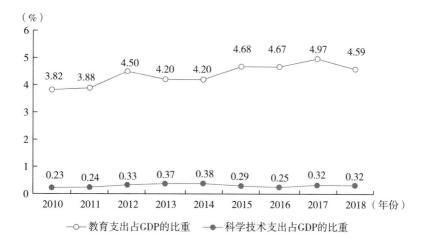

图 6 – 1   2010 ~ 2018 年广西教育支出、科学技术支出占 GDP 的比重

资料来源:《广西统计年鉴 2019》。

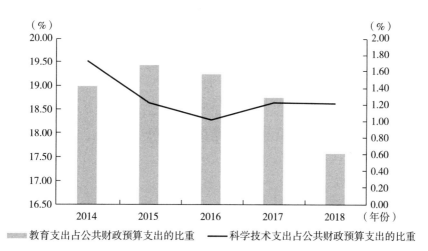

图 6 – 2   2014 ~ 2018 年广西教育支出、科学技术支出占公共财政预算支出的比重

资料来源:《广西统计年鉴 2019》。

6.1.5   民族语言与方言土语

广西少数民族多,民族语言也复杂多样,12 个世居民族除回族转用汉语外,其余 11 个世居民族均有自己的语言,分别是汉语、壮语、瑶语、苗语、侗语、仫佬语、毛南语、京语、彝语、水语、仡佬语,且这些语言在当前都在使用中。

其中，汉语、壮语、瑶语、苗语、彝语还各有自己的方言土语①。这些民族语言和方言土语在广西地域上分布较广，尤其是少数民族较为集中的地区，如河池、百色、崇左、桂林等地，在12个民族自治县、8个边境县、59个民族乡中方言更为盛行，在方言区域内，使用方言进行交流代表的是对当地民族文化的认同。虽然在方言区域内采用方言交流会减少交流障碍，但是也会形成与外界交流的障碍，特别是由于方言太多，即使临近地区也存在沟通障碍，这会形成一道无形的墙，阻碍地区之间的经济交往，不利于地区的开放发展，进而造成方言土语地区经济发展的滞后，与经济核心区、非方言土语区域形成较大的经济差距。

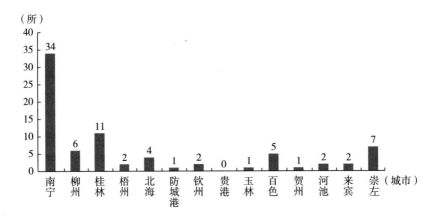

图 6 - 3　2018 年广西各地级市高等学校数

资料来源：《广西统计年鉴 2019》。

6.1.6　经济对外开放水平差距大

对外开放是一个地区经济发展的重要推动力，对外开放的程度通常可以用贸易依存度来进行衡量，广西面向东盟国家，对外开放对经济发展具有重要影响，改革开放以来，对外贸易的发展有力地促进了广西经济的发展。1978 年，广西进出口总额为 4.58 亿元，2018 年达到 4106.71 亿元，外贸依存度从 1978 年的 9.56% 上升至 2018 年的 20.18%。图 6 - 4（广西外贸依存度与人均 GDP 散点图）显示了 1990 ~ 2018 年对外贸易依存度与人均 GDP 具有一定相关性。但是，广西各地区的经济对外开放程度却有着很大的差别，根据图 6 - 5 可知，外贸依存度较高的地区，人均 GDP 相对较高，如防城港、南宁、崇左等地，而经济对

---

①　根据广西壮族自治区人民政府门户网站，首页—美丽广西—广西人文—风土人情 - 语言，http：//www.gxzf.gov.cn/mlgx/gxrw/ftrq/20150205 - 437672.shtml。

外开放程度较低的地区，人均 GDP 也相对较低，如贺州、玉林、贵港、河池等地。虽然经济的对外开放程度不能完全用于解释其经济的发展水平，但是较高的经济对外开放水平在一定程度上有助于经济的发展，而经济对外开放程度在广西各地级市存在较大的差距，这是形成地区经济发展差距的一个重要原因。

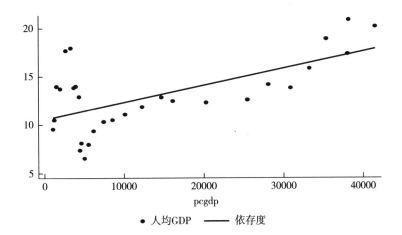

图 6 - 4 1990～2018 年广西外贸依存度与人均 GDP 的散点图

资料来源：笔者绘制。

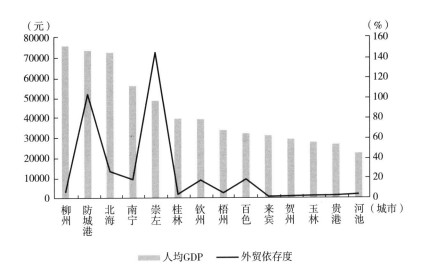

图 6 - 5 2018 年广西各地级市人均 GDP 与外贸依存度

资料来源：《广西统计年鉴 2019》。

6.2 广西区域经济协调发展面临的机遇

（1）中国—东盟自贸区建设助力以南宁为中心的广西北部湾经济区发展壮大，进而推动广西区域经济协调发展。

中国—东盟自由贸易区是指中国与东盟 10 国之间构建的自由贸易区，即"10＋1"，东盟 10 国包含文莱、柬埔寨、印度尼西亚、老挝、马来西亚、缅甸、菲律宾、新加坡、泰国、越南。2010 年，中国—东盟自贸区正式全面启动。当前，中国—东盟自贸区是世界人口最多的自贸区。广西面向东盟国家，是我国唯一的与东盟国家既有海上通道又有陆路通道的省区，拥有非常优越的区位条件。

2000 年以来，广西向东盟的进出口总额不断增加，如图 6 - 6 所示。但是，2010 年以前，广西向东盟的进出口总额较少，2000 年为 4.40 亿美元，2005 年为 12.24 亿美元，2009 年为 49.48 亿美元，2009 年较 2000 年增加了 45.08 亿美元。2010 年中国—东盟自贸区正式全面启动之后，广西充分发挥与东盟陆海相连的区位优势，积极加强与东盟自贸区各国的经贸合作[①]。2010 年广西向东盟的进出

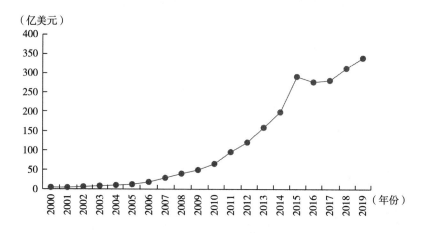

图 6 - 6　2000 ~ 2019 年广西与东盟进出口总额

资料来源：笔者整理、计算。2000 ~ 2018 年的原始数据来源于历年《广西统计年鉴》，2019 年的数据来源于 2019 年广西壮族自治区国民经济和社会发展统计公报。2016 ~ 2019 年数据的单位由人民币换算成美元，汇率数据来源于中华人民共和国国家统计局—统计数据—数据查询—汇率。

---

① 中华人民共和国商务部网站，http：//www.mofcom.gov.cn/article/resume/n/201908/2019080288 8487.shtml。

口总额为 65.26 亿美元；2012 年突破百亿美元，达到 120.49 亿美元；2015 年突破两百亿美元，达到 290.13 亿美元；2018 年突破三百亿美元，达到 311.53 亿美元；2019 年底，广西向东盟的进出口总额达 338.43 亿美元。以 2009 年为基期，2010～2019 年，广西与东盟的贸易额年均增长率达到 22.38%。

广西北部湾经济区由南宁、北海、钦州、防城港、玉林、崇左 6 个地级市组成，在整个广西对外贸易中占有重要的份额，2018 年广西 14 个地级市进出口总额为 4107.55 亿元，北部湾经济区（6 市合计）进出口总额为 3519.02 亿元，北部湾经济区进出口总额占广西全区的 85.7%，其中：南宁市占 18.0%、北海市占 7.8%、防城港市占 17.6%、钦州市占 5.5%、玉林市占 0.9%、崇左市占 35.9%。①

2010 年之前，北部湾经济区的对外贸易依存度还较低，2010 年突破 10%，2018 年达到 20.9%，如图 6-7 所示。对外贸易的发展对经济发展具有重要的促进作用，随着北部湾经济区对东盟经济开放向纵深推进，北部湾经济区的开放度、辐射力、经济繁荣程度、社会和谐水平、生态环境水平也将不断提升。而北部湾经济区作为与东盟经济交往的重要物流基地、商贸基地、加工制造基地和信息交流中心，将成为带动、支撑广西开放发展的战略高地，对促进广西欠发达地区加快发展、提升广西区域经济协调发展水平具有重要作用。

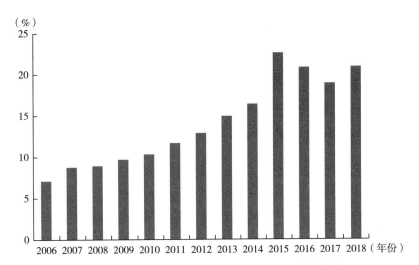

图 6-7 2006～2019 年广西北部湾经济区外贸依存度

资料来源：笔者计算。原始数据来源于历年《广西统计年鉴》，2006～2015 年进出口总额数据的单位由美元转换为人民币，汇率数据来源于中华人民共和国国家统计局—统计数据—数据查询—汇率。

---

① 根据《广西统计年鉴 2019》整理计算。

在中国—东盟自贸区建设的背景下，北部湾经济区作为面向盟开放合作的重点地区，对广西总体经济和区域经济的发展具有强大的带动作用。玉林、崇左等城市的发展有助于缩小广西的区域经济差距，北部湾经济区的发展，可以带动人民生活水平的提升、基础设施的完善和基本公共服务水平的提高，进而助推广西的经济与社会的协调发展。南宁是中国—东盟博览会的永久举办地，北海、防城港、钦州是海路的集散地，广西西部的河池、百色、崇左则是我国西南地区与东盟国家进行经贸往来的重要通道，桂林、柳州等城市则是我国中部地区与东盟国家进行经济贸易的交通枢纽，广西东部地区则是我国广东等省份与东盟国家经贸往来的陆路节点。综合来看，中国—东盟自贸区建设的不断深化，将助力以南宁为中心的北部湾经济区的发展壮大，北部湾经济区的发展，对于激活广西区域经济战略布局、缩小地区经济发展差距、推动经济社会全面进步具有重要意义。

（2）广西沿边金融改革试验区建设助力边境地区开发开放，进而缩小"中心—边缘"的经济发展差距。

2013 年，经国务院同意，中国人民银行牵头 11 个部门发布了《云南省广西壮族自治区建设沿边金融综合改革试验区总体方案》。广西壮族自治区沿边金融综合改革试验区包含南宁、钦州、北海、防城港、百色、崇左 6 个地级市，广西沿边金融试验区建设的一个重要目的是促进广西深化与东盟的开放合作，推动沿边地区和民族地区经济金融和谐发展。2014 年，广西壮族自治区人民政府发布《广西壮族自治区人民政府关于建设沿边金融综合改革试验区的实施意见》，要求各市、县人民政府，自治区农垦局，自治区人民政府各组成部门、各直属机构着力开展沿边金融综合改革试验区建设，不断深化金融体制机制改革，大力推动跨境金融发展，努力提升贸易投资便利化。

根据目前广西沿边金融改革的经验，沿边金融改革对沿边经济发展的作用机制主要体现在：①通过创建东盟货币服务平台推动建立规范的人民币对外币汇率价格机制，进而促进贸易长期投资便利化；②通过推进跨境人民币结算业务，规范、发展互市贸易，降低交易成本、节约交易时间，既保障了边民的利益，又提高了结算效率；③通过特许个人本外币兑换业务，为个人出境旅游、商贸等提供方便快捷的外币兑换服务；④沿边金融改革着力引导银行业金融机构加大信贷投放力度，既促进金融机构的发展，也有助于满足企业资金需求，节约企业的资金成本，破解企业融资难的问题；⑤沿边金融改革大力支持实体经济的发展，政府加强与银行、企业的对接，不断完善银行普惠金融服务保障体系，为中小企业提供了良好的融资环境，而中小企业的发展又能拉动地方经济发展；等等。

沿边金融综合改革有力地推动了边境地区开发开放，对促进边境地区经济发展发挥了重要作用。东兴市、凭祥市、靖西市等是广西沿边金融综合改革一线的边民互市贸易区。以东兴市为例，2013 年 11 月，沿边金融改革在东兴实施，2014 年 4 月 26 日，中国农业银行中国（东兴试验区）东盟货币业务中心正式揭牌成立，至 2018 年 6 月，东兴试验区各商业银行依托服务平台，实现人民币越南盾交易共计 61717 笔，交易金额合计 1074 亿元人民币，折合 368 万亿越南盾；同时，东兴市政府充分发挥财政资金的引导作用，引导银行业金融机构加大信贷投放力度，2015 ~ 2018 年累计为东兴市中小企业融资超过 2 亿元[①]。东兴金融改革为东兴市推进跨境人民币业务、促进边境贸易投资便利化、破解企业融资困难、推动实体经济发展等方面发挥了重要作用，有力地促进了东兴市经济的发展。

2020 年，广西沿边金融改革已进入深度阶段，金融服务经济发展的水平获得显著的提升，跨境金融不断推进。金融改革的深化，有力地提升了沿边贸易、投资的便利性，特别是强有力地推动了陆地边境 8 县（市、区）跨境贸易、边民互市的发展，使沿边县、乡镇、农村经济水平获得了较大幅度的提升，人民生活水平也明显提高，这为缩小边境地区与以南宁为中心的周边地区、沿边地区与沿海地区、沿边城镇与乡村的发展差距，推进区域统筹、经济社会融合发展提供了有利条件。

（3）"一带一路"倡议助推广西各经济区域深化经济对外开放、形成区域统一大市场。

"一带一路"强调和平合作、开放包容、互学互鉴、互利共赢，这将有力推动区域经济一体化和经济全球化的发展。广西是"一带一路"有机衔接的重要门户，是面向东盟的国际大通道。

自 2013 年 "一带一路" 倡议提出以来，广西对外开放水平获得较大幅度的提升。2013 ~ 2019 年，广西与主要国家和地区进出口总额虽有波动，但总体呈增长的态势。2013 年，广西向亚洲、非洲、欧洲、拉丁美洲、北美洲、大洋洲的进出口总额分别为 1064.45 亿元、94.20 亿元、165.66 亿元、235.26 亿元、83.26 亿元，2019 年分别增加至 2923.42 亿元、135.12 亿元、178.40 亿元、395.07 亿元、338.53 亿元、136.11 亿元，2013 ~ 2019 年，广西向亚洲、非洲、欧洲、拉丁美洲、北美洲、大洋洲的进出口总额的年平均增长率分别为 18.83%、21.14%、9.86%、12.61%、5.62%、11.75%，如表 6 - 2 所示。

---

① 东兴市五年沿边金融改革勇创五个 "全国第一" [EB/OL]. 防城港市人民政府门户网站，http: // www. fcgs. gov. cn/zxzx/syqzc/jj/201811/t20181116_ 69885. html.

表6-2 "一带一路"倡议提出以来广西同世界上主要国家和地区货物进出口总额

单位：亿元，%

年份	2013	2014	2015	2016	2017	2018	2019	年平均增长率
亚洲	1064.45	1301.86	1683.08	2431.10	2393.53	2619.34	2923.42	18.83
东盟	760.57	985.63	1221.56	1807.07	1835.44	1893.85	2061.49	18.33
越南	614.03	786.38	1003.59	1534.68	1589.24	1626.26	1749.37	17.47
中国香港	102.51	109.14	162.51	264.38	195.98	261.31	409.31	31.55
日本	43.19	34.00	37.95	41.13	45.71	49.23	49.91	7.38
韩国	23.30	23.99	27.63	23.07	25.71	41.18	48.14	12.63
非洲	94.20	72.34	128.47	58.20	55.07	126.00	135.12	21.14
欧洲	165.66	154.97	118.62	127.45	120.81	170.47	178.40	9.86
欧盟	118.64	108.98	86.89	100.95	95.59	143.58	149.32	11.92
拉丁美洲	235.26	179.03	262.33	274.98	254.95	430.00	395.07	12.61
北美洲	217.69	213.35	204.89	215.29	240.48	369.04	338.53	5.62
美国	152.02	153.48	152.18	164.47	185.33	285.86	248.14	6.00
大洋洲	83.26	112.11	93.70	85.78	105.58	151.48	136.11	11.75

资料来源：笔者整理并计算。2019年以前的数据来源于历年《广西统计年鉴》，2019年的数据来源于2019年《广西壮族自治区国民经济和社会发展统计公报》，年平均增长率的计算以2012年为基期。计算过程中，2012~2015年的进出口总额数据的单位由万美元转换为亿元，汇率数据来源于中华人民共和国国家统计局—统计数据—数据查询—汇率；2016~2018年的数据由万元转换为亿元；2019年的数据为出口额和进口额之和。

东盟是"一带一路"建设的重点区域，长期以来是广西主要的贸易伙伴。2018年，广西向东盟的进出口总额为2061.49亿元，占广西进出口总额（4106.71亿元）的50.20%。2013年"一带一路"倡议提出时，广西向东盟进出口商品总值为985.63亿元，2018年比2013年增加了1075.86亿元，是2013年的2.09倍。广西与东盟的贸易，从贸易方式看，主要以边境小额贸易方式为主，2018年广西与东盟边境小额贸易额为1076.20亿元，占贸易总额的52.20%；从贸易国别看，最主要的贸易国家是越南，2018年广西与越南进出口总额为1749.37亿元，占与东盟进出口总额的84.86%。广西与东盟进出口总额情况如表6-3所示。

"一带一路"倡议以政策沟通、设施联通、贸易畅通、资金融通和民心相通为主要内容。伴随"一带一路"倡议的推进，广西在"一带一路"倡议中的地位将逐渐突显，"一带一路"倡议也将使广西逐步扩大对外经济合作范围、深化对外经济交流合作层次；"一带一路"倡议将再造广西区位优势，推动广西形成"南向、北联、东融、西合"全方位开放新格局①，激发广西沿海、沿边、沿江的经济活力，使广西西部少数民族集中地区由闭塞山区转为开放前沿；"一带一路"将使广西以铁路、公路、航运、航空、空间综合信息网络等为核心的基础设施网络加快形成，广西的交通网络将更加完善、基础设施水平将更进一步提升。在"一带一路"倡议背景下，广西经济对外开放发展、空间发展格局重塑、基础设施的不断完善，将助推广西南部、东部、北部、西部、中部地区形成良性的互动、互补、合作发展格局，进而形成区域统一大市场。

表6-3 广西同东盟（"一带一路"重点区域）进出口商品总值

单位：亿元

主要贸易方式	2016 年	2017 年	2018 年
合计	1835.44	1893.85	2061.49
边境小额贸易	786.80	836.31	1076.20
一般贸易	152.13	250.67	281.75
其他贸易	667.00	633.56	541.52
海关特殊监管区域物流货物	144.30	67.22	—
主要贸易国别			
合计	1835.44	1893.85	2061.49
越南	1589.24	1626.26	1749.37
印度尼西亚	121.29	67.31	67.40
新加坡	32.21	51.06	43.99
马来西亚	31.28	48.60	70.19
泰国	30.25	46.53	91.37
菲律宾	21.06	43.45	25.66
柬埔寨	5.20	4.35	3.82
老挝	2.63	3.26	6.17
缅甸	2.22	2.73	3.35
文莱	0.06	0.30	0.17

资料来源：《广西统计年鉴2019》。

---

① 广西壮族自治区人民政府门户网站，http://www.gxzf.gov.cn/sytt/20180928-715059.shtml。

（4）四大战略塑造广西区域经济协调发展新格局。

随着北部湾经济区、珠江—西江经济带、左右江革命老区、桂林国际旅游胜地建设上升为国家战略，广西各地区的区位优势凸显，区域经济协调发展的空间结构进一步优化。长期以来，广西沿海、沿边、沿江的区位优势未能很好地转化为发展优势，北部湾经济区、珠江—西江经济带的建设，将有力地激发沿海、沿边、沿江的经济活力；左右江革命老区，由于受历史、地理、经济基础等因素的影响，经济发展较为滞后，《左右江革命老区振兴规划》的实施，将推动左右江革命老区的开发开放；桂林国际旅游胜地建设，将使桂林成为世界一流山水观光休闲度假旅游目的地、国际旅游合作和文化交流的重要平台，也将促进桂林及其周边地区经济、社会的全面发展。

北部湾经济区、珠江—西江经济带、左右江革命老区、桂林国际旅游胜地建设四大战略使广西南部、东部、西部和北部各地区有了发展战略支撑，将有利于区域经济协同发展。广西各地区依照自身的功能定位，着力发挥比较优势，将有力地促进地区经济的发展、人民生活的改善、基本公共服务水平的提升，将助推区域经济与社会协调发展。

7 广西区域经济协调发展的长效机制与保障措施

第6章阐述了广西区域经济协调发展的制约因素和有利条件，而促进广西区域经济协调发展就需要破除障碍、抓住机遇。但破除障碍、抓住机遇促进区域经济协调发展的前提是要有更加有效的机制和可操作性的措施作为保障。《中共中央 国务院关于建立更加有效的区域协调发展新机制的意见》以及《中共中央 国务院关于建立健全城乡融合发展体制机制和政策体系的意见》为区域经济协调发展指明了方向。本章立足于这两个文件，根据"集中—均衡"发展思想，结合广西区域经济协调发展的影响因素，探寻广西区域经济协调发展的长效机制，提出推进广西区域经济协调发展的具体措施。

7.1 广西区域经济协调发展的内涵、目标与格局

广西壮族自治区集当前面临着区域板块间、城市间、县域间、城乡间、乡村间经济发展的不协调，区域经济发展不协调的主要表现是区域生产力水平、人民收入水平、产业发展水平、基础设施水平、生态环境水平以及基本公共服务水平的不协调。因此，广西壮族自治区区域经济协调发展的内涵应该包含：①区域板块间、城市间、县域间、城乡间、乡村间的经济发展差距处于合理区间，人民生活水平大体相当，基本公共服务均等化，基础设施普惠共享；②产业发展、经济增长的同时环境治理有效、环境保护有方；③适应区域经济一体化趋势，逐渐形成区域统一大市场，促进要素有序、自由流动，区域间有效互动、互补，比较优势充分发挥，消除不利于贸易、交流的体制机制壁垒；④公共资源分配有效、合理；⑤区域间合作交流不断深化，有力助推区域经济协调发展。

广西壮族自治区区域经济协调发展的内涵，决定了其目标是要逐步缩小区域经济发展差距和居民生活水平差距，普遍提高人民生活水平，实现区域间良性互动和基本公共服务均等化。

广西壮族自治区的区域经济空间结构分为北部湾经济区、桂西资源富集区以及西江经济带，涉及沿海、沿边、沿江，沿海经济区是当前经济发展核心区域，沿边地区发展相对滞后，这种发展不平衡性在短期内是存在的，因此要逐步地实现区域经济发展不平衡向区域经济协调发展转变，这种转变必须围绕独特的区位进行展开，即实施沿海、沿江、沿边开发策略，深入推进沿海、沿江、沿边协调发展。当前，沿海、沿江、沿边在战略布局上又可分为北部湾经济区、桂林国际旅游胜地、珠江—西江经济带、左右江革命老区。因此，广西壮族自治区区域经济协调发展的空间格局是北部湾经济区开发开放、桂林国际旅游胜地建设、西江经济带发展、左右江革命老区振兴。区域经济发展的载体主要是城市经济、县域经济的发展。

经济空间的连续性结构分为城市和乡村，与农村联系最为紧密的是县城和乡镇，因此广西壮族自治区城乡一体协调发展的格局是发展壮大县域经济、培育特色小镇、增强农村发展动力。

7.2 广西区域经济协调发展的长效机制

7.2.1 广西区域经济协调发展机制

（1）广西区域战略融合发展机制。北部湾经济区、珠江—西江经济带、左右江革命老区、桂林国际旅游胜地四大发展战略已全部上升为国家战略，标志着广西实现了国家发展规划的全覆盖。这四大发展战略涵盖了广西壮族自治区沿海、沿江、沿边所有区域，广西要在全国新一轮区域发展总体布局中有更大作为，就必须进一步释放"海"的潜力，激发"江"的活力，做足"边"的文章[①]。广西区域战略融合发展要以"一带一路"建设、中国东盟自由贸易区建设、北部湾经济区开发开放、珠江—西江经济带发展、左右江革命老区振兴、桂林国际旅游胜地建设等重大战略为引领，以沿海、沿江、沿边三大板块为基础，促进区域间相互融通补充。要以北部湾经济区为主骨架加强重大基础设施互联互通，构建统筹国内国际，协调桂东、桂西、桂中、桂南、桂北的区域经济发展新格局。加强以南宁为中心城市的北部湾城市群建设，以北部湾城市群带动区域发展，推动区域板块之间融合互动发展。加强"一带一路"建设、中国东盟自由贸易区建设、北部湾经济区开发开放、珠江—西江经济带发展、左右江革命老区

---

① 据广西壮族自治区人民政府门户网站，首页—首页头条，《广西构筑区域协调发展新格局》，http://www.gxzf.gov.cn/sytt/20180309－682938.shtml。

振兴、桂林国际旅游胜地建设等重大战略的协调对接，推动各区域合作联动。推进沿边地区开发开放，着力开展沿边经济带建设，探索建设中国特色沿边经济带。

（2）广西相对发达地区和欠发达地区统筹发展机制。推动北部湾经济区的改革创新、开发开放和区域一体化发展，加大力度支持桂西资源富集区、珠江—西江经济带广西区域的发展。坚持政策倾斜和增加内生动力、激发发展后劲相结合，推动桂西资源富集区加快发展、跨越发展。加强北部湾经济区与桂西资源富集区、西江经济带的联动发展，以北部湾经济区带动桂西资源富集区和珠江西江经济带发展，促进广西壮族自治区相对发达地区和欠发达地区共同发展。

（3）广西区域市场一体化建设机制。按照建设统一、开放、竞争、有序的市场体系要求，推动北部湾经济区、西江经济带、桂西资源富集区等区域市场建设，在规划上加强统一与对接，在制度上进行有效结合、在发展上互促共进、在治理上加强一致，积极构建区域市场联动的区域市场一体化发展格局，促进形成广西三大区域融合的统一大市场。

（4）广西区域间合作互动机制。深化北部湾经济区、西江经济带、桂西资源富集区等合作，提升合作层次和水平。要加强区域间、城市间的沟通与联系，推动区际、城际、县际三个层次互动、互补，共同推进合作发展；要完善三个层次之间的基础设施，促进各层次资本、人才、产品等要素的自由流通，促进广西区域大市场的形成和发展，以推动区域经济高水平耦合协调发展。

7.2.2 广西城乡经济耦合协调发展机制

（1）广西城乡区域间要素自由流动机制。城乡经济耦合协调发展需要依赖五种重要经济要素的有序自由流动，这五种经济要素即劳动力、资金、土地、产业、信息。劳动力的流动有两类：一类是农村劳动力向城市流动；另一类是城市人才向乡村流动。资金有三类：一是财政资金；二是金融资金；三是工商业资金。土地的流动主要指土地的流转。产业流动有科技成果入乡、城市产业向乡村转移等。信息的流动主要指城乡信息的交互。

第一，应该包含劳动力自由流动机制。那么，在农村劳动力向城市流动上，广西就要积极进行户籍制度改革，打破农村劳动力进城落户的限制，要破除农村劳动力进城后待遇与城市市民的不平等，努力推动农村进城劳动力市民化。在城市人才向乡村流动方面，要制定财政、金融、社会保障等激励政策，保障城市人才到农村享有与当地城市市民大致相当的基本福利与待遇、在农村发展拥有与当地村民均等的机会。

第二，承包地流转机制。农村土地归集体所有，农户享有承包权，而土地经营权可进一步放开，经营土地者可以是土地承包者也可以是其他获得经营权的人。因此，在土地承包上，要积极完善"三权分置"制度，在保障集体所有权和农户承包权的前提下，积极释放经营权的活力。

第三，在资金流动机制上。财政资金要着眼于保障城乡经济耦合协调发展，要扩大财政向农村、农业、农民的投入比例，要建立相应平台为城乡经济耦合协调发展提供保障，要促进涉农资金的整合使用以提升财政资金的配置效率。

第四，在产业流动机制上。可以有条件地使城市部分产业向农村转移，促进农村经济发展；要积极推动城乡间产业互补、互动、互促发展；要促进第一、第二、第三产业的相互融合发展。

第五，在信息交流机制上。要建立城乡信息宣传机制体制和宣传平台，及时、高效地将农村发展信息、农业生产状况、农民需求等有助于乡村发展的信息向城市推广；积极收集城市市场信息，为乡村更好地与城市进行市场对接奠定信息基础。

（2）广西城乡基本公共服务普惠共享机制。基本公共服务主要涉及义务教育、公共卫生和基本医疗、基本社会保障以及公共就业服务。要保障基本公共服务均等化，就要推动教育资源的配置均衡、医疗结算的便利化、社会保障的基本均等化。教育资源配置均衡，首先要保障师资力量的均衡和教学设施、教育内容的标准化。医疗结算的便利化，就要推动医保在城市与乡村间能进行统一结算、统一管理。社会保障的基本均等化，就要推动基本养老待遇的确定以及金额的有序调整。公共就业服务共享，就要在促进就业的基础上，建立健全失业保障制度。

7.3 广西区域经济协调发展的保障措施

根据本书的分析结果，结合对广西壮族自治区区域经济协调发展机制的分析，认为推进广西壮族自治区区域经济协调发展应采取"集中均衡"式发展模式。"集中均衡"式发展模式认为，经济增长在空间上的不平衡性是客观存在的，但不平衡的经济增长和和谐性发展是可以并行的。而要实现不平衡的经济增长和和谐性发展，一是要将发展差距控制在一定的合理区间之内；二是要促进生产活动的集中化（即引导人口和经济活动向中心城镇和重点开发区域集聚），并充分发挥经济核心区对经济边缘区的带动作用，不断提升区域间互动层次和合作水平；三是要通过政策来促使各地区人民生活水平平等化、基本公共服务均等化，让各区域人民、区域内各族人民共享经济社会发展成果（郑长德，2016）。

按照集中"集中均衡"式发展模式，提出促进广西壮族自治区区域经济协调发展的措施：

7.3.1 以缩小区域间差距和区域内差距为导向，逐步降低总体区域差距

区域间差距和区域内的差距是广西区域经济总体差距的主要来源，因此，应积极发挥政府促进协调发展的主导作用，以缩小区域间差距和区域内差距为导向，构建区域间、区域内经济协调发展的机制，优化资源配置，促进区域间、区域内的子区域之间的良性互动，进而推动区域间以及区域内的子区域之间经济水平的协调提升。

北部湾经济区的经济发展水平领先于珠江—西江经济带广西区域和桂西资源富集区，因此，在促进北部湾经济区经济发展的同时，要加大对珠江—西江经济带广西区域尤其是桂西资源富集区的政策倾斜力度，加强对桂西资源富集区的扶持。珠江—西江经济带广西区域和桂西资源富集区，由于历史、开放程度等原因，存在着许多制约发展、不适应现代化发展的机制体制，由于经济基础等原因，科技创新能力不强、技术水平较落后，这些都严重制约着地区经济发展。因此，珠江—西江经济带广西区域和桂西资源富集区要以创新发展、开放发展为引领，积极抓住国家促进西部地区、民族地区、边疆地区加快发展的历史机遇，充分利用国家给予的倾斜政策，加强机制体制和发展路径创新，加强与国内外经济腹地的联系，不断积累区域经济发展的有利条件，增强区域经济发展的内生动力，促进区域经济转型升级。

此外，区域板块要充分发挥各子区域的比较优势，做大做强子区域的优势特色产业，并促进各子区域之间的互补互动，以缩小区域内各子区域间的经济发展差距。

7.3.2 完善区域交通基础设施建设，健全区域交通网络体系

北部湾经济区、珠江—西江经济带广西区域、桂西资源富集区，经济发展程度不一，其中北部湾经济区发展相对较好，而桂西资源富集区发展相对滞后，这种相对较好和相对滞后所体现的不仅是人均 GDP 的差距，还体现为人均固定资产投资上的差距，更体现为交通基础设施上的差距。北部湾经济区交通通达性相对较高，珠江—西江经济带广西七市、桂西资源富集区的交通通达性相对较低，交通基础设施还较为滞后，严重阻碍了区域之间的经济联系和贸易往来，这对加强区域合作、互动形成较大障碍，不利于广西区域统一大市场的形成与发展。因此，要完善区域交通基础设施建设，加大对桂西资源富集区的交通基础设施投入力度，完善桂西资源富集区公路、铁路、航空运输设施，不断提升桂西资源富集

区的交通运输水平，要围绕沿海、沿江、沿边经济区，健全"海—河—陆—空"交通网络体系，推进交通联运，加强节点城市建设，为区域融合发展、区域市场一体化、区域合作、相对发达地区和欠发达地区统筹发展奠定交通设施基础。

7.3.3 深化对内对外开放，加强区域交流与合作

当今时代，经济全球化和区域经济一体化发展迅速，深化对内对外开放、加强经贸往来、促进技术和人才的交流与合作，是一个国家或地区提升经济发展水平的必由之路。如欠发达地区可从发达地区引进先进生产设备，可充分利用发达地区技术外溢来提高自身技术水平；各地区之间人才交流，有助于提高欠发达地区的人力资本水平；欠发达地区的实际需求，也将促进发达地区改善经营管理、改进生产技术；等等。

广西面向东盟是"一带一路"有机衔接的重要门户，因此，广西要充分利用"一带一路"建设的机遇促进广西区域经济协调发展。首先，要积极融入"一带一路"倡议，加强与其他国家特别是东盟国家的交流与合作，尤其要注重技术和人才的交流与合作，通过技术、人才等的交流与合作，不断夯实区域经济发展的技术和人才等基础，促进广西内部各区域的有效发展；其次，积极建立健全国际交流合作机制、努力打造国际交流合作平台、不断减少国际贸易摩擦、提升与其他国家的通关便利性，即通过国家间交流与合作的制度完善、平台打造，以及交往的便利性提升等，形成经济发展的良好国际环境，为广西经济发展释放更多的空间动能；最后，促进企业"走出去""引进来"，资金"走出去""引进来"，加强内外联动，推动互利共赢、多元平衡，不断优化开放结构、提高开放质量。

从国内视角来看，桂西资源富集区是我国西部地区自然资源较为丰富的地区，北部湾经济区是向海进出口通道，珠江—西江经济带广西七市面向我国东部广东省，广西北部的桂林市是著名风景游览城市，与此同时，广西周边的各省份都有各自的发展规划。这就要求广西要积极融入周边地区的发展浪潮中，加强与周边地区的合作，推动共同开发。具体来看，广西的东部地区要加强与广东省的经济交往与联系，积极向广东学习，引进资本、先进技术等，促进自身发展；广西的西部地区、西北部地区，要加强基础设施建设，努力建成我国西南地区沟通广东、联系东盟的重要通道；广西中部的柳州市要充分发挥工业的优势，东北部的桂林市要做大做强旅游业，不断增强地区经济发展活力；广西的南部沿海地区，要努力打造成为经济高地，建设成为沟通周边经济腹地的中心区域。以此，激发广西的空间发展动能，推动广西区域经济协调发展和广西总体经济水平提升。

7.3.4 提升乡村基础设施水平，推进城乡基础设施一体化

当前，广西壮族自治区城乡基础设施表现出较大的差距，主要表现为乡村基础设施的发展滞后，这种滞后体现在道路、运输、水利、邮政、供水以及物流等方面的差距。在道路方面，乡村多以水泥路为主，且宽度有限；在运输方面，公共交通车辆不足，公共交通车辆到达和发车时间表缺乏；在水利事务方面，发展较为滞后，对于农业灌溉的满足程度不高；在邮政方面，服务效率仍有待提升；在供水方面，还有不少乡村没有形成统一管道自来水；在物流方面，乡村物流收发点不足等。因此要从"村—乡（镇）—县"一体化着手，加强农村基础设施与乡镇和县城基础设施的有机衔接，推动城乡基础设施一体化发展。

7.3.5 优化资源配置，促进基本公共服务均等化

基本公共服务均等化主要体现在教育、医疗与卫生、基本社会保障和公共就业等方面。当前，广西区域之间、区域内部以及城乡之间的基本公共服务水平存在较大的差距。因此，在促进北部湾经济区公共服务发展的同时，加大对桂西资源富集区的教育、医疗卫生事业投入和基本社会保障投入，推动北部湾经济区、桂西资源富集区、珠江—西江经济带广西区域基本公共服务的均等化。要进一步加强农村公共服务建设，优化城乡公共服务资源配置，推动城乡教育、医疗的普惠与共享发展；要增强城乡信息交流水平，为城乡劳动力提供更多的就业和发展机会。

7.3.6 促进少数民族发展，提高少数民族与经济社会耦合协调发展水平

广西少数民族人口众多、分布较为分散，且少数民族聚居地经济发展较为滞后，要促进区域经济协调发展，必须充分考虑少数民族发展这一重要因素。当前，总体来看，少数民族人口受教育水平还相对较低、思想观念还较为守旧、市场经济意识还不强、就业水平还较低。因此，要加大力度支持少数民族聚居区的教育事业发展，努力提升办学质量，通过学历教育和社会培训等多种方式不断提升少数民族适应经济社会发展的能力。少数民族方言土语复杂多样阻碍区域间经济交流与合作，同时又制约着少数民族的发展，因此，在坚持保护少数民族语言文化的前提下，要加强普通话的推广力度，消除言语交流不畅阻碍区域经济交往进而不利于少数民族聚居区和少数民族发展的障碍。广西少数民族的发展与经济社会的发展密切相关，少数民族是广西经济社会发展的重要推动力量，但是少数民族的发展滞后又阻碍着广西区域经济的协调发展，因此要力求缩小广西各民族之间的发展差距，着力提升少数民族与经济社会耦合协调发展水平。

8　研究结论与展望

8.1　基本结论

广西壮族自治区拥有良好的区位优势，既沿海、沿边，又沿江；但区内情况复杂，区域经济发展不平衡。以促进广西区域经济协调发展为目的，本书着重研究了广西区域经济发展的不平衡表现和广西区域经济协调发展水平，分析了广西区域经济协调发展的制约因素和有利条件，并试图探寻促进广西区域经济协调发展的长效机制和对策。

得到以下基本结论：

（1）自中华人民共和国成立以来，广西经济建设取得辉煌成就，逐渐从经济边缘区发展为开放前沿。但从全国角度来看，广西 GDP 总量、人均 GDP、城镇化水平、城乡居民收入还依然较低，远低于全国平均水平，特别是与我国东部沿海省份差距较大。我国要实现区域协调发展，需积极推进西部大开发；要实现西部地区经济和社会发展水平的提升，就要推动发展滞后地区的加快发展、高质量发展；广西壮族自治区区域经济协调发展，是促进广西加快发展和高质量发展的重要举措，是推动西部地区跨越发展的重要着力点，对推进我国区域协调发展具有重要意义。

（2）从广西内部来看，广西区域经济发展极为不平衡，不平衡存在于区域板块间、城市间、县域间、城乡间，不平衡表现于经济水平、人民生活水平等多个层面，是多维的不平衡。因此，缩小区域经济发展差距，是促进广西区域经济协调发展的重要内容。

（3）2006～2018 年，广西壮族自治区区域经济差距呈扩大的趋势，具体表现为区域之间人均 GDP 差距、人均固定资产投资差距逐渐扩大，城镇化发展差距明显，但是城镇居民人均可支配收入差距、农村居民人均可支配收入差距在时间序列上呈波动缩小的趋势，缩小的幅度较小。区域经济总体差距主要来源于区域间差距，其次是区域内差距，最后是超变密度。因此，应积极发挥政府促进区域经济协调发展的主导作用，以缩小区域间差距和区域内差距为导向，构建区域间、区域内经济协调发展的长效机制。

（4）在人民生活上，广西城乡收入比的区域差距以及城乡收入绝对差额的区域差距都呈缩小的趋势，但是城乡收入绝对差额呈扩大的趋势。因此，要注重缩小城乡收入绝对差额。

（5）在基本公共服务的区域差距上，小学教育事业、医疗卫生事业、社会保障事业的区域差距总体呈缩小的趋势，但中学教育事业、环境绿化事业的区域差距还较为明显。未来要注重基本公共服务的均等化，尤其注重中学教育事业的平衡发展。

（6）广西15个民族自治（待遇）县、8个陆地边境县、59个民族乡的经济发展较为滞后。民族自治（待遇）县之间、陆地边境县之间、民族乡之间的经济发展水平差距较大，具体来看：民族自治（待遇）县之间的人均GDP差距非常明显、居民人均可支配收入层次分明、交通基础设施水平极不平衡，在基本公共服务上，中学教育事业存在较大不平衡，小学教育事业、医疗卫生事业虽有差距但并不悬殊；陆地边境县之间的人均GDP、居民收入、开放发展程度都存在较大的差距，在基本公共服务上，小学教育事业、中学教育事业区域差距不大，但医疗卫生事业存在较大的差异；民族乡之间的经济发展差距明显，但基础设施水平差距不大。

（7）调查了桂林市荔浦县荔城镇金雷村、沙街村以及柳州市融安县长安镇大洲村、大巷村和浮石镇六寮村五个村共405个家庭的经济状况，发现农产品主要用于销售的家庭的人均收入均值比用于自用的家庭和留一半卖一半的样本家庭的人均收入均值要高。因此，要在提升农村劳动生产率的基础上，促进农产品商品化。

（8）将区域经济分为"经济—人民生活—基础设施—基本公共服务"四个子系统，以四个子系统的耦合协调程度衡量广西区域经济协调发展水平，研究结果表明：2010～2018年，四个子系统的耦合协调度不断提升，但按照划分的等级类型，2018年广西14个地级市中有9个市经济协调发展等级为中等协调，有6个市为初级协调，总体而言，广西区域经济协调发展水平还不够高，依然有待进一步提升。

（9）当前，广西区域经济协调发展面临边地和边缘区发展不充分、少数民族发展滞后、地理禀赋差异大、科教水平不平衡、民族语言与方言土语复杂多样、经济对外开放程度差距大等因素的制约，但也面临中国—东盟自贸区建设、广西沿边金融综合改革等众多机遇。要缩小区域经济发展差距，推动广西区域经济由不平衡走向协调，就需要破除障碍、抓住机遇，构建和完善区域经济协调发展的长效机制，并采取有效措施促进广西区域经济协调发展。

（10）广西区域经济协调发展机制的核心内容是政策的融合、空间的互动、市场的一体化。推进广西区域经济协调发展要以缩小区域间差距和区域内差距为导向，以交通基础设施建设为依托，以开放发展为支撑。

8.2 研究展望

本书虽然测度了广西区域经济发展差距和区域经济协调发展水平，也探讨了广西区域经济协调发展的影响因素，提出了促进广西区域经济协调发展的对策。但依然存在一定的不足。

（1）在研究区域经济发展差距方面，是从多维的角度进行层层分析，但是没有对广西各区域三次产业的集中程度进行测算，也没有比较三次产业集中程度的区域差异，须知产业的专业化是一个地区经济发展水平的重要参考指标。

（2）由于县级及以下数据的可得性，本书只是以截面数据对县级及以下区域的经济发展情况进行分层分析，没有使用不平等测度指标。对民族乡的发展状况和发展差距的分析采用的是 2016 年的数据，而今民族乡的情况已经发生了较大的变化。

（3）分析广西少数民族分布情况时，采用的是全国第六次人口普查的数据，虽然在一定程度上可以反映少数民族人口状况，但毕竟采用的是 2010 年的少数民族人口数据。

（4）在测度广西区域经济协调发展水平时，是从地级市的角度进行分析，以便观察各地级市的经济协调发展水平的分布情况和空间相关性，但是没有对区域板块的经济协调发展水平进行定量分析。

（5）在探讨广西区域经济协调发展的影响因素时，由于所分析的因素难以用数值衡量，故而只是从理论上剖析其对区域经济协调发展的影响，没有进行计量分析。

根据以上分析，本书认为未来针对广西区域经济协调发展的研究可以从以下几个方面展开：

（1）广西各区域的地理禀赋存在较大的差异，而经济的发展主要以产业为支撑，产业的发展则是以当地的比较优势为依托。因此可以从产业专业化角度探讨广西的区域经济发展差距。

（2）县级及县级以下区域的经济发展差距可能会更大，探讨县级及县级以下区域的区域经济发展差距及区域经济协调发展水平，能更细致地探明广西区域经济发展差距和区域经济协调发展状况。

（3）对外开放是影响广西区域经济协调发展的重要因素，可以着重考察对外开放对广西区域经济协调发展的影响，包含影响机制的剖析以及定量分析等内容。

（4）将空间的互动水平、区域一体化水平等作为子系统，从空间互动与一体化方面测度区域经济协调发展水平。

当然，广西壮族自治区只是中国少数民族地区的一个组成部分，广西区域经济协调发展的实践经验，以及本书所构建的区域经济发展不平衡测度指标体系、区域经济协调发展水平评价指标体系，所提出的广西区域经济协调发展的长效机制和保障措施，可为中国少数民族地区、各少数民族地区内部的区域经济协调发展提供分析范式和理论参考。然而，中国各少数民族地区之间虽有一定的共性特征，但异质性也较为突出，立足于地区客观实际，是探讨少数民族地区区域经济协调发展的前提。新时代，我国发展不平衡、不充分问题突出，促进区域经济协调发展意义重大且尤为迫切，少数民族地区是我国区域经济协调发展的一块短板，而当前关于中国少数民族地区区域经济协调发展的研究还相对较少，因此，对中国少数民族地区区域经济协调发展的研究任重道远。随着中国区域协调发展战略的扎实推进，民族地区在探索如何促进区域经济协调发展的过程中会有更成功、更成熟的实践，也会遇到更多的挑战，这无疑会增添民族地区区域经济协调发展研究方向的探讨空间和魅力。

参考文献

［1］Ajit Bhalla, Shujie Yao, Zongyi Zhang. Regional Economic Performance in China ［J］. Economics of Transition , 2003, 11 (1): 25 – 39.

［2］Baumol, William J. Productivity Growth, Convergence, and Welfare: What the Long – run Data Show ［J］. American Economic Review, 1986, 76 (5): 1072 – 1085.

［3］Belton M. Fleisher, Jian Chen. The Coast – Noncoast Income Gap, Productivity, and Regional Economic Policy in China ［J］. Journal of Comparative Economics, 1997, 25 (2): 220 – 236 .

［4］Camilo Dagum. A New Approach to the Decomposition of the Gini Income Inequality Ratio ［J］. Empirical Economics, December 1997, 22 (4): 515 – 531.

［5］Chiara Del Bo, Massimo Florio, Giancarlo Manzi. Regional Infrastructure and Convergence: Growth Implications in a Spatial Framework ［J］. Transition Studies Review, 2009, 17 (3): 2009 – 2034.

［6］Chris Doucouliagos, Mehmet Ulubasoglu. Institutions and Economic Growth: A Systems Approach ［R］. Econometric Society 2004 Australasian Meetings.

［7］Christian Lessmann. Fiscal Decentralization and Regional Disparity: Evidence from Cross – section and Panel Data ［J］. Dresden Discussion Paper, 2009, 41 (10): 2455 – 2473.

［8］Christopher Candelaria, Mary C. Daly, Galina B Hale. Beyond Kuznets: Persistent Regional Inequality in China ［R］. Federal Reserve Bank of San Francisco Working Paper, 2009 – 07.

［9］Costas Siriopoulos & Dimitrios Asteriou. Testing for Convergence Across the Greek Regions ［J］. Regional Studies, Taylor & Francis Journals, 1998, 32 (6): 537 – 546.

［10］David de la Croix , Matthias Doepke. Inequality and Growth: Why Differential Fertility Matters ［J］. The American Economic Review, 2003, 93 (4): 1091 –

1113.

[11] Derek C. Jones, Cheng Li, Ann Owen. Growth and Regional Inequality in China During the Reform Era [J]. SSRN Electronic Journal, 2003, 14 (2): 186 – 200.

[12] Diego Puga. European Regional Policies in Light of Recent Location Theories [J]. Journal of Economic Geography, 2002, 2 (4): 373 – 406.

[13] Ferhan Gezici, Geoffrey J. D. Hewings. Spatial Analysis of Regional Inequalities in Turkey [J]. European Planning Studies, 2007, 15 (3): 383 – 403.

[14] George Petrakos, Dimitris Kallioras, Ageliki Anagnostou. Regional Convergence and Growth in Europe: Understanding Patterns and Determinants [J]. European Urban and Regional Studies, 2011, 18 (4): 375 – 391.

[15] Hirschman A. O. The Strategy of Economic Development [M]. Yale: Yale University Press, 1958.

[16] Huaqun Li, Kingsley E. Haynes. Economic Structure and Regional Disparity in China: Beyond the Kuznets Transition [J]. International Regional Science Review, 2010, 34 (2): 157 – 190.

[17] Jane Golley. Regional Patterns of Industrial Development During China's Economic Transition [J]. Economics of Transition, 2002, 10 (3): 761 – 801.

[18] John F. Helliwell, Robert D. Putnam. Economic Growth and Social Capital in Italy [J]. Eastern Economic Journal, 1995, 21 (3): 295 – 307.

[19] Jon R. Miller, Ismail Genc. Alternative Regional Specification and Convergence of U. S Regional Growth Rates [J]. The Annals of Regional Science, 2005, 39 (2): 241 – 252.

[20] J. A. Mirrlees. An Exploration in the Theory of Optimum Income Taxation [J]. The Review of Economic Studies, 1971, 38 (2): 175 – 208.

[21] J. A. Silva, C. J. Matyas, B. Cunguara. Regional Inequality and Polarization in the Context of Concurrent Extreme Weather and Economic Shocks [J]. Applied Geography, 2015 (61): 105 – 116.

[22] Kang H. Park. Educational Expansion and Educational Inequality on Income Distribution [J]. Economics of Education Review, 1996, 15 (1): 51 – 58.

[23] Kevin M. Murphy, Andrei Shleifer, Robert W. Vishny. Building Blocks of Market Clearing Business Cycle Models [J]. NBER Macroeconomics Annual, 1989 (4): 247 – 287.

[24] Kuznets S. Economic Growth and Income Inequality [J]. The American

Economic Review，1955，45（1）：1 – 28.

［25］ Masahisa Fujita，Dapeng Hu. Regional Disparity in China 1985 – 1994：The Effects of Globalization and Economic Liberalization ［J］. The Annals of Regional Science，2001，35（1）：3 – 37.

［26］ Mauro L.，Podrecca E. The Case of Italian Regions：Convergence or Dualism ［R］. Economic Notes，2010.

［27］ Md. Samsul Alam，Sudharshan Reddy Paramati. The Impact of Tourism on Income Inequality in Developing Economies：Does Kuznets Curve Hypothesis Exist? ［J］. Annals of Tourism Research，2016（61）：111 – 126.

［28］ Myrdal G. Economic Theory and Under – developed Regions ［M］. Britannia：Harper & Brothers Publishers，1957.

［29］ N. R. Vasudeva Murthy，Victor Ukpolo. A Test of the Conditional Convergence Hypothesis：Econometric Evidence from African Countries ［J］. Economics Letters，1999，65（2）：249 – 253.

［30］ Paul N. Rosenstein – Rodan. Problems of Industrialization of Eastern and South – Eastern Europe ［J］. Economic Journal，1943，53（210 – 211）：202 – 211.

［31］ Perroux F. Economic Space：Theory and Applications ［J］. The Quarterly Journal of Economics，1950，64（1）：89 – 104.

［32］ Petrakos，George，Rodríguez – Pose，Andrés，Rovolis，Antonis. Growth，Integration，and Regional Disparities in the European Union ［J］. Environment and Planning A：Economy and Space，2005，37（10）：1837 – 1855.

［33］ Philippe Aghion，Abhijit Banerjee，Thomas Piketty. Dualism and Macroeconomic Volatility ［J］. The Quarterly Journal of Economics，1999，114（4）：1359 – 1397.

［34］ Prem Narain，V. K. Bhatia，S. C. Rai. Pattern of Regional Disparities in Socio – economic Development in West Bengal ［J］. Journal of the Indian Society of Agricultural Statistics，2011，65（1）：27 – 35.

［35］ Rassekh F.，Panik M. J.，Kolluri B. R. A Test of the Convergence Hypothesis：The OECD Experience，1950 – 1990 ［J］. International Review of Economics and Finance，2001，10（2）：147 – 157.

［36］ Ravallion M. Income Inequality in the Developing World ［J］. Science，2014，34（61）：851 – 855.

［37］ Richard R. Nelson. A Theory of the Low – Level Equilibrium Trap in Underdeveloped Economies ［J］. The American Economic Review，1956，46（5）：

894 – 908.

[38] Robert Leonardi. Regional Disparities and Centre – Periphery Relations in the European Union [M]. Convergence: Cohesion and Integration in the European Union, 1995.

[39] R. J. Barro, X. Sala – I – Martin. Regional Growth and Migration: A Japan – U. S. Comparaison [J]. Journal of the Japanese and International Economies, 1993, 6 (4): 312 – 46.

[40] Scott Rozelle. Rural Industrialization and Increasing Inequality: Emerging Patterns in China's Reforming Economy [J]. Journal of Comparative Economics, 1994, 19 (3): 362 – 391.

[41] Sergio J. Rey. Spatial Empirics for Economic Growth and Convergence [J]. Geographical Analysis, 2001, 33 (3): 195 – 214.

[42] Sylvie Démurger. Infrastructure Development and Economic Growth: An Explanation for Regional Disparities in China? [J]. Journal of Comparative Economics, 2001, 29 (1): 95 – 117.

[43] Tsionas E. G. Regional Growth and Convergence: Evidence from the United States [J]. Regional Studies, 2000, 34 (3): 231 – 238.

[44] Vassilis Tselios. Growth and Convergence in Income Per Capita and Income Inequality in the Regions of the EU [J]. Spatial Economic Analysis, 2009, 4 (3): 343 – 370.

[45] Williamson J. G. Regional Inequality and the Process of National Development: A Description of the Patterns [J]. Economic Development and Cultural Change, 1965, 13 (4): 1 – 84.

[46] Yamamoto Daisaku. Scales of Regional Income Disparities in the USA, 1955 – 2003 [J]. Journal of Economic Geography, 2008, 8 (1): 79 – 103.

[47] Yan Li, Maria N. DaCosta. Transportation and Income Inequality in China: 1978 – 2007 [J]. Transportation Research Part A: Policy and Practice, 2013, 55 (12): 56 – 71.

[48] Yehua Wei. Regional Inequality of Industrial Output in China, 1952 to 1990 [J]. Geografiska Annaler: Series B, Human Geography, 1998, 80 (1): 1 – 15.

[49] Yiping Wu, Jiangnan Zhu. Corruption, Anti – corruption, and Inter – county Income Disparity in China [J]. The Social Science Journal, 2011, 48 (3): 435 – 448.

[50] Yukio Ikemoto, Mine Uehara. Income Inequality and Kuznets' Hypothesis

in Thailand ［J］. Asian Economic Journal, 2000, 14 (4)：421 – 443.

［51］卞元超, 吴利华, 白俊红. 高铁开通、要素流动与区域经济差距［J］. 财贸经济, 2018 (6)：147 – 161.

［52］陈栋生. 区域协调发展的理论与实践［J］. 嘉兴学院学报, 2005 (1)：36 – 40.

［53］陈光. 促进区域经济协调发展的地方税收政策探讨——以广西为例［J］. 经济研究参考, 2015 (23)：63 – 67.

［54］陈晓玲, 李国平. 我国地区经济收敛的空间面板数据模型分析［J］. 经济科学, 2006 (5)：5 – 17.

［55］陈秀山, 杨艳. 区域协调发展：回顾与展望［J］. 西南民族大学学报 (人文社科版), 2010 (1)：76 – 80.

［56］陈燕儿, 白俊红. 要素流动与区域经济差距［J］. 现代经济探讨, 2019 (6)：6 – 13.

［57］楚尔鸣, 曹策. 人才流动缩小了区域经济差距吗——来自技术转移的经验证据［J］. 财经科学, 2019 (9)：99 – 112.

［58］戴其文, 魏也华, 宁越敏. 欠发达省域经济差异的时空演变分析［J］. 经济地埋, 2015 (2)：14 – 21, 29.

［59］戴其文. 全球化、地方化与西部欠发达地区发展不平衡——以广西为例［D］. 华东师范大学博士学位论文, 2017.

［60］邓晓军, 杨琳, 吴春玲, 吴玉溪, 覃丽萍. 广西水资源与社会经济发展协调度评价［J］. 中国农村水利水电, 2013 (3)：14 – 17, 23.

［61］高国力. 新时代背景下我国实施区域协调发展战略的重大问题研究［J］. 国家行政学院学报, 2018 (3)：109 – 115, 156.

［62］官锡强. 广西北部湾经济区城市群资源环境与经济可持续协调发展分析［J］. 城市发展研究, 2009 (8)：91 – 96.

［63］郭丽英, 任志远, 邓旭升. 广西扶贫开发与城乡协调发展战略探讨［J］. 地域研究与开发, 2006 (3)：100 – 103.

［64］郭少康. 中国区域经济协调发展中的财政体制机制创新研究［J］. 地方财政研究, 2013 (1)：16 – 22.

［65］国家发改委宏观经济研究院国土开发与地区经济研究所课题组. 区域经济发展的几个理论问题［J］. 宏观经济研究, 2003 (12)：1 – 4.

［66］国务院发展研究中心课题组. 中国区域协调发展战略［M］. 北京：中国经济出版社, 1994.

［67］韩建雨. 我国区域经济协调发展的利益分享机制构建研究［J］. 管理

现代化，2013（1）：58 - 60.

［68］韩兆洲. 区域经济协调发展统计测度研究［D］. 厦门大学博士学位论文，2000.

［69］贺争平，周洪涛，曾伟，等. 广西经济 - 教育 - 科技协调发展系统的仿真研究［J］. 广西大学学报（自然科学版），2009（3）：396 - 399.

［70］胡鞍钢. 中国现代经济发展的初始条件［J］. 当代中国史研究，2005（1）：4 - 15，125.

［71］黄馨娴，胡宝清. 广西区域经济极化时空格局研究［J］. 地域研究与开发，2017（5）：17 - 22.

［72］江孝君. 中国区域经济差异的多尺度时空演化特征及驱动机制研究［D］. 东北师范大学博士学位论文，2019.

［73］黎树式，陆来仙. 广西海岸带生态经济系统协调发展初探［J］. 广西社会科学，2008（9）：34 - 38.

［74］李北伟，毕菲. 劳动力数量、人力资本与经济增长动力机制研究［J］. 社会科学战线，2018（1）：246 - 250.

［75］李卫东. 以产业集群推进广西北部湾经济区的协调发展［J］. 广西民族大学学报（哲学社会科学版），2009（6）：111 - 113.

［76］林矗. 外源性区域经济发展研究［D］. 福建师范大学博士学位论文，2003.

［77］林光平，龙志和，吴梅. 中国地区经济 σ - 收敛的空间计量实证分析［J］. 数量经济技术经济研究，2006（4）：14 - 21，69.

［78］林光祥，吕韬，彭路. 广西基本公共服务与区域经济协调关系探讨［J］. 地域研究与开发，2017（3）：22 - 28.

［79］刘华军，赵浩. 中国高技术产业发展的空间非均衡与极化研究［J］. 研究与发展管理，2013（5）：44 - 53.

［80］刘靖宇，张宪平. 中国区域经济差距的测度与分解［J］. 华东经济管理，2007（5）：23 - 25，38.

［81］刘梅，赵曦. 城市群网络空间结构及其经济协调发展——基于长江经济带三大城市群的比较分析［J］. 经济问题探索，2019（9）：100 - 111.

［82］刘琦，黄天华. 区域经济协调发展的财政政策效应研究［J］. 现代管理科学，2014（2）：63 - 65.

［83］刘珊. 物流流通行业与区域经济协调化发展机制研究［J］. 商业经济研究，2016（7）：63 - 65.

［84］刘志彪. 我国区域经济协调发展的基本路径与长效机制［J］. 中国地

质大学学报（社会科学版），2013（1）：4－10.

　　［85］陆汝成．边境地区土地利用与经济社会协调发展研究——以广西崇左市为例［J］．广西社会科学，2012（4）：58－62.

　　［86］罗富政，罗能生．政府竞争、市场集聚与区域经济协调发展［J］．中国软科学，2019（9）：93－107.

　　［87］罗能生，孙利杰．交通发展对区域经济差距的影响［J］．城市问题，2019（8）：51－60.

　　［88］马克思，恩格斯．马克思恩格斯选集（第1卷）［M］．中共中央马克思恩格斯列宁斯大林著作编译局编译．北京：人民出版社，1972.

　　［89］牟芳华．山东省经济区域划分及区域经济差距的测度分析［J］．山东社会科学，2006（7）：119－123.

　　［90］讷克斯．不发达国家的资本形成问题［M］．北京：商务印书馆，1966.

　　［91］聂华林，王成勇．区域经济学导论［M］．北京：中国社会科学出版社，2006.

　　［92］彭荣胜．区域经济协调发展内涵的新见解［J］．学术交流，2009（3）：101－105.

　　［93］沈玉芳，罗余红．长江经济带东中西部地区经济发展不平衡的现状、问题及对策研究［J］．世界地理研究，2000（2）：23－30.

　　［94］史学贵，施洁．中国区域经济收敛性的再估计——基于技术溢出的空间动态面板数据模型［J］．科技管理研究，2015（6）：211－215.

　　［95］宋志生．广西城乡经济协调发展面临的主要挑战与对策［J］．学术论坛，2005（7）：91－93.

　　［96］苏畅，刘石敏．促进广西区域经济协调发展的地方税收政策研究［J］．经济研究参考，2015（29）：27－30.

　　［97］覃成林．中国区域经济差异研究［M］．北京：中国经济出版社，1997.

　　［98］唐贤秋．广西承接东部产业转移中的伦理冲突及其协调［J］．广西民族大学学报（哲学社会科学版），2010（1）：113－116.

　　［99］屠爽爽，郑瑜晗，龙花楼，等．乡村发展与重构格局特征及振兴路径——以广西为例［J］．地理学报，2020，75（2）：365－381.

　　［100］汪宇明．广西经济合理布局与协调持续发展研究［J］．改革与战略，1996（6）：24－30.

　　［101］汪宇明．广西乡村——城市转型与协调发展研究［J］．经济地理，

1997 (1)：32 – 37.

　　[102] 王海峰. 乡村振兴背景下农村区域经济的协调发展研究 [J]. 农业经济，2018 (10)：6 – 8.

　　[103] 王华星，石大千，余红伟. 高铁开通能够促进区域经济协调发展吗？[J]. 上海经济研究，2019 (11)：59 – 69.

　　[104] 王健. 基于人均 GDP 的青海区域经济差距测度评价 [J]. 青海民族研究，2007 (4)：173 – 177.

　　[105] 王威峰，卢玉桂，王强. 区域旅游产业与城镇化建设耦合协调发展研究——以广西 14 个地级市为例 [J]. 西北师范大学学报（自然科学版），2019 (6)：92 – 101.

　　[106] 王现彬. 广西研究生教育与产业经济协调发展研究 [J]. 广西民族大学学报（哲学社会科学版），2016 (6)：181 – 184.

　　[107] 王晓鸿，王崇光. 我国东西部区域经济发展差距与对策研究——基于要素禀赋和政策视角 [J]. 经济问题探索，2008 (5)：34 – 38.

　　[108] 王欣菲. 基于复杂系统理论的区域协调发展研究 [D]. 河南工业大学博士学位论文，2009.

　　[109] 王瑛. 广西区域协调发展问题与对策 [J]. 社会科学家，2017 (6)：90 – 94.

　　[110] 韦福巍，周鸿，黄荣娟. 区域城市旅游产业、社会经济、生态环境耦合协调发展研究——以广西 14 个地级市为例 [J]. 广西社会科学，2015 (3)：24 – 28.

　　[111] 韦伟. 中国经济发展中的区域差异与区域协调 [M]. 合肥：安徽人民出版社，1995.

　　[112] 韦正委. 基于区域经济协调发展视阈的广西承接产业转移探究 [J]. 社会科学家，2008 (2)：126 – 128.

　　[113] 魏后凯. 新中国 60 年区域发展思潮的变革与展望 [J]. 河南社会科学，2009 (4)：8 – 11.

　　[114] 温雪，赵曦. 中国西部地区收入差距的实证研究与政策调整 [J]. 社会科学家，2015 (9)：66 – 70.

　　[115] 吴蒙. 京津冀经济协同发展的收敛性测算与影响路径 [J]. 中国流通经济，2015 (7)：88 – 94.

　　[116] 吴薇. 共生理论下物流产业与区域经济协调发展研究 [J]. 商业经济研究，2017 (16)：89 – 91.

　　[117] 萧浩辉. 决策科学辞典 [M]. 北京：人民出版社，1995.

［118］肖功为，刘洪涛，贺翀．制度创新、社会资本与区域经济差距生成——基于空间杜宾模型的实证研究［J］．湖南大学学报（社会科学版），2019（5）：64－71.

［119］谢朝阳．民族自治区域经济发展差距根源的整体化解析——以湘西地区为例［J］．贵州民族研究，2014（6）：117－120.

［120］熊小菊，廖春贵，胡宝清．广西西江流域经济－社会－生态系统协调发展研究［J］．人民长江，2019（4）：86－93，116.

［121］颜世辉，白国强．区域经济协调发展内涵新探［J］．湖北社会科学，2009（3）：95－98.

［122］杨锦英，郑欢，方行明．中国东西部发展差异的理论分析与经验验证［J］．经济学动态，2012（8）：63－69.

［123］杨伟民．区域协调发展的再认识——树立经济、社会、自然三者空间均衡的理念［N］．中国经济导报，2009－03－24（B01）.

［124］杨晓莉，牛建玲．铁路建设对广西"两区一带"协调发展的作用［J］．中国铁路，2011（4）：48－51.

［125］杨兴．广西"三化"耦合协调发展的时空演变差异分析［J］．商业经济研究，2015（27）：129－131.

［126］杨荫凯．建立完善地区经济协调发展机制势在必行［J］．宏观经济管理，2004（9）：30－34.

［127］姚洋．发展经济学［M］．北京：北京大学出版社，2013.

［128］叶文辉，张琰．西部农村基础设施建设水平与地区差距——基于2000～2007年数据的解析［J］．云南财经大学学报，2010（4）：127－134.

［129］于洋．区域经济增长不平衡和收入分配地区间差距：变动事实与实证分析［D］．东北师范大学博士学位论文，2019.

［130］余娟，吴玉鸣．广西人口、资源环境与经济系统协调发展评估与分析［J］．改革与战略，2007（4）：93－96.

［131］余军华．中国区域经济差异及协调发展研究［D］．华中科技大学博士学位论文，2007.

［132］余亮亮，蔡银莺．国土空间规划管制与区域经济协调发展研究——一个分析框架［J］．自然资源学报，2017，32（8）：1445－1456.

［133］张彬．西部地区基本公共服务体系建设：差距、成因及对策［J］．内蒙古大学学报（人文·社会科学版），2007（5）：3－8.

［134］张晨峰．中国地区经济的全局和局部收敛性研究［J］．华东理工大学学报（社会科学版），2014（2）：58－65.

［135］张恒龙，陈方圆．高铁对区域协调发展的影响分析——基于徐兰客运专线的实证分析［J］．上海大学学报（社会科学版），2018（5）：91-106.

［136］张家寿．加快区域协调发展与建设西部经济强区——以广西"两区一带"为例［J］．改革与战略，2013（12）：77-81.

［137］张文爱．中国西部地区经济增长收敛性研究——基于产出和收入双维度和多时段的 SPDM 模型检验［J］．西部论坛，2015（4）：65-76.

［138］张文菊，吕观盛．广西旅游业与城市化耦合协调发展评价［J］．广西社会科学，2017（7）：24-29.

［139］张协奎，黄跃．广西区域经济发展差异时空变化分析［J］．城市问题，2014（9）：65-70.

［140］张燕，徐建华，曾刚，等．旅游—经济—生态系统可持续协调发展评价模型构建与实证研究——以广西桂林为例［J］．旅游科学，2008（3）：31-35，54.

［141］张玉玲．农村物流与区域经济协调互动机制研究［J］．农业经济，2019（12）：139-140.

［142］郑长德，钟海燕，曹正忠．四川经济地理［M］．北京：经济管理出版社，2018.

［143］郑国柱．我国经济增长可持续性研究——基于资本和劳动力因素分析［J］．技术经济与管理研究，2018（7）：107-112.

［144］郑海燕，崔春山．区域经济协调发展评价指标体系及评价模型构建［J］．商业经济研究，2019（14）：43-146.

［145］中国西部民族经济研究中心．"五个发展"理念与民族地区全面建成小康社会研究［M］//郑长德．中国少数民族地区经济发展报告（2016）——"五个发展"理念与民族地区经济发展．北京：中国经济出版社，2016.

［146］仲伟周，益炜．区域协调发展：历史演进、机制设计与对策建议［J］．东岳论丛，2016（9）：172-177.

［147］朱汉清．要素转移与产业转移的比较研究［J］．经济学家，2010（12）：58-63.

［148］朱其现．广西东西部社会经济发展差距的历史考察与当今协调发展的机遇——兼论建立广西北部湾经济区在区域平衡发展中的作用［J］．改革与战略，2008（8）：51，90-93.

后 记

本书是在我的博士学位论文基础上修改完成的。这里首先感谢我读博期间的指导老师郑长德教授，是他悉心的指导、热情的帮助，才使我能够顺利获得博士学位。我的父母在我读博士、做博士后期间给予了大力支持，他们的鼓励是我不断前进的动力。

也要感谢两位同门——边作为博士和沈新乐博士，他们和我一起研讨问题，一起外出实践，一起去全国各地参加学术会议，有你们的陪伴，读博期间充实且快乐。

在本书写作过程中，得到了四川省社会科学院杜受祜研究员和四川大学朱方明教授的热情指导。西南民族大学廖桂蓉教授指导我学习空间计量经济学长达一年，使我在写作过程中不被研究方法所困扰；单德鹏教授、钟海燕教授和涂裕春教授提供了许多宝贵的写作意见；曹正忠老师在我写作期间帮助我处理了许多工作、生活上的事情；我的师兄龚贤传授了我许多学习经验和科研经验。在此，对他们表示感谢。

还要感谢我的博士后导师刘继云教授和魏玖长教授给予本书出版的大力支持，也感谢两位导师根据我既有的研究基础，指引我在经济学学术路上继续探索，开辟新的研究领域。

2021 年不仅是"十四五"的开局之年，也是两个百年目标交汇与转换之年，还是中国共产党成立 100 周年，本书能够在 2021 年出版，我感到万分惊喜。展望 2035，我国要基本实现社会主义现代化，缩小发展差距、促进区域经济协调发展将是实现现代化过程中的重要内容。因此，区域经济发展的研究依然任重道远，一种忐忑不安的心情油然而生，本书的出版不是我对这个方向研究的结束，而是一个新的起点，我将秉承作为学者的初衷，与时代同发展，在中华民族伟大复兴征途中，着眼实际问题，把学问写在祖国大地上。

最后，特别感谢经济管理出版社编辑们为本书的出版所付出的智慧和辛勤劳动。也由于本人水平所限，书中不足之处在所难免，敬请专家、学者和广大读者批评指正。

陈田

2021 年 4 月 20 日